国家(政府)承認と国際法

多喜 寛 著

日本比較法研究所
研究叢書
94

中央大学出版部

装幀　道吉　剛

まえがき

　分離独立や分裂などにより新国家が成立する場合，又は革命やクーデターなどにより新政府が成立する場合に，しばしば承認と呼ばれる行為が問題となる。このような国家の承認又は政府の承認はどのような行為であり，国際法上どのような意義を有するのであろうか。この問題については，国際法学において，古くから論争がなされてきており，創設的効果説，宣言的効果説，折衷説などが登場し，国際法の基本問題の中でも，もっとも議論の紛糾している問題の一つ，と評されたこともある。最近では宣言的効果説が支配的となりつつあるようであるが，子細に検討すると，上記の問題がまだ満足のいく仕方で解決されたとはいえない状況であるように思われる。本書は，この難問の解決を意図したものである。

　本書には，主として，以下の既発表の論文に多少の加筆・修正などを施したものが収録されている。

「外国の国際法学における国家承認論」法学新報第117巻1・2号（2010年）

「わが国の国際法学における国家承認論(1)(2・完)」法学新報第108巻1号，第2号（2001年）

「最近のわが国の国際法学における承認論」法学新報第119巻5・6号（2012年）

「再考・国家承認論」法学新報第116巻3・4号（2009年）

「集合的不承認について――近時の事例を中心にして――」法学新報第117巻5・6号（2011年）

「光華寮事件と国際法上の承認（上）（下）」法学第 52 巻 3 号（1988 年），第 53 巻 3 号（1989 年）

「国際法上の承認理論の具体的適用——日華平和条約と日中共同声明の場合——」法学新報第 108 巻 5・6 号（2001 年）

「政府承認廃止論に関するおぼえがき」法学第 51 巻 1 号（1987 年）

本書の要旨はつぎのようにまとめられる。

（1） 国家承認の法的意義

国家（政府）の承認といわれる行為はどのような行為であり，どのような法的意義を有するのであろうか。この問題については，一世紀以上にもわたり，論争が繰り広げられてきた。もっとも，それを子細に分析してみると，『承認』，『創設的効果』及び『宣言的効果』などという言葉のもとに何を理解するのかという点について必ずしも共通の了解があったのではない，換言すれば，それらの用語が実務や理論においてこれまで必ずしも同じ意味で一貫して使用されてきているわけではない，ということが判明する。このことが，論争を不必要に紛糾させる一因となっていたように思われる。

これまで一般に創設的効果説と呼ばれてきたものは，古いタイプのものと新しいタイプのものに分けられるべきである。両者は国家承認の理解（定義）に関してまったく異なる考えに立脚していると思われるからである。まず，Oppenheim が提示するような論拠に基づく古いタイプの創設的効果説である。それは，国際法がヨーロッパ諸国の間で誕生したことから，国際社会をいわば閉鎖的なクラブのようなものとして捉え，それへの入会は承認のプロセスを通じてのみ許される，と考えた。そこにおいては，国家承認は，国家が国際社会の成員（国際法主体）になることへの同意，即ち国際法主体たる国家の要件として捉えられている。この古いタイプの創設的効果説——それは 19 世紀の国際法観に対応するものであった——を支持する論者は今日ではもはやほとんどいないと思われる。創設的効果説として今でも一定の存在意義を保持している

と思われるのは，KelsenやLauterpachtによって提唱された新しいタイプのものであり，それは，国際社会の分権性を視野に入れたうえで，国家承認を国際法主体たる国家の要件としてではなく，当該要件の充足の有権的認定として捉える。そのいわんとしているところはこうである。

　法秩序は一般規範において特定の要件に特定の効果を当為によって結びつけている。したがって，その一般規範の定めるところが個別・具体的ケースにおいて実現されるためには，それを当該ケースに適用する（事実認定及びその法的判断）という人間の意思行為が不可欠となる。集権化されている国内法秩序においてはそのような意思行為を統一的に行う機関（例えば裁判所）が設置されているが，分権的な構造を有する国際法秩序においては，そのようなものが存在しない。したがって，一般国際法のもとでは，一般規範の個別・具体的ケースへの適用は関係国に委ねられることになる。それ故に，所与の政治的実体が国際法主体たる国家の要件を充足している（それが国際法主体たる国家として成立している）ことを確認する行為としての国家承認は，一般国際法のもとでは，国際法主体たる国家の成立要件に関する一般規範の，個別・具体的ケースへの適用プロセスの一環なのであり，そのようなものとして国際法主体たる国家の要件の充足の有権的認定という意味をもたざるをえない。

　このようにして，新しいタイプの創設的効果説における国家承認理解は，古いタイプの創設的効果説におけるそれとは根本的に異なるのであるが，そのことは――Lauterpacht自身は意識していないが――国家承認の法的効果の説明についても両説の間に顕著な相違をもたらすことになるはずである。

　今日においては，国家承認を，所与の政治的実体が国際法主体たる国家の要件を充足している（それが国際法主体たる国家として成立している）ことを既存の国家が確認する行為，として捉える宣言的効果説が支配的となっている。しかし，そのような国家承認理解は，新しいタイプの創設的効果説のそれと本来的には対立するものではない。というのは，所与の政治的実体が国際法主体たる国家の要件を充足していることを確認する行為は，国際社会の分権性を視野に入れれば，上記のように，国際法主体たる国家の要件の充足の有権的認定

という意味をもつことになるからである。それ故に、国家承認の法的効果についても両説は本来的に相違を示すものではないはずである。しかし、宣言的効果説の論者のなかには、国家承認に法的性質や法的効果を認めないものが依然として少なくない。それは、おそらく、古いタイプの創設的効果説と同様に主として実体法的観点から——国際社会の分権性のもとでの法適用プロセスを視野に入れないで——国家の成立を論じたことによるものと思われる。実体法的観点からすれば、新しいタイプの創設的効果説にあっても宣言的効果説にあっても、国際法主体たる国家はその要件（住民、領土、政府など）が満たされることによって成立する、という記述になるはずである。そのような記述は、いうまでもなく、国際法主体たる国家の成立要件を定める国際法規範の内容そのものである。ここでは、両説はいずれも国家承認を国際法主体たる国家の成立要件とみなしていない、という点に注意すべきである。それでは、個別・具体的なケースへの法の適用のプロセスをも視野に入れるという手続法的な観点から考察すると、国際法主体たる国家の要件の充足を有権的に認定する行為としての国家承認は、どのような性質・意義をもつものとして捉えられるべきかであろうか。それはつぎのように説明されるべきであろう。

　国家承認が国際法主体たる国家の要件事実の存在の有権的認定という意味をもつのであるならば、それは国内裁判所による要件事実の認定と同じ性格を有することになり、その結果、そのような要件事実の認定と同じ効果（いわゆる既判力と呼ばれうるようなもの）——承認国は以後当該政治的実体の国家性を否定できない、即ち当該政治的実体の国家性が承認国との関係で確定するという、いわば手続法上の効果——をもつことになる。もっとも、そのように国家承認が国内裁判所による事実認定と同じ法的効果を有するとしても、それは、国際社会の分権性のもとでは、承認国との関係でのみ生ずるということにならざるをえない。このような効果はこれまで、実質的には、『承認は後に取消し・撤回ができない』という命題のもとに認められてきたといえるのではなかろうか。その命題は、承認国は以後被承認国の国家性を否定できない、即ち被承認国の国家性は以後承認国との関係で確定する——当然のことながらそのこ

とは認定された事実がもはや存在しなくなったときにはその旨の新たな認定がなされるということを排除するものではない——，という趣旨を表わすと思われるからである。このようにみてくると，国家承認は，法的には意味のない行為なのではなく，国内裁判所による事実認定と同じような意味で法的行為——それは実体法上のものではなく，いわば手続法上のものである——を構成する，ということになろう。

それでは，国際法主体たる国家の成立はどのように記述されるべきであろうか。これは，法の定める一定の効果の発生はどのような観点から記述されるべきか，という一般的な問題に還元されよう。この点については，伝統的な法律学は法の定める一定の効果の発生を，権限ある機関（例えば裁判所）による事実認定という法適用プロセスを視野に入れないで，いわば実体法の観点から記述してきたように思われる。具体的には，伝統的な法律学においては，例えば契約又は窃盗罪はそれらの要件の充足を認定する判決によって成立するとは説かないで，それらの要件が満たされること，即ち申し込みと承諾又は他人の財物の窃取によって成立すると説いてきたのではなかろうか。そして伝統的な法律学は，そのような判決については，それは所与のケースにおける契約又は窃盗罪の成立を確定的なものにするという法的効果（いわゆる既判力）を有する，と記述してきたのではなかろうか。そのような伝統的な法律学の観点から国際法主体たる国家の成立を記述するならば，それはつぎのようになろう。つまり，所与の政治的実体が国際法主体たる国家の要件（領土，住民，政府など）を満たすときには，国際法主体たる国家が成立する，と。そして，国家承認については，それは，先にものべたように，所与のケースにおける国際法主体たる国家の要件事実の存在を有権的に認定する行為として，承認国との関係において，一種の既判力を有する，即ち所与の政治的実体が国際法主体たる国家である旨を承認国との関係において確定する，と記述されることになろう。

ここでは，近時の有力な傾向に従った形で承認概念を定義づけ，そのうえで議論を展開しているが，いうまでもなく国家実行や学説などにおいては承認という言葉が必ずしもつねにそのような定義のもとに使用されるわけではない。

したがって国家実行や学説などを分析する場合には，そこでは承認又は不承認という言葉がいかなる意味で使用されているのかに細心の注意を払わなければならない。そうでないと，議論が混乱するおそれが生ずるであろう。

(2) 国家承認の法的義務

国家承認は所与の政治的実体が国際法主体たる国家の要件を満たしている（所与の政治的実体が国際法主体たる国家である）旨を確認する既存の国家の行為である，という理解から出発し，しかも国際社会の分権性を顧慮すると，国家承認は国際法主体たる国家の成立要件に関する国際法規範を個別・具体的なケースに適用する行為の一環にほかならない，ということになる。そのことからは，つぎのような帰結が生じることになるように思われる。既存の国家は，ある政治的実体が新国家として独立を宣言する場合であっても，それに直接に関わる（その国家性に直接に触れるような行為をする）意思がないかぎり，国家の成立要件に関する国際法規範の適用に迫られることがないので，承認問題に取り組む必要はない。この意味において，新国家の成立に即応して承認の意思を表示すべき国際法上の義務はないとみなす通説は，支持されるべきである。これに対して，既存の国家は当該政治的実体に直接に関わる意思があるときには，国家の成立要件に関する国際法規範の適用に迫られるので，承認問題に取り組む必要がある，というべきである。というのは，そのようなときにも既存の国家は承認問題に取り組む必要がないということになると，国家の成立要件に関する国際法規範の存在意味が実質的にはほとんどなくなってしまうからである。

本書を公にするにあたっては，まず，中央大学の同僚山内惟介教授の学問的刺激に謝意を表しなければならない。また，とくに芳名は列挙しないが，筆者が仙台在住の頃に専門を異にする3人の法学者から法律学の研究の仕方について多くの御教示を受けた。本書ではそれをどこまで活かすことができたかは甚だ心許ないが，ここに心から感謝の意を表させていただく。

本書を折茂 豊先生の御霊前に捧げる。

　平成 25 年初秋　八王子市の自宅にて

多　喜　寛

国家（政府）承認と国際法

目　　次

まえがき

第1章　外国の国際法学における国家承認論 ………… 1

1　はじめに　*1*

2　創設的効果説　*3*

3　宣言的効果説　*21*

4　折衷説　*24*

5　Talmon の見解　*25*

6　若干の考察　*32*

第2章　わが国の国際法学における国家承認論 ………… 45

1　はじめに　*45*

2　戦前の学説　*46*

3　戦後の学説　*68*

4　おわりに　*94*

第3章　最近のわが国の国際法学における国家承認論 ………… 109

1　はじめに　*109*

2　国家（政府）承認の法的意義・効果　*109*

3　国家（政府）承認の法的義務　*116*

4　おわりに　*119*

第4章　再考・国家承認論 ………… 125

1　はじめに　*125*

2　旧稿の要約と解説　*125*

　　3　最近の批判　*134*

　　4　結　　論　*146*

第5章　政府承認廃止論に関する覚書 ……………………………*153*

　　1　はじめに　*153*

　　2　イギリスによる政府承認の放棄　*154*

　　3　エストラダ主義　*157*

　　4　カンボジア政府　*160*

　　5　従来の承認理論　*161*

　　6　おわりに　*165*

第6章　続・政府承認廃止論に関する覚書 ……………………*169*

　　1　はじめに　*169*

　　2　最近の学説　*169*

　　3　おわりに　*181*

第7章　集合的不承認について
　　　　　――近時の事例を中心にして――………………………*185*

　　1　はじめに　*185*

　　2　具体的事例　*186*

　　3　学　　説　*191*

　　4　若干の考察　*208*

第 8 章　国際法上の承認理論の具体的適用
　　　——日華平和条約と日中共同声明の場合——……………225

1　はじめに　　225
2　日華平和条約と承認　　226
3　日中共同声明と承認　　234
4　おわりに　　243
　　補　　遺　　247

第1章
外国の国際法学における国家承認論

1 はじめに

　国際法上国家承認がどのような行為であり，どのような法的意義を有するのかという問題は，国際法学者を長年において悩ましてきた。その問題については創設的効果説，宣言的効果説，折衷説などが登場したが，最近においては宣言的効果説が支配的となりつつあるようである。もっとも，その際には，従来の議論が正しく分析・評価されているとは必ずしも思えない。この点との関連では，Brownlie のつぎのような論述が引用に値する。つまり，まれな例外は別として，承認に関する理論は思考の質を改善することがなかったのみならず，法律家の気をそらせて法的分析の普通の方法を適用させないようにしてきた[1]，と。そのような事情の主な原因の一つは，おそらく，多くの論者が『承認』，『創設的効果』及び『宣言的効果』という言葉——それらは実務や理論においてこれまで必ずしも同じ意味で一貫して使用されてきているわけではない——を厳密に分析することなく上記の諸説を論評してきたということに，求められうるであろう。

　その点については，つとに 1941 年に Kelsen は，『承認』という言葉に関して，つぎのような指摘を行っていた。つまり，承認という言葉は，「所与の場合に『国際法上の意味での国家』が存在するという事実の認定」としての「法的行為」と「国家又は政府と政治的及びその他の関係に入る用意がある旨の宣言」としての「政治的行為」——「政治的承認は承認されるべき国家又は政府の法的存在を前提にしている」——という，二つのまったく異なる行為を指し

うるのであり，そのことを明確に意識してこなかったことが議論の混乱の原因の一つである[2]，と。同様に，近時において，Brownlie は『承認』及びその同種のものたる『不承認』が一貫した内容を有しているわけではないとして，つぎのような例をあげている。つまり，国家Aの政府が国家B（又は自らを国家Bと呼ぶ実体）を承認しないという命題については，二つの根本的に異なる解釈が可能である。一方では，それは，国家Aの見解においては，国家Bはそのようなものとしては存在しなかった，即ち当該実体は国家性の基準を満たしていないので法的観点からすると承認される資格がない，ということを意味しうる。他方では，それは，国家Bは法的には国家とみなされ，承認の資格を有するが，国家Aは政治的な理由からそのような承認を与えたくなかった，ということを意味しうる。このコンテクストでは不承認は武力紛争にならない程度の敵対政策を示すものにすぎない[3]，と。Kelsen と Brownlie の上記の論述においては，要するに承認又は不承認について論じる際には，政治的行為としての承認又は不承認と，法的行為としての承認又は不承認を明確に区別すべきである旨が，説かれているのである。しかし，留意すべき点はそのような承認（又は不承認）の言葉の用法のみではないように思われる。例えば，Kelsen は，政治的行為としての承認から峻別されるべき法的行為としての承認を国際法秩序の分権的構造のなかに位置づけることにより，混迷状態にある承認理論の解明にむけての一つの重要な視点を示したと思われるが[4]，彼自身は承認の創設的効果を説くにあたり，『創設的』効果という言葉に関する彼独自の用法について十分な説明を行わなかった。その結果，その後の論者のほとんどすべてはその言葉のもとに従来の創設的効果説の説くのと同じものを理解してしまった。かくして——皮肉にも彼の意図に反して——国家承認論に新たな混乱がもたらされてしまったように思われる。

　このように，国家承認論に取り組むにあたっては，『承認』，『創設的効果』及び『宣言的効果』という言葉がどのようなコンテクストにおいてどのような意味で使用されているのかという点に留意する必要がある。このことは，いわゆる集合的承認の実務と理論を詳細に分析する最近の Talmon の議論にもあて

はまる。彼は，集合的不承認のケースにつき，創設的効果でもなく宣言的効果でもない新たな第三の効果といえるものを主張しているが，その際には『承認』又は『不承認』などという言葉が十分に吟味されているようには思われない。その結果，彼の議論は多少ミスリーディングなものになっているように思われる。本章では，その点を明らかにすること，及び外国の国際法学における国家承認論の解明をはかることを目的とする[5]。

　以下には，まず，国家承認に関する従来の議論を上記のような観点から分析し評価することが試みられる。ついで，そこから得られた成果をもとに，最近のTalmonの議論を論評してみよう。そして最後に，国家承認論に関する総括的な考察を試みる。

2　創設的効果説

　まず，創設的効果説とよばれるものからみていこう。一般に創設的効果説として一括されてきたものが，その論拠をどこにもとめるのかという観点からして，二つに大別されるということ自体は，これまで意識されてこなかったわけではない[6]。しかし，その二つタイプのものが本質的にまったく異なり，相容れない性質のものであるということが必ずしも十分には意識されてこなかったのではなかろうか。以下には，両者を古いタイプの創設的効果説と新しいタイプの創設的効果説と呼び，少し詳しく検討してみよう。

（1）　古いタイプの創設的効果説

　しばしば初期の創設的効果説の代表例としてあげられるのは，Oppenheimの見解である。彼の著名な論述はこうである。

　　国際法の基礎は文明諸国の共通の合意であるので，国家性だけではまだ国際社会（Family of Nations）の一員であることを意味しない。その文明のためにそれ又はその臣民が国際法の原則に従って行動することがないので，国

際社会の一員ではない又は完全には一員とはいえない国家は，——その数は次第に減少してはいるが——存在する。一員である国家は，国際法がそれらの間で慣習や条約を通じて次第に成長していったが故に最初の一員であるか，又は誕生した時に既に存在していた一員の一群によって承認された一員である。それ故に，まだ一員ではないがそうなることを欲するすべての国家にとって，承認は必要である。国家は承認によってのみ国際人格になる[7]。承認によってのみ，国家は国際法人格及び国際法主体になるのである[8]。

そこにおいては，国際法は文明諸国の間の共通の合意に基づく法であり，国際社会の一員は国際法を発展させてきたヨーロッパ諸国と，その最初の一員によって国際社会に受け入れられた他の諸国家である，という国際法（国際社会）観が示されている。そのうえで，国家は既存の国際法主体たる国家の同意を得ることによってはじめて国際社会の一員となることができるというコンテクストにおいて，国家は既存の国際法主体たる国家による承認によってのみ国際法主体になる旨が説かれている。それ故に，承認は，国家が国際法主体になるための要件として捉えられている。この点については，Akehurstのつぎのような説明が参考になろう。つまり，19世紀の間，国際法はしばしば，主としてヨーロッパ文明諸国の間で適用されるものとみなされた。他の諸国家は『メンバー達』によって『選択される』ときにのみ『クラブ』への入会が認められた。その『選択』が承認という形となって現れたのである[9]，と。

このような創設的効果説は19世紀の支配的な国際法（国際社会）観に対応するものであるが，それに対しては，これまで多くの人から批判が投げかけられてきた。例えばTalmonのつぎのような論述が従来の批判を代表的に示すといえよう。つまり，その創設的効果説は，国際法を純然たる合意の体系とみなして，法律関係は関係国の合意によってのみ生じうると考える「時代遅れの実証主義的見解の表れ」である。同説によると，承認されていない国家は承認していない国家との関係で権利も義務も有しない，換言すれば国際法がそれらの間に適用されないことになる。最も決定的な反対論拠は，同説が国際法主体と

しての『国家』の相対性に導くということである。ある国家が国家であるとみなすところのものが，他の国家にとっては国際法上の国家ではないということになりうる。国家は生まれつきの絶対的な国際法主体であり，既存の国家によって創設される相対的な国際法主体ではない。一国が他国の国際法上の人格を決めるという考えは国家の主権的平等という基本原則と調和しない。さらに，創設的効果説は，国際法のもとにおける未承認国家の責任を説明できない。未承認国家は国際法に違反することができるならば，それは少なくとも部分的に国際法主体でなければならない[10]，と。

その結果，Oppenheim が提示するような論拠に基づく創設的効果説は，今日ではもはや支持者をほとんど見出さない，その意味ですでに克服されてしまった，といっても過言ではないように思われる。したがって，本章はこの種の創設的効果説について立ち入って論じることをしない。

（2）　新しいタイプの創設的効果説

(i)　Oppenheim 以後の創設的効果説の論者のなかで最も著名なものとしてしばしば取り上げられるのは，Kelsen と Lauterpacht である。しかし，分析してみると，彼らの創設的効果説は Oppenheim のそれと根本的に異なる論拠に基づいていることが理解される。その点は Crawford も気づいており，彼はLauterpacht を「創設的効果説の一形態のより鋭い且つ説得力のある支持者の一人」[11]とみなしている。彼によると，Lauterpacht は「創設的効果説のための最も説得力のある論拠」[12]を提示したとされる。それならば，創設的効果説を的確に論評する――ひいては国家承認論一般を正確に理解する――ためには，Lauterpacht の見解に立ち入って検討する必要があろう。彼の見解はこれまで多くの人によって論じられてきたが，必ずしも十分とはいえないように思われる。以下には，彼の見解を分析して，その内在的な問題点を指摘したい。

先にものべたように，国家承認論においては『承認』，『創設的効果』及び『宣言的効果』という言葉がこれまで必ずしも統一された意味で使用されてきたわけではない。そこで，議論を実りあるものとするためには，それらの言葉

が論者によってどのような意味で使用されているのかを明確にしなければならない。Lauterpacht の見解を分析するにあたっても，その点に注意を払う必要がある。

彼は，まず，国家承認を承認国と被承認国との間の合意として捉えずに[13]，承認国の一方的行為として理解する[14]。それでは国家承認はいかなる一方的な行為とされているのであろうか。その問題に関する彼の主たる論述はつぎのようである。

　ある政治的共同体を国家として承認することは，それが国際法によって要求される国家性の要件を満たしていると断言することである。これらの要件が存在するならば，既存の国家は承認を与える義務を有する。完全なる国際人格の要件の存在を認定し権威をもって宣言する権限ある国際機関が存在しないので，既存の国家は国際法上の機関としての資格においてそのような役目を果たすことになる。このように行動することによって，既存の国家は国際法を適用するのである[15]。

そこにおいては，国際法秩序には国際法主体たる国家の要件の充足を認定する中心的な権限ある機関は存在しないということ，そしてその結果そのような役目は既存の関係国に委ねられているということ，が指摘されている。この前提に基づき，Lauterpacht は，国家承認を，所与の共同体が国際法主体たる国家の要件を充足している旨を認定する行為として，理解している。換言すれば，彼は国家承認を，「国際法を適用する機関」[16]による「国際法によって定められた国家性の要件の存在の認定」[17]として捉えているのである。そうとすると，彼の見解においては，国家承認は国内法における裁判所による要件事実の認定と同じ性格を有するということになろう[18]。このようにみてくると，彼の国家承認理解（定義）——それによると国家承認は国際法主体たる国家の要件の充足を認定する行為である——は古いタイプの創設的効果説における国家承認理解——それによると国家承認は国際法主体たる国家の要件である——とは

まったく異なるという結論が生ずる。後にもみるように，Lauterpachtの創設的効果説を正確に評価するためには，この点を心に留めておくことがぜひとも必要となろう。

それでは，LauterpachtはLauterpachtの意味における国家承認につきどのような法的効果を認めるのであろうか。この問題に関する彼の論述はつぎのようである。

　承認は新国家の国際的な権利義務を創設する[19]。承認は，新国家の国際人格を創設するのであるが，既存の物理的事実を宣言する[20]。承認はこのように既存の事実を宣言するのであるが，そのような宣言は，法的義務の公正な履行という形でなされ，承認国と被承認共同体の間に完全な国家性に伴う国際的権利義務を創設する[21]。新たな共同体はそれを承認した国家にとっては国家として存在するが，他の国家にとってはそうではない[22]。

要するに，Lauterpachtは，国家承認が新国家の国際人格（国際法主体性），それ故に新国家の国際権利義務を創設する，と主張しているのである。この意味において，彼は承認を「創設的行為」[23]とみなし，「承認の創設的性格」を認める[24]。しかしながら，この主張は，彼が国家承認を国家の国際法主体性の要件とみなさず，その要件の充足を認定する行為とみなすということと，はたして調和するのであろうか。換言すれば，一方で国家承認を上記のように国際法主体たる国家の要件の充足を認定する行為として定義しつつ，他方で国家承認を新国家の国際法主体性を創設するものして理解することが，はたして可能なのであろうか。この点に関連すると思われる彼のつぎのような説明は，必ずしも満足のいく答えにはなっていないように思われる。

　何故に先に存在しているという単なる偶然が，既存の諸国家に，生成しつつある共同体の完全なる国際人格を生じさせる権利を与えるのであろうか。その答えは，そのような人格は自動的なものではありえず，またその認定は法と事実の困難な事情についての予めの決定を必要とするので，その任務を

遂行する人がいなければならない，ということである。その機能を果たす公平な国際機関の設置のような望ましい解決がないため，それは既存の国家によって果たされなければならない[25]。

　この引用文のなかに，Crawfordは，「創設的効果説のための最も説得力のある論拠」[26]を見出すようである。しかし，上記の引用文においてのべられているのは，要するに，共同体が国際法主体（国際人格）としての国家になるためにはその要件の充足の認定が必要であるということ，そして国際社会の分権的構造のために既存の国家はそのような要件の充足の認定を授権されているということ，である。けれども，それだけでは，何故に共同体は国家の要件を充足するや否や国際法主体になると説明してはいけないのか，何故に共同体が国際法主体たる国家として成立するためにはその要件の充足の認定（国家承認）が必要であると説明しなければならないのか，という問いに対する十分な答えとはなっていないように思われる。この点との関連では，まず，Lauterpachtの国家承認の定義のもとでは，先にものべたように，国家承認は国内裁判所による要件事実の認定と同じ性格を有する，ということに注意すべきである。さらに，伝統的な法律学は犯罪や契約などの成立をつぎのように記述するということが想起されるべきである。つまり，犯罪や契約はそれらの要件を満たすや否や成立する，そして所与のケースにおける裁判所による当該要件充足の認定は既判力を有し，当該要件充足を決定的・確定的なものにする——それと矛盾する判断を禁ずる——，と。このような伝統的な法律学の思考形式から出発するならば，そしてさらに国家承認を——Lauterpchtが定義するように——国際法主体たる国家の要件の充足の認定として捉えるという前提に立脚するならば，承認と国家性に関するつぎのような結論は不可避ということになろう。つまり，共同体はそれが国際法主体たる国家の要件を満たすや否や国際法主体たる国家になる，そして国家承認は一種の既判力を有する，即ち所与のケースにおける当該要件事実の存在を——国際社会の分権的な構造の故に承認国との関係で——決定的・確定的なものとする，と。

確かに，上記の法的事態を伝統的な法律学とは異なる観点から記述することも，可能ではある。実際に，Kelsenはそのような試みを行っている。犯罪や契約などの成立をいわば実体法的な観点から記述する伝統的な法律学とは異なり，彼は，裁判所による要件事実の認定のプロセスをも考慮に入れて犯罪や契約などの成立を記述しようとする。そしてこのKelsenの理論はLauterpachtの理論に大きな影響を与えているようである。Kunzもつぎのようにのべている。つまり，Lauterpachtの見解を完全に理解するためには，彼の見解の理論的な淵源であるHans Kelsenの論文を指摘する必要がある[27]，と。そこでつぎには，Lauterpachtの見解を十分に理解するために，Kelsenの見解を検討してみよう。

(ii) まず，Kelsenは国家承認という言葉のもとに何を理解するのであろうか。この点に関する彼の論述はつぎのようである。

　一般国際法は原始的な法であり，すべての原始的な法と同様に非常に分権化されている。それは，技術的に発達した国内法とは違って，法の規定する結果を法の定める具体的事実に結びつけるために，その事実の存在を法的手続において認定する，ということを授権された特別の機関を設置していない。一般国際法はこれらの役目を関係当事者に委ねている。このことは不法行為のケースにおいては特に重要である。国家が国際法に違反した，それ故にほかの国の法的に保護される利益を侵害したかどうかという問題は，一般国際法によると，裁判所のような公平な権威によって解決されるのではなく，互いに対立する国家によって解決される。彼らのみが，当該問題を解決する権限を一般国際法によって与えられた権威である。具体的ケースにおいて『国際法の意味における国家』が存在するか否か，一定の共同体が国際法主体であることの要件を充足しているか否か……という問題が生じるときも，同じである。この問題に対する答え，即ち所与のケースにおいて『国際法の意味における国家』が存在するという事実の認定は，一般国際法による

と，関係国の管轄に属する。この認定が法的行為たる承認である[28]。国際法の意味における国家とみなされるべき共同体は，つぎの諸要件を満たさなければならない。……これら三つの要件を充たす共同体は国家である。……国家承認は，所与の共同体がこれらの諸要件を満たしているという事実の認定である[29]。法的行為たる承認は事実の認定である。それは意欲の表現ではない。それは *re*-cognition というよりもむしろ認識（cognition）である。それは裁判所による法的事実の認定と同じ性格を有する[30]。

要するに，Kelsen は，国際社会の分権的構造を指摘したうえで，国家承認をそのような国際社会のなかにつぎのような仕方で位置づけるのである。つまり，国家承認は国際法主体たる国家の要件ではなく，分権的国際社会においては権限ある機関とみなされる既存の国家によって行われる，当該要件充足の認定である，と。そうとするならば，国家承認に関する Kelsen の定義は Lauterpacht のそれと同じであるということになろう。より正確にいえば，Lauterpacht の見解は Kelsen の国家承認の定義に基づいて展開されているように思われる。Kunz もつぎのようにのべる。つまり，Lauterpacht の著書は，要件の充足を認定するという法的行為を承認とみなす Kelsen の観点から，書かれている[31]，と。それでは，Kelsen は国家承認の法的効果についてどのように考えるのであろうか。この点に関する彼の論述はつぎのようである。

　承認の効果は，被承認共同体は承認国それ自身との関係において国家，即ち一般国際法によって規定される権利義務の主体になる，ということである。承認以前には，未承認共同体は承認国にとっては法的には存在していない[32]。「法的行為たる承認によって，被承認共同体は承認国との関係で法的に成立させられることになり，そしてそれによって国際法はこれらの国家の関係に適用可能となる。それ故に，法的行為たる承認は特殊的に創設的な性格（a specifically constitutive character）を有する」[33]。

この引用文においては，承認によって所与の共同体が国際法主体たる国家になる，それ故に承認は「特殊的に創設的な性格」を有する，ということがのべられている。もしKelsenのそのような表現を伝統的な法律学——それは例えば犯罪や契約などの成立を裁判所による事実認定のプロセスとは無関係に，いわば実体法の平面で記述する——の観点から文字通りに受け取るならば，つぎのような結論が不可避となろう。つまり，Kelsenの理論は，少なくとも承認の法的効果については，承認を国際法主体たる国家の要件とみなす古いタイプの創設的効果説と同じである，換言すれば，Kelsenによると，所与の共同体はそれが国家の要件を満たすや否や国際法主体たる地位を獲得するのではなく，承認によってのみ当該地位を獲得する，と。実際にも，彼の見解に関するそのような理解は，これまで一致して認められてきたといってよい。しかしながら，1961年の彼の著書のつぎのような論述は，そのような理解が正しくないということを立証するように思われる。

　裁判所の判決は，ある犯罪者個人への具体的なサンクションの執行を命ずるかぎりにおいて，明らかに創設的である。しかし，それは，サンクションの条件である事実を認定するかぎりにおいても，創設的性格を有する。法の世界においては事実『それ自体』，『絶対的な』事実というものはないのであり，法の定める手続きにおいて権限ある機関によって認定される事実のみがある。一定の事実に一定の帰結を結びつけるときには，法秩序は具体的なケースにおいて事実を認定すべき機関をも指定し，当該機関がそうする際に遵守すべき手続を定めなければならない。法秩序はこの機関にそれ自身の裁量でその手続を規律することを授権するかもしれない。しかし，法秩序を社会生活に適用可能ならしめるためには，要件事実を認定する機関と手続は——直接的に又は間接的に——当該法秩序によって決定されなければならない。絶対的な，直接的に明白な事実があるというのは，典型的な素人の見解である。まず法的手続を通して認定されることによってのみ，事実は法の領域にもたらされる，又はいわばこの領域内で生まれるのである。このことを「多

少逆説的に鋭い仕方で定式化すれば」，我々は，要件事実を認定する権限ある機関は「法的にこれらの事実を『創設』する」，ということができるであろう。それ故に，法的手続を通して事実を認定するという作用は，つねに，「特殊的に創設的な性格」を有するのである。もしある法規範によってサンクションが殺人者に対して執行されるべきであるならば，このことは，殺人という事実『それ自体』が当該サンクションの条件であるということを意味しない。AがBを殺害したという事実『それ自体』というものはないのであり，AがBを殺害したという私の，又はほかの誰かの信念又は知識のみがあるのである。A自身は同意するかもしれないし否定するかもしれない。けれども，法の観点からすれば，これらすべては関連性のない私的な見解にすぎない。権限ある機関による認定のみが法的関連性を有するのである。もし裁判所の判決がすでに法の力を獲得しているならば，もし既判事項（*res judicata*）——これは当該事件が最終審裁判所によって確定的に決定されているということを意味する——たる地位が存在するがためにこの判決を別のものに替えることが不可能となっているならば，有罪を宣告されたものが無罪であったという意見はいかなる法的関連性も有しないのである[34]。

犯罪や契約などの成立を記述する際に Kelsen が主として念頭においているのは，実体法上の一般規範それ自体ではなく，それの具体的ケースへの適用，即ち裁判所による事実認定である。そして彼が主張しているのは，要するに，法の観点からすれば権限ある機関による事実認定のみが所与のケースにおける犯罪や契約などの要件の充足につき決定的・確定的であるという命題なのである。国内法における裁判所の判決（事実認定）や既判力などのことを考えれば，この命題を論駁することは困難であるように思われる。この反駁できない命題を「多少逆説的に鋭い仕方で定式化」するという目的のためにのみ，Kelsen は，権限ある機関は要件事実の認定によって「法的にこれらの事実を『創設する』」という表現を用いたのであり，また，それとの関連において「特殊的に創設的な性格」という言葉を使用したのである。この点はぜひとも心に

留めておかれるべきである。そうでないと，Kelsen は犯罪や契約などの要件と，その要件が充足されている旨の裁判所による判決（事実認定）を混同している，と考えてしまうことになろう[35]。Kelsen の 1941 年の論文におけるつぎのような論述も，このようなコンテクストにおいてはじめて正確に理解されるように思われる。つまり，「法的行為たる承認によって，被承認共同体は承認国との関係で法的に成立させられることになり，……それ故に，法的行為たる承認は特殊的に創設的な性格を有する」，と。したがって，この引用文は，国家承認によって――伝統的な法律学のような仕方で記述すれば――『国際法主体たる国家が成立する』，ということを意味するのではなく，国家承認によって所与のケースにおける国際法主体たる国家の要件の充足（それ故に国際法主体たる国家の成立）が承認国との関係で決定的・確定的になる――それと矛盾する判断が禁じられる――，ということを意味するにすぎないのである。ところが，これまで多くの論者はこのような Kelsen の見解を正確には理解してこなかったように思われる。

　Kelsen の見解を上記のように理解するならば，それは宣言的効果説と必ずしも相容れないものではない，ということになろう。というのは，宣言的効果説は，後にもみるように，法的観点からすれば権限ある機関による事実の認定のみが所与のケースにおける要件事実の存在につき決定的・確定的である，という命題そのものを否定するものではないからである。以上からすると，Kelsen の見解は国家承認の法的効果についても，古いタイプの創設的効果説とはまったく異なる，ということになろう。

　(iii)　上述のように，Kelsen は，国家承認は国際法主体たる国家の要件ではなく権限ある機関によるに当該要件の充足の認定であるという，古いタイプの創設的効果説とはまったく異なる国家承認理解に立脚している。その結果，彼は，国家承認の法的効果については，国家承認が所与のケースにおける国際法主体たる国家の要件の充足を承認国との関係で決定的・確定的なものにするという，古いタイプの創設的効果説とはまったく異なる結論に至っている。もし

彼のような国家承認理解から出発するならば，国家承認の法的効果に関するそのような結論——彼はそれを伝統的法律学とは異なる仕方で表現しているが——は不可避であるように思われる。しかしながら，Lauterpacht は，Kelsen と同じ国家承認理解から出発しながらも，国家承認の法的効果については Kelsen とは異なり，古いタイプの創設的効果説と同じ結論，即ち国家承認が国際法主体を創設するという結論に到達しているように思われる。というのは，Lauterpacht は，国家承認を法的権利義務の考慮によって支配されない政策的行為として捉えることに反対の立場を示す際に，つぎのようにのべているからである。つまり，何故に「伝統的な創設的効果説」に向けられる批判が同説の「健全な中心部」即ち「承認はその性質において創設的であること」を攻撃し，同説の「反対すべき側面」即ち「承認を政治の恣意的な作用として考えること」に賛成してきたのかは，理解が容易ではない[36]，と。この論述は，彼が「伝統的な創設的効果説」の説く承認の創設的効果を支持していること，換言すれば彼の考えている創設的効果が「伝統的な創設的効果説」のそれと同じであることを，示すものであろう。そのように彼が古いタイプの創設的効果説と同じ意味で創設的効果を説いていることを示すものとしては，さらに，つぎの点があげられよう。つまり，彼は，宣言的効果説による古いタイプの創設的効果説批判が彼の創設的効果説にもあてはまると考えて，その批判と取り組む，と。以下には，その点を具体的に検討してみよう。

　まず，Lauterpacht は宣言的効果説による古いタイプの創設的効果説批判をつぎのように紹介する。つまり，創設的効果説によると，問題の共同体は承認以前においては国際法主体たる国家として存在しないことになり，その存在の本質的側面において国際法によって保護されないし，既存の国家の重要な法的利益を尊重する義務も有しないことになる，ということが主張されてきた。また，創設的効果説によると，未承認国家の領土は侵略されうることになろう，(既存の国家からの分離独立の場合におけるように) その国民は，これまでと異なり，国際法によって間接的に保護されず，悲惨な公民権の剥奪をこうむるであろう，戦争の場合には未承認国家は交戦法規を無視した形で取り扱われう

るであろう，それが関与する戦争において第三国は中立義務によって拘束されないであろう，と主張されてきた[37]，と。彼はこの批判が彼の見解にもあてはまると考えて，つぎのように反論する。

　多分，創設的効果説に対するこの批判によって指摘されている可能性は一見するほどは恐ろしいものではないであろう。未承認共同体の領土は侵略されやすいが，伝統的な国際法のもとでは，宣戦布告という手続を経る又は別途その戦争開始の意思を表明するとすぐに，国家は被承認国家の領土を侵略してもよいのである。万一未承認共同体が戦争に従事するに至るならば，多分，慈悲，報復の恐れ，軍事的便宜及び軍事的なエネルギーの保持の理由で，そして一般的には戦争法規が内戦において遵守されるのと類似の考慮からして，ほとんどの戦争法規が相互に自然と遵守されるであろう。同じ理由からして，第三国は――交戦国になると決定しないかぎり――未承認共同体の関与する戦争において中立的な行動を保つであろう。確かに未承認共同体の国民は外国において国際法の保護を受けることなく虐待されるかもしれないが，ここでもこの法的状態は事態の現実を適切には示していない。もしある共同体がある外国人を文明又は一般に認められた国際法の標準を無視して扱うと決意したならば，そして影響を受ける国家が報復などによりその国民を保護することができない又は保護する気がない弱い国であるならば，承認はその種の行動を阻止することはめったにないであろう。他方，未承認国家がその不満を実効的に示すことができる立場にあるならば，承認の欠如はその利益又はその国民の利益に重大な損害をもたらすことは多分ないであろう。さらに，承認の欠如は必ずしも，外国にいる国民の保護との関連における正規の交流を不可能にすることはない[38]，と。

そこにおいては，Lauterpachtは，古いタイプの創設的効果説から生ずると指摘されてきた不都合な結果が彼の見解のもとでも生ずると考えている。そのうえで彼は，国際社会の現実（国家間の力関係など）を考慮に入れると古いタ

イプの創設的効果説から生ずる結果の不都合さをあまり過大視すべきではない旨を強調しているのである。しかし，このことは国家承認に関する彼の定義からすれば理解できないことなのではなかろうか。というのは，彼の定義から出発して，しかも伝統的な法律学の観点から記述するならば，国際法主体たる国家はその要件の充足によって成立するのであり，国家承認は裁判所による事実認定と同じ効果，即ち所与のケースにおける当該要件の充足を承認国との関係で決定的・確定的なものにするという一種の既判力を有する，ということにならざるをえないからである。確かに国家承認のそのような効果——これは宣言的効果説の論者も認めざるをえないところのものである——を創設的効果と呼ぶことはできるかもしれないが，その場合には，『創設的効果』という言葉の意味が古いタイプの創設的効果説の論者が念頭においているそれとまったく異なるということに，注意すべきである。それ故に，本来は，Lauterpacht は古いタイプの創設的効果説から生じうる不都合な結果を自分のものとして抱え込んで，それの弁護に努めるということをする必要はなかったのである。この点との関係では，Kelsen の態度が紹介に値するであろう。つまり，Kelsen は，1941年に，国家承認に関して彼がそれまで行ってきた説明——それは宣言的効果説に類するものであった——を放棄し，先にみたような「特殊的に創設的な性格」を説くにあたり，古いタイプの創設的効果説に対して指摘されてきた問題点を気にするというようなことはまったくなかった[39]，と。

それでは，何故に Lauterpacht は，Kelsen と同じ国家承認の定義に立脚しているにもかかわらず，Kelsen とは異なり，古いタイプの創設的効果説が説くのと同じような創設的効果を主張するのであろうか。それはおそらく，Lauterpacht が彼の見解の理論的源泉である Kelsen の見解を正確には理解しなかったという事実，特に Kelsen の「法的行為たる承認によって，被承認共同体は承認国との関係で法的に成立させられることになり，……それ故に，法的行為たる承認は特殊的に創設的な性格を有する」という論述を多くの論者と同様に伝統的な法律学の視点から文字どおりに受け取ったという事実，によるものではなかろうか。しかし，既に指摘したように，Kelsen の当該論述は，国

家承認によって——伝統的な法律学の視点からのべると——『国際法主体たる国家は成立する』ということを意味するのではなく，国家承認によって所与のケースにおける国際法主体たる国家の要件の充足が承認国との関係で決定的・確定的なものになるということを意味するにすぎないのである。ここでは，Kelsen の論述が彼独自の表現方法のためにときとして誤解を招くことがあるという点に，注意すべきであろう[40]。

(iv) 他方では，Lauterpacht は宣言的効果説に対してつぎのような批判を展開する。

　宣言的効果説の主な特徴は，国家の存在は事実であるので承認は法的というよりもむしろ政治的な関連性をもつ形式的な行為である，という確信に満ちた主張である。しかし，分析すると，国家はそれが存在するや否や国際法主体になる又は国家性の要件が存在するや否や成立するという理由で，承認は純粋に形式的かつ宣言的である，とのべることは役に立たないしトートロジーであるようにみえる。というのは，そのような存在が争点になりうるし，そしてしばしばそうなっているからである[41]。国際法主体としての国家の法的存在の問題に答えることができるのは，事実的な存在という自動的なテストではなく，法的原則を遂行する目的で誠実に与えられる承認のみである[42]。

この引用文からすると，Lauterpacht は宣言的効果説を批判する際に，同説が二つの命題から成り立つものと考えていることが理解される。第一の命題は，国際法主体としての国家は——承認とは無関係に——その要件が充足するや否や成立するということにある。犯罪や契約などの成立を権限ある機関（裁判所）による事実認定のプロセスとは無関係に，いわば実体法的観点から記述する伝統的法律学のもとでは，上記の命題は，国家承認は国際法主体たる国家の要件ではないということを意味するにすぎない。そうとすれば，

Lauterpachtも先にみたように国家承認を国際法主体たる国家の要件とはみなさないので，上記の命題は彼の見解と対立するものではないことになろう[43]。もし国際法主体たる国家がその要件たる事実によって成立するとのべることを役に立たないトートロジーとみなすのであれば，契約が申し込みと承諾によって成立するとか窃盗罪が他人の財物の窃取によって成立するとのべることも役に立たないトートロジーということになってしまうのではなかろうか。Lauterpachtの考える宣言的効果説の第二の命題は，国家承認は法的な意義を有しない形式的な行為にすぎないということにある。この命題においては，国家承認は国際社会の分権的構造を考慮に入れることなく考察されている。確かにそのような考察態度では国家承認の法的意義を十分に明らかにするということはできないであろう。そのような考察態度から離れてKelsenやLauterpachtのように国際社会の分権的構造を視野に入れつつ国家承認を考察するならば，宣言的効果説の考えている国家承認——所与の共同体が国際法主体たる国家の要件を満たしている（所与の共同体が国際法主体たる国家である）旨を確認する既存の国家の行為——は，国際法主体たる国家の要件の充足の（権限ある機関による）認定を含む，ということにならざるをえないであろう。しかし，そのことは必ずしも，Lauterpachtが古いタイプの創設的効果説と一致して説くように国家承認は国際法主体たる国家を成立させる，ということを意味しない。そのような国家承認は，国内法においては裁判所の確定判決（事実認定）が既判力をもつのと同様に，一種の既判力を有する，即ち所与のケースにおける国際法主体たる国家の要件の充足を承認国との関係で決定的・確定的ならしめるという法的効果を有することになる。この点との関連では，国家承認にそのような法的効果を認めることは——創設的効果説との対比における宣言的効果説の核心は上記の第一の命題であると思われるので——宣言的効果説と必ずしも相容れないものではない，ということに注意すべきであろう。これまで一般に，宣言的効果説は国家成立に関する実体法上の一般規範それ自体の見地から——当該一般規範の特定のケースへの適用の見地からではなく，即ち権限ある機関による事実認定を視野に入れないで——国家の成立を記述してきたよう

に思われる。そのような思考形式のもとに，宣言的効果説は，承認を国際法主体たる国家の要件とみなす古いタイプの創設的効果説に反対して，承認は国際法主体たる国家の要件ではない，と主張するのである。先にも指摘したように，もし Kelsen や Lauterpacht のように国際社会の分権的構造をも視野に入れて国家承認を考察するならば，宣言的効果説の考える国家承認は裁判所による事実認定と同じ性格を有するということにならざるをえない。従来の宣言的効果説は，そのような視点のもとにおける国家承認がいかなる法的効果を有するのかという問題に正面から取り組むというようなことをしてこなかったにすぎないように思われる。

(v) 国家承認の法的義務に関しては，Lauterpacht はつぎのように論じる。

この国家性の要件事実が存在しているならば，既存の国家はその存在を宣言し，新国家の国際的権利義務を生じさせる義務を負う[44]。

そこにおいては，既存の国家は所与の共同体が国際法主体たる国家の要件を充たすや否やそれを承認する義務がある，ということが説かれているのであろうか。もしそうならば，国家の一般慣行はそのような義務を認める方向にないという批判が可能であろう[45]。それ故に，学説の大多数もそのような承認義務の存在を否定しているように思われる。Lautepacht が承認義務を認めるのは，おそらく，古いタイプの創設的効果説に対して加えられる，先にのべたような批判を気にかけているからであろう[46]。この点との関連では，Fitzmaurice のつぎのような論述が引用に値するであろう。

創設的効果説は事実がそれを要請するときに承認するという義務を認めるのであるならば，それはほとんど，承認は既存の状態の承認にすぎないということ，即ち承認は性格において創設的というよりもむしろ宣言的であるということ，を認めるにひとしいことになる[47]。この型の創設的効果説は，実

際には，その効果において宣言的効果説とほとんど見分けがつかない[48]。

　しかし，すでに指摘したように，Lauterpchtは国家承認を国際法主体たる国家の要件としてではなく，当該要件の充足の，権限ある機関による認定として捉えており，そのことを自覚すれば，彼は古いタイプの創設的効果説の説くのと同じ創設的効果を主張することができないはずである。換言すれば，彼の国家承認の定義から出発すれば，承認義務を認めるか否かとは無関係に，承認の法的効果については，宣言的効果説と相容れなくはないということになるはずなのである。

　(vi)　国家承認の定義に関しては，Lauterpachtは，宣言的効果説の論者と同様に，国家承認を国際法主体たる国家の要件とはみなさない。この点において，彼の見解は古いタイプの創設的効果説とは根本的に異なる。彼の見解によれば，国家承認は所与の共同体が国際法主体たる国家の要件を満たしているという事実の認定である。確かに，国際社会の分権的構造を顧慮すると，そのような国家承認は本質的には権限ある機関による，国際法主体たる国家の要件の充足の認定である，ということを認めざるをえない。そのような理解は，後にもみるように，宣言的効果説の中心的な部分とは相容れないものではないのである。

　しかしながら，国家承認の法的効果に関しては，Lauterpachtは，古いタイプの創設的効果説が説くのと同じ創設的効果を主張しているように思われる。というのは，彼は，先にもみたように，「伝統的な創設的効果説」の「承認はその性質において創設的である」という中心的な部分を支持するのであり，また，宣言的効果説が古いタイプの創設的効果説に対してなす結果の不都合性の批判がそのまま彼の見解にもあてはまると考えているからである。けれども，彼のそのような見解は理解困難なものであるといわざるをえない。というのは，彼は古いタイプの創設的効果説とはまったく異なる国家承認の定義を採用しているからである。換言すれば，一方では国家承認を国際法主体たる国家の

要件ではなく当該要件の充足の認定であるとみなしつつ，他方では国家承認を国際法主体たる国家の要件とみなす古い創設的効果説が説くのと同じ創設的効果を主張することは，論理的に不可能なのである。彼の国家承認の定義から出発すれば，つぎのような帰結が避けられないように思われる。つまり，国家承認は裁判所による事実認定と同じ性格を有するので，それは裁判所による判決と同じ効果（一種の既判力）を有する，換言すれば，所与のケースにおける国際法主体たる国家の要件の充足を承認国との関係で決定的・確定的ならしめるという効果を有する，と。残念ながら，Lauterpacht はその点に十分には気づいておらず，宣言的効果説により古いタイプの創設的効果説に向けられる結果の不都合性の批判が，そのまま彼の見解にもあてはまると考えている。その理由は，先にものべたように，おそらく，彼が自己の見解の理論的な源泉たる Kelsen の見解を正確に理解せず，Kelsen 特有の言い回しを伝統的な法律学の見地から文字どおりに受け取った，ということに求められうるであろう。

　Lauterpacht は，彼の見解が正しいことを証明するために，国際社会の分権的構造のもとでは既存の国家は所与の共同体につき国際法主体たる国家の要件の充足を認定することを授権されている，という事実を援用する。そして Crawford はそこに「創設的効果説のための最も説得力のある論拠」を見出す。しかし，すでに指摘したように，そのような事実は，彼の国家承認の定義のもとにおいて古いタイプの創設的効果説の説くのと同じ創設的効果を認めるための論拠とはなりえないのであり，むしろ宣言的効果説と両立可能なのである。要するに，Lauterpacht は彼の「創設的効果」説のための理論的根拠を示していない，という結論にならざるをえないように思われる。

3　宣言的効果説

　Kelsen や Lauterpacht が国家承認を国際社会の分権的構造のなかに位置づけた後は，宣言的効果説の論者はもはや，国家承認は法的な意義を伴わない単なる形式的又は政治的意義を有するにすぎないという主張だけでは満足しなくな

る傾向にある。というのは，国家承認が国際法主体たる国家の要件ではないという命題は必ずしも，それが——特に国際社会の分権的構造を視野に入れると——法的意義をなんら有しない，という結論に直結しないからである。したがって，宣言的効果説の論者のなかには，国家承認の定義のみならず法的効果についても若干の変化を示すものが現れるようになる。

そのような宣言的効果説の論者の一例として Bindschedler をあげることができよう。彼は，まず，創設的効果説をつぎのように批判する。つまり，創設的効果説によると，同一の新国家が承認国との関係では国際法主体たる国家であるが，同時に，承認しない国家との関係ではそうではない。しかしそのことは一般国際法の意味と調和しない。創設的効果説のもとでは，あらゆる国家はまだ承認されていない国家の領土を無主地として先占する権利を有することになり，また，未承認国家は国際法上のすべての義務を免れることになる[49]，と。創設的効果説のこのような欠点を理由にして，彼は宣言的効果説を支持する。そして彼はつぎのようにのべる。

承認のなかに「真正な認定」(eine authentische Feststellung) が含まれている。それでもって承認は法的安定性のための機能を果たす。承認者は承認したものを自らに通用させなければならない。そうでないと信義誠実に反するであろう。承認された要件事実及びそこから生ずる法的効果に関する疑いは承認によって除去され，さらなる争いが排除されるのである。……国際社会は分権化されており，特別な分業機関を知らないので，承認は一般に特別の機関の職務ではなく，国際法主体たる諸国家の職務である[50]。国家承認の場合には，一定の共同体が国際法の意味における国家であることが——それから生ずる法的効果とともに——承認される。承認された国家の存在と資格に関するあらゆる疑いは除去される。それとともに承認者と被承認者との間の関係への国際法の支配はもはや否認されえないことになる。国家承認の主たる効果は，「真正な認定」及び反対の主張の放棄にある[51]。承認は新国家の存在の純然たる認定であり，その意義は真正であることにある。国際法は

国家の成立それ自体をその要件事実の存在のみに依存させる[52]。

　さらに，Berberの見解もここに引用に値するであろう。彼によると，国家承認は新国家の法的存在に影響を与えない。新国家は国家性の要件が存在するや否や成立する[53]。新国家の存在を真正に認定する権限のある中心的な機関が存在しないので，既存の国家による承認という代用品が使用される[54]。また，そのような国家承認の法的効果については，彼はつぎのようにのべる。つまり，既存の国家による新国家の承認は，分離独立又は併合によってもたらされた不明確で争いのある法的事態が宣言者を拘束する一方的な宣言を通じて解決され，明確で確定的なものとされる，ということを意味する[55]，と。そして彼は，承認によって，新たな事態が国際社会との関係ではなく承認国との関係で認定される，と説く[56]。

　以上からすると，BindschedlerとBerberはLauterpachtと同じような国家承認理解を示していること，そして同時に国家承認の効果に関しては先にのべた一種の既判力と実質的に同じようなものを認めているということが理解される。Bindschedlerは国家承認のそのような効果をも創設的効果と呼んでいる[57]。しかし，その場合における創設的効果という言葉は古いタイプの創設的効果説の論者が考えているところのものとはまったく異なる，ということに注意すべきであろう。

　付言するに，Crawfordは，ある実体の国家としての地位は原則として承認とは無関係であるとみなしつつも，他方ではつぎのようにのべる。つまり，承認は地位に関する不確かな状態に決着をつけ，そして新たな事態が正式なものとされることを認める国家実行上の制度である。個別的な承認行為であっても地位の強化に寄与するであろう。Charpentierの言葉によれば，承認は新たな事態を承認国に対抗可能なものにするであろう[58]，と。ここでも，実質的には，先にのべた一種の既判力のようなものが示唆されているのではなかろうか。また，宣言的効果説の立場に立脚するChenは，「事実の宣言」としての承認は「撤回不能」であるとのべているが[59]，その論述も――承認国は新国家

の存在をもはや否定できないということを意味するので——同様な観点から捉えられるべきではなかろうか。

4 折　衷　説

　Crawford は，Salmon が承認を宣言的要素と創設的要素を兼ね備えるものとみなしていると考え，それにある程度の共感を示す[60]。そこで，つぎには，Salmon の見解を検討してみよう。
　Salmon はつぎのようにのべる。

　　創設的効果説によると，承認は承認される事態を創設することを目的とする。承認の前は，この事態は存在してない。かくして，国家の人格は国際社会による承認いかんによる。この理論は特に Hersch Lauterpacht 卿によって主張された。宣言的効果説によると，承認は承認される事物を確認させるにすぎず，それを創設しない[61]。承認は，事実の存在を確認し，それを創設しないという意味において，創設的ではなく宣言的な性格を有する[62]。M. Charles De Visscher がのべるように，承認は，『政治的に不確実な事態を終わらせ，それを明確な法的事態に置き換えるという理由で創設的効果を有する』。それが承認国と承認された事態の受益者たる国との間の関係における承認の効果のすべてである。承認国は，国家，政府又は事態にその不存在を理由として反対することを放棄するのである[63]。

　そこにおいては，国家承認は国際法主体たる国家を創設するのではない，即ち国際法主体たる国家の要件ではないのであり，国際法主体たる国家の存在を確認するにすぎない，と説かれている。ちなみに，Lauterpacht の見解は，承認を，国際法主体たる国家を創設するものとみなす見解として，捉えられている。他方では，国家承認は承認国から承認後に被承認事実を否定する権利を奪い，問題の国家の存在に関する「政治的に不確実な事態」を「明確な法的事

態」に変える——その意味で「創設的効果」を有する——ということも、のべられている。このようにみてくると、Salmon の見解は本質的には Bindschedler の見解や Berber の見解と異ならないということが理解されよう。

ときとして Verdross の見解[64]や Seidl-Hohenveldern の見解[65]も折衷説としてあげられることがある。彼らによると、国家承認の現象は、一方では、継続の見込みを伴う新たな独立の支配秩序が樹立されている旨を承認国が確認すること、他方では、新国家と外交関係に入る用意がある旨を承認国が宣言すること、という二つの部分から成り立っている。そして彼らは、前者の部分を宣言的と考え、後者の部分を創設的と考える。けれども、外交関係に入る用意がある旨の宣言は、Kelsen も指摘するように、法的義務を構成しないが故に法的観点からすれば重要ではない政治的な承認行為である[66]ということになろう。このことを顧慮するならば、彼らの見解は結局において宣言的効果説にほかならないといえよう。

5　Talmon の見解

承認という言葉は、つとに Kelsen が指摘したように、まったく異なる二つのコンテクストにおいて使用されうる。まず、ときとして承認は純粋に政治的道具として使用されることがある。具体的には、承認又は不承認という言葉が政治的観点から所与の共同体に対して——それが国際法主体たる国家の要件を満たしているかどうかという法的問題とは無関係に——友好的又は敵対的態度を示すために使用されるのである。しかし、そのような政治的行為たる承認は法的な観点からは重要でないので、ここでは考察されない。法的観点からして重要なのは、承認という言葉が、所与のケースにおいて国際法主体たる国家の要件が満たされているという事実を認定する行為として、用いられる場合である。確かに国家承認の法的効果については先にもみたように学説の争いがあるが、子細に分析してみると、国家承認の定義に関して近時の学説はほぼ一つに

収斂しつつあるといってよいであろう。まず，古いタイプの創設的効果説は先にものべたように今日ではもはや支持者もほとんどいないので，その使命を終えて，すでに克服されてしまったものとして，ここでは考慮に入れられない。そうとすると，残るのは新しいタイプの創設的効果説と宣言的効果説であろう。その点については，新しいタイプの創設的効果説の最も重要な代表的論者たる Kelsen と Lauterpacht は，宣言的効果説の論者と同様に，国家承認を，所与の共同体が国家の要件を充足しているという事実を確認する行為として捉えている，ということに注意すべきであろう。もっとも彼らはさらに進んで，法的行為たる承認を——国際社会の分権的構造を顧慮しつつ——既存の国家が国際法主体たる国家の要件の充足という事実を認定する行為，として定義している。国際社会の分権的構造をも視野に入れると，宣言的効果説の論者もそのような承認の定義に対して異論はないはずであり，実際にもそのような定義を採用する宣言的効果説の論者も登場してきている。そこで，以下には，法的行為たる承認を，既存の国家が国際法主体たる国家の要件事実の存在を認定する行為として定義し，それに基づいて議論を進めることにする。そして，法的行為たる承認に関するこのような定義に対応する法的行為たる不承認は，既存の国家が国際法主体たる国家の要件事実の不存在を認定する行為，として定義されることになろう。これらの定義を前提として承認又は不承認の法的効果を考察するならば，先に指摘したように，必然的につぎのような結論になろう。つまり，法的行為たる承認は，所与の共同体が国際法主体たる国家の要件を充足しているという判断を承認国との関係で決定的・確定的ならしめる，という効果を有するのであり，また，法的行為たる不承認は，所与の共同体が国際法主体たる国家の要件をまだ充足していないという判断を不承認国との関係で決定的・確定的ならしめる，という効果を有する，と。

　ところが，最近，Talmon がそれとは異なるかのような見解を展開している。そこで，以下には彼の見解を紹介し分析してみよう。

　まず，従来の国家承認論に関する彼の分析をみてみよう。彼は創設的効果説についてつぎのようにのべる。

創設的効果説によると，承認のみが国家を国際法主体たる国家にする。Oppenheim の言葉によれば，国家は承認によってのみ国際人格になる。それ故に，承認は国家の自由裁量内の事項である。創設的効果説は純然たるコンセンサスシステムとしての国際法という「時代遅れの実証主義的見解」の表現である。この見地からすると，国家性の要件の充足は，それだけでは，実体を国際法主体にするのに十分ではないのであり，かくして，承認されない国家を，承認しない国家との関係で，権利義務を有しないままにしておく[67]。

彼によると，創設的効果説のもとでは，承認は「地位を創設する」(status-creating) 効果を有し，不承認（又はより正確には承認の不発生）は「地位を阻止する」(status-preventing) 効果を有することになる[68]。このような創設的効果説に対しては，彼は，その説が国際法主体としての『国家』の相対性に導くということ，及びその説では承認されない国家の国際法上の責任を説明することができないということなどを指摘しつつ，反対の態度を示す[69]。しかし，Oppenheim が提示するような論拠に基づく創設的効果説は，先にものべたように，今日ではもはや支持者をほとんど見出さない。今日でも創設的効果説として依然として一定の存在意義を有すると考えられているのはむしろ Lauterpacht のそれであるように思われる。そうとするならば，今日の創設的効果説を適切に論評する，ひいては国家承認論一般を十分に理解するためには，Lauterpacht の国家承認論を詳細に分析することが不可欠となろう。これに対して，Talmon は Lauterpacht の理論については，古いタイプの創設的効果説と同じような法的効果を認めるものとして捉えたうえで，つぎのように簡潔に論評するのみである。つまり，Lauterpacht は，国家性の要件が満たされるときには承認義務が生ずると考えることによって，創設的効果説のよくない結果を和らげるように試みるが，国家実行上そのような義務は存在しない[70]，と。けれども，そのような仕方で Lauterpacht の創設的効果説を論評することには問題があるということは，前述したとおりである。

つぎに，彼は，宣言的効果説についてはつぎのようにのべる。

　今日の支配的な学説である宣言的効果説によると，承認は「客観的な法的事態」即ち「国家の存在」を立証する，確認する又はその証拠を提示するにすぎない。……かくして，国家の国際法人格とそれに付随する権利義務は，国家が国家性の基準を満たすということだけに依存する[71]。承認が「地位を確認する」（status-confirming）効果を有するならば，それは「客観的な法的事態」即ち「国家の存在」を確証する（corroborate）にすぎない。かくして，反対推論をすると，不承認の場合には，現実の国家は存在してはならないことになる。これがために，集合的に承認されない国家の場合に，宣言的効果説の論者は国家の不存在を証明しようと努めるのである[72]。

　この論述については，彼が宣言的効果説について考えている宣言的効果，即ち「地位を確認する」効果とは法的観点からすれば何を意味するのか——「地位を確認する」というのは承認の効果というよりも承認行為の内容そのものなのではなかろうか——，客観的な法的事態たる国家の存在を確証するとは法的には何を意味するのか，という問題を提出しうる。この点については Talmon の見解は必ずしも明晰ではない。
　創設的効果説と宣言的効果説のもとでの承認又は不承認の法的効果について上記のような説明をした後に，彼は集合的不承認のケースを念頭においてつぎのように論じる。

　集合的に承認されない国家のコンテクストにおける創設的効果説と宣言的効果説の検討は，「承認，より適切には，同類のものたる不承認」は，「地位を阻止する」効果も「地位を確認する」効果も有しえない，ということを示す。国際違法行為は事実の問題たる国家の成立を妨げないのであり，事実上存在する国家はその存在のみに基づいて，承認とは無関係に，国家たる法的地位を得る。国家の成立は不承認のみによっては取り消されえないのであ

り，それだから不承認は「地位を破壊する」(status-destroying) 効果も有しない。なされうるのは，国家性に固有な権利を新国家に与えずにおくことである。その範囲で不承認は「否定的な」(negatory) 効果，即ち「地位を否定する」(status-denying) 効果を有する[73]。

もともと Talmon は創設的効果説には反対であるので，彼が不承認のなかに創設的効果説のもとでの「地位を阻止する」効果を認めないのはよく理解できる。他方，彼は基本的には宣言的効果説に与するはずなので，何故に彼は不承認のなかに宣言的効果説のもとでの「地位を確認する」効果ではなく，上記のような「地位を否定する」効果を見出すことができるのであろうか，という疑問が生じる。確かに，彼は法的行為たる不承認に，創設的効果説のもとでの「地位を阻止する」効果や宣言的効果説のもとでの「地位を確認する」効果とは「異なる第三の効果」[74]――「地位を否定する効果」――を認めるかのような論述を行っている。しかし，それにもかかわらず彼のつぎのような論述に注意を払うと，彼は，実をいえば，法的行為たる不承認にそのような「第三の効果」なるものを認めるのではないことが理解されうるであろう。彼がのべる。

　不承認は一般国際法の強行規範（peremptory norm）のもとで生ずる義務の重大な違反――それは国際社会全体の利益に影響を与える――に関する対抗措置（countermeasure）とみなされうる[75]。

そこにおいては，不承認が対抗措置を意味するものとして捉えられている。これはつぎのような事情による。Talmon は国際法主体たる国家の要件については住民，領土及び実効的政府という伝統的な見解に踏みとどまる[76]。したがって彼は Crawford[77]とは異なり，適用可能な自決権の違反，武力行使禁止の違反又は人種差別禁止の違反によって成立した共同体であってもそれが上記の伝統的な要件を満たしているかぎり，それを国際法主体たる国家とみなすのである。換言すれば，彼は，これまで一般に集合的不承認の対象とされた国家で

あっても，それをすでに国際法主体たる国家の要件を満たしているものと考えるのである。その結果，彼は，集合的不承認のなかに法的行為たる不承認を見出すのではなく，すでに国際法主体たる国家として成立したものに対してなされる対抗措置を見出すのである。彼は「否定的」効果についてつぎのようにのべる。

　ある既存の国家に対してなされる不承認は「地位を破壊する」（status-destroying）効果を伴わないので，他国は不承認を国家成立のコンテクストにおける国際法違反への反作用として——国家性の基準のすべてを満たしているにもかかわらず「当該国家を国際法上の国家として扱わないという意思を表明する」ために——利用することができるにすぎないのである。即ち，諸国家は不承認を「ある国家にその法的地位……を与えずにおく」という手段として使うのである[78]。なされうるのは，「国家性に固有な権利を新国家に与えずにおく」ことである。その範囲で不承認は「否定的な」効果，即ち「地位を否定する」効果を有する[79]。

　このようにみてくると，彼が「不承認」につき「否定的な」効果，即ち「地位を否定する」効果——「新国家に国家性に固有な権利を与えずにおく」という効果——を主張するときには，その「不承認」という言葉のもとに念頭におかれているのは，法的行為たる不承認そのものではなく，それとはまったく別個な対抗措置であるということになろう。換言すれば，彼が「異なる第三の効果」としての「地位を否定する」効果を主張しているのは，法的行為たる不承認についてではなく，「当該国家を国際法上の国家として扱わないという意思を表明する」という内容の対抗措置——「一般国際法の強行規範のもとで生ずる義務の重大な違反」に関する対抗措置——についてなのである。これに対しては，対抗措置は法的行為たる不承認の特定の形態をなすのではないのか，という反論がなされるかもしれない。しかし，対抗措置は，国際法違反の場合に国際法主体たる国家に対して向けられるものであるが故に，むしろ逆に，法的

行為たる承認（所与の共同体が国際法主体たる国家の要件を満たしているという事実の認定）を前提としてはじめて思考可能な観念なのである。それは，本来的には，法的行為たる不承認（所与の共同体が国際法主体たる国家の要件をまだ満たしていないという事実の認定）とは相容れないところのものである。したがって，やはり，彼が「不承認」の効果として主張する「否定的な」効果，即ち「地位を否定する」効果なるものは，実は，法的行為たる不承認とは無関係である，という結論にならざるをえないように思われる。

　また，上記のような分析からすると，Talmon の見解は──彼が自覚しているか否かは別として──つぎのような内容になるといわざるをえないことになろう。つまり，いわゆる集合的不承認と呼ばれる現象のなかには，不承認という言葉が使用されているにもかかわらず，法的行為たる不承認それ自体が見出されるべきではなく，それとはまったく逆に，法的行為たる承認がなされたうえでの対抗措置の宣言が見出されるべきである，と。そうとすると，集合的に承認されない国家のコンテクストにおいて「承認，より適切には，同類のものたる不承認」は創設的効果説のもとでの「地位を否定する」効果も宣言的効果説のもとでの「地位を確認する」効果も有せず，それらとは異なる「第三の効果」として「否定的な」効果，即ち「地位を否定する」効果を有する，という彼の論述は多少ミスリーディングであることになろう。厳密には，集合的不承認の場合には──彼の国家要件論からすると──法的行為たる承認（黙示的承認）を前提としたうえで対抗措置の宣言がなされているのであるから，承認論との関連では，法的行為たる承認の効果（承認に関する彼の立場からすれば「地位を確認する」効果）に言及すれば足りるはずである。「第三の効果」としての「否定的な」効果なるものは，上記のように，法的行為たる承認又は不承認とは論理的に別個の問題である対抗措置の具体的内容の一つにすぎないので，「承認，より適切には，同類のものたる不承認」の効果との関連で言及されるべきではなかったように思われる。換言すれば，上記のような内容の，「第三の効果」としての「否定的な」効果なるものを不承認との関連で強調することは，国家承認論に新たな混乱を引き起こしかねないように思われる。そ

のような効果は法的行為たる承認又は不承認の効果ではないからである。彼の見解の上記のような問題点は，おそらく，彼の議論においては『承認』又は『不承認』という言葉の用法に十分な注意がはらわれていないということに起因すると思われる。

6　若干の考察

　以上，国家承認に関する諸理論を分析し検討してみた。以下には，その要約的検討を試みてみよう。

（1）　要約的検討

　これまで創設的効果説と呼ばれてきたものは，古いタイプのものと新しいタイプのものに分けられるべきである。両者は国家承認の理解に関してまったく異なる考えに立脚しているので，国家承認の法的効果についても顕著な相違を示さざるをえないと思われるからである。Oppenheim が提示するような論拠に基づく古いタイプの創設的効果説は，国家承認を，国家が国際社会の構成員（国際法主体）になることへの同意，即ち国際法主体たる国家の要件として捉える。このタイプの創設的効果説はそれがもたらす具体的な結果の点で重大な問題点を含むということが，宣言的効果説の立場からしばしば指摘されてきた。例えば，Brierly は簡潔ながらもつぎのようにのべる。つまり，創設的効果説によると，A 国によって承認されたが B 国によって承認されない，それ故に国際人格であると同時に国際人格ではないという国家の地位が生ずることになるが，それは，法的に珍奇なものといえるであろう。また，同説によると，未承認国家は国際法上の権利も義務も有しないことになってしまうが，そのことから生ずる結果のいくつかは，ショッキングなものである[80]，と。ここで注意されるべきは，Brierly がそのような批判を展開する際に主として念頭においていたのは国際法主体たる国家の要件に関する一般規範の内容そのものであり，それの特定のケースへの具体的な適用，即ち権限ある機関による，当

該要件の充足の認定ではない，ということである。そうであるが故に，彼は，一方では，国際法の現状からすると様々な国家が同じ事態への法の適用について異なる見解に基づいて行動することが可能であり，いずれが正しくいずれが正しくないかを決定する手続は現在のところ存在しないとのべつつも[81]，他方では，創設的効果説によると同一の共同体でありながらもある国との関係では国際法主体であり別の国との関係ではそうではないことになってしまうと批判することができるのである[82]。

　そのような古いタイプの創設的効果説——Talmonによると「時代遅れの実証主義的見解の表れ」——を支持する論者は今日ではもはやほとんどいないと思われる。今でも一定の存在意義を有していると思われるのは，新しいタイプの創設的効果説である。それはKelsenやLauterpachtによって提唱されたものである。この説に関しては，注意されるべき点がある。つまり，この説における国家承認理解は，分析すると，古いタイプの創設的効果説におけるそれとは根本的に異なるが，そのことは，必然的に，国家承認の法的効果について，これら二つのタイプの創設的効果説の間に相違をもたらさずにはおかない，と。けれども，Lauterpachtはその点をあまり意識しないようである。その結果，彼は，彼の新しいタイプの創設的効果説のもとでも国家承認の法的効果が古いタイプの創設的効果説の説くのと同じであると考え，そして宣言的効果説が古いタイプの創設的効果説に対して行う具体的結果についての批判がそのまま彼の見解にもあてはまるとみなすのである。それ故に，彼は当該批判を強く意識することになり，当該批判において指摘されている不都合な事態につき，国際社会の現実（国家間の力関係など）のもとではそれをあまり過大視すべきではない旨を強調するのである。しかし，彼の国家承認の定義——それは古いタイプの創設的効果説のものとまったく異なる——を前提に議論を展開すれば，国家承認の法的効果については古いタイプの創設的効果説が説くものとまったく異なる結論にならざるをえないように思われる。したがって，宣言的効果説が古いタイプの創設的効果説のもたらす結果に対して行う批判は，彼の見解には当てはまらないことになるはずである。もしLauterpachtがそのことを

意識していたならば，そのような批判を気にすることはなかったであろう。この点において，彼は，彼と同様に国家承認を国際法主体たる国家の要件の充足の認定として捉える Kelsen とは，顕著に異なる。というのは，Kelsen は——おそらく彼の説く国家承認の創設的効果が古いタイプの創設的効果説のそれと根本的に異なることを意識しているので——宣言的効果説が古いタイプの創設的効果説に対して行う具体的妥当性の観点からの批判をまったく気にしないからである。ちなみに，Bindschedler や Salmon は，多数の論者と同様に，Lauterpacht が古いタイプの創設的効果説と同じ意味での創設的効果を主張していると理解したうえで，彼の見解への批判を展開している。

　それでは，新たなタイプの創設的効果説の国家承認理解からすれば，国家承認の法的効果はどのように記述されるべきであろうか。この点については，つぎのように答えるべきではなかろうか。新しいタイプの創設的効果説によると，国家承認は，所与の共同体が国際法主体たる国家の要件を満たしているという事実を認定する行為，である。国際社会の分権的構造のもとでは，そのような行為は権限ある機関による，国際法主体たる国家の要件事実の認定という意義を有するということにならざるをえない。この場合には，国家承認は国内社会における裁判所による事実認定と同じ性格を有する。そうとするならば，国家承認の法的効果については，裁判所の判決（事実認定）の法的効力が参考になるであろう。国内法においては，確定判決は既判力を有することになっている。その趣旨を国家承認に類推すれば，国家承認によって所与のケースにおける国際法主体たる国家の要件の充足が承認国との関係で決定的・確定的になる，したがって承認国はもはや所与の共同体の国家性（国際法主体性）を否定することができない，ということになろう[83]。換言すれば，国家承認は，所与の共同体の，国際法主体たる国家としての法的地位を承認国との関係で決定的・確定的なものにする，ということになる[84]。この意味において，国家承認に関して創設的効果を語ることができなくはない。しかし，いうまでもなく，この場合における『創設的効果』という言葉は古いタイプの創設的効果説が説くものとは本質的に異なる意味を有する。残念ながら，前述のように

Lauterpcht はこの点に気づいていないようである。これに対して，国家承認について Kelsen が説く創設的効果は，分析すると，古いタイプの創設的効果説の説くものとはまったく異なるのであり，彼の国家承認理解を理論的に一貫した形で展開したものとなっているように思われる。ただし，その際に彼は伝統的な法律学とは異なる独自の言い回しを——それについて十分な説明を施すことなく——することによって，多くの論者の間に彼の見解に関する誤解を誘発するという結果になっている。

　新しいタイプの創設的効果説との関連で注意すべきは，それが宣言的効果説と必ずしも本質的に相容れないものではないということである。宣言的効果説によると，国家承認は国際法主体たる国家の要件ではなく，所与の共同体が国際法主体たる国家の要件を満たしている（所与の共同体が国際法主体たる国家である）旨を確認する既存の国家の行為である，ということになるが，この前提から出発すると，その法的意義や効果についてはつぎのような結論にならざるをえないであろう。つまり，国際社会の分権的構造を視野に入れると，そのような理解の国家承認は権限ある機関による国際法主体たる国家の要件事実の認定を含むのであり，その意味で裁判所による事実認定と同じ性質を有するので，承認国との関係において一種の既判力をもつことになる，と。換言すれば，国家承認によって，所与の共同体が国際法主体たる国家の要件を充足しており，国際法主体たる国家であることが，承認国との関係において確定する，したがって承認国はもはや所与の共同体の国家性（国際法主体性）を否定することができないことになる。実際にも，宣言的効果説の論者のなかには，国家承認を国際社会の分権的構造のなかに位置づけると同時に，国家承認の効果については，実質的には，一種の既判力を認めたのと同じ結果を説くに至っているものが登場しつつある。

（2）　私　　見

　今日においては，国家承認は所与の共同体が国際法主体たる国家の要件を満たしている（所与の共同体が国際法主体たる国家である）旨を確認する既存の

国家の行為である，という理解が有力になってきているといえる。そのような理解から出発するかぎり，国家承認は分権的構造の国際社会においては権限ある機関による国際法主体たる国家の要件事実の認定を構成するということになり，その意味で裁判所による事実認定と同じ性質を有するということになる。それでは，国際法主体たる国家の成立はどのように記述されるべきであろうか。これは，法の定める一定の効果の発生はどのような観点から記述されるべきか，という一般的な問題の一環をなすように思われる。この点については，伝統的な法律学は法の定める一定の効果の発生を，権限ある機関（例えば裁判所）による要件事実の認定というプロセスを視野に入れないで，いわば実体法の観点から記述してきたように思われる。例えば，伝統的な法律学においては，契約又は窃盗罪はそれらの要件の充足を認定する判決によって成立するとは説かないで，それらの要件たる申し込みと承諾又は他人の財物の窃取によって成立すると説いてきたのではなかろうか。そして伝統的な法律学は，そのような判決については，それは所与のケースにおける契約又は窃盗罪の成立を確定的なものにするという法的効力（既判力）を有する，と記述してきたのではなかろうか。そのような伝統的な法律学の観点から国際法主体たる国家の成立を記述するならば，つぎのようになろう。つまり，所与の共同体が国際法主体たる国家の要件（領土，住民，実効的政府など）を満たすときには，国際法主体たる国家が成立する，と。そして，国家承認については，それは所与のケースにおける国際法主体たる国家の要件事実の存在を有権的に認定する行為として，承認国との関係において，一種の既判力を有する，即ち所与の共同体が国際法主体たる国家の要件を充足して国際法主体たる国家であることを，承認国との関係において確定する[85]，と記述されることになろう。もっとも，同じ法的事態をKelsenのように伝統的な法律学とは異なる観点から記述することも可能ではある[86]。

　最後に，ここでは，近時の有力な傾向に従った形で承認概念を定義づけ，そのうえで議論を展開しているが，いうまでもなく国家実行や学説などにおいては承認という言葉が必ずしもつねにそのような定義に基づいて使用されるわけ

ではない。これは本章の冒頭でも言及したとおりである。したがって国家実行や学説などを分析する場合には、そこでは承認又は不承認という言葉がいかなる意味で使用されているのかに細心の注意を払わなければならない。そうでないと、議論が混乱する危険性が生ずるであろう。本章で分析し検討したTalmonの議論はその一例を提供しているように思われる。

1) I. Brownlie, 'Recognition in Theory and Practice', *BYIL* (1982), p. 197.
2) H. Kelsen, 'Recognition in International Law', *AJIL* (1941), pp. 605-607.
3) Brownlie (above, n. 1), p. 198.
4) H. Taki, 'On Kelsen's View Concerning Recognition of States', *Comparative Law Review*（比較法雑誌）, Vol. 36, No. 4 (2003), p. 22.
5) 諸外国の国際法学における国家承認に関する最近の文献としては、小寺彰「国家の成立——国家承認の意義——」法学教室253号（2001年）133頁以下、王志安「国家形成と国際法の機能——国家承認の新たな位置付けを探って——」国際法外交雑誌102巻3号（2003年）31頁以下などがある。ちなみに、わが国における国家承認論については拙稿「わが国の国際法学における国家承認論（1）（2・完）」法学新報108巻1号、2号（2001年）、拙稿「再考・国家承認論」法学新報116巻3・4号（2009年）を参照。
6) See J. Crawford, *The Creation of States in International Law* (1979), pp. 13-14, 17-20.
7) L. Oppenheim, *International Law*, 3rd ed., 1920, p. 134.
8) Ibid., p. 135.
9) M. Akehurst, *A Modern Introduction to International Law,* 6th ed. (1987), p. 83.
10) S. Talmon, 'The Constitutive versus the Declaratory Theory of Recognition : Tertium Non Datur?', *BYIL* (2004) [2005], pp. 102-103.
11) Crawford (above, n. 6), p. 17.
12) Ibid., p. 17.
13) H. Lauterpacht, *Recognition in International Law* (1947), p. 56.
14) Ibid., p. 57.
　　　その結果、彼はつぎのようにのべる。つまり、条約において承認が規定されているという事実は、承認が条約によるということを意味しない。所与の条約を同時に二つの目的——新国家の承認という一方的行為を記録し、その結果として新国家が将来の関係の細目に関する約定に関与すること——を果たすものとみなすことは、困難ではない。国家実行は、そのような条約が同じ文書において承認によって先行

され又は伴われるという例をしばしば示す。そのような条約においては，承認は，条約のなかで表現されているが，約定の一部を形成するものではない。その条約は承認の事実を記録するための便利で適当な機会にすぎない。もしその条約が例えば後からの宣戦布告の結果として消滅しても，そこで示された承認は依然として完全に生きている。承認は条約の内容とは無関係である，と。Ibid., pp. 56-57.

15) Ibid., p. 6.
16) Ibid., p. 67.
17) Ibid., pp. 67-68.
18) Kelsen (above, n. 2), p. 608.
19) Lauterpacht (above, n. 13), p. 74.
20) Ibid., p. 74.
21) Ibid., p. 6.
22) Ibid., p. 58.
23) Ibid., p. 57.
24) Ibid., p. 63.
25) Ibid., p. 55.
26) Crawford (above, n. 6), p. 17.
27) L. Kunz, Critical Remarks on Lauterpacht's "Recognition in International Law", *AJIL* (1950), p. 713.
28) Kelsen (above, n. 2), p. 607.
29) Ibid., pp. 607-608.
30) Ibid., p. 608.
31) Kunz (above, n. 27), p. 714.
32) Kelsen (above, n. 2), p. 608.
33) Ibid., p. 609.
34) H. Kelsen, *General Theory of Law and State* (1961), pp. 135-136. 尾吹善人訳・ハンス・ケルゼン『法と国家の一般理論』（1991年）228-229頁も参照。
35) 例えば，T. C. Chen による Kelsen 批判もそのことを示す一例である。彼は Kelsen をつぎのように批判する。つまり，確かに普通の市民はある財産の奪取が強盗罪に該当するかどうかについて判断することを困難と考えるかもしれない。しかし，それが強盗罪に該当すると裁判所が判断したときに，裁判所は当該行為の違法性を『創設する』のではない。当該行為が強盗罪になるのは，裁判所の判決言い渡しの時点からではなく，当該行為が行われた時点からである。同様に，裁判所がある人物につき成年に達していたと宣言するときには，それは単に，出生時点から一定の時が経過した旨をのべるにすぎないのである。法的効果を生ぜしめるのは所定の時の経過という事実であって，その認定ではない。成年に達してから多くの年月

が経過した後に裁判所の判決が言い渡されることがあるかもしれないが，成年の法的効果は判決の言い渡しから始まるのではない。類推すると，国家はそれが国家性の要件を満たすや否や国際人格として存在する。当該要件の充足の認定に関して諸国家が同一の能力を有しているわけがないという事実は，そのような要件充足が起こる客観的な時点があるということを否定するための理由とはならない，と。T. C. Chen, *International Law of Recognition* (1951), pp. 48-49. さらに，田畑茂二郎教授のつぎのような論述も同じ観点からの Kelsen 批判ということになろう。つまり，「裁判所が窃盗罪と有権的に判決するまで人の財物を奪っても合法的であるとはいえないのであって，刑法の規定するタートベスタントに該当する行為は，それ自体で違法であり，窃盗罪だといわなければならない筈だからである。裁判所の判決は犯罪という法的現象を創設するというよりも，既に行われた犯罪を確認・宣言するにすぎないのである。また，民事事件において，裁判所が，例えば契約不履行についてなんらかの判決を下す場合もこれと同様である。契約不履行が違法なのは，民法の規定そのものによるのであって，裁判所が判決を下すまでは，契約に違反しても違法でないということにはならない。裁判所が判決を下す以前においても，民法の規定は当事者に対して適用があり，契約を履行しなければならないのであって，この民法の規定そのものに基づいて，裁判所の判決以前においても，契約不履行そのものは既に違法な行為なのである。すなわち，この場合も，裁判所の判決は違法な行為を確認・宣言するだけであって，判決によってはじめて契約不履行が違法なものになるというわけではないのである」。田畑茂二郎『国際法における承認の理論』（昭和 30 年）39-40 頁。上記のような Kelsen 批判が彼の見解についての誤った理解に基づくものであるということは，本文でのべたところからして明らかであろう。

36) Lauterpacht (above, n. 13), p. 62.
37) Ibid., p. 52.
38) Ibid., pp. 52-53.
39) See H. Kelsen, *Principles of International Law* (1952), p. 267.
　　Kelsen は国家承認制度を作りかえることを意図しているのではなく，国際社会の分権的構造をも視野に入れて当該制度を彼独自の観点から記述することを試みているにすぎない。
40) この点との関連において，長尾龍一教授が「ケルゼン賛歌——序に代えて——」という表題の下でなされているつぎのような論述がきわめて印象深い。「第二に讃められるべきは，彼の鈍感さである。特に彼は，素朴な読者がいかに誤解能力に富んでいるかについて，全く無神経であった。彼が『誤解のないようにいっておくが，私は決して……ことを主張するものではない』というような遁辞をそこここにちりばめておいたならば，彼が概念法学者で法社会学の否認者だというような誤解は生

じなかったであろう。『法的事実とは権限ある機関が認定した事実であり，誤判なるものは法的には無意味な私的見解である』などという言い方も，もう少しは読者の神経を逆撫でしない表現法があろうというものである」（長尾龍一［ほか］編『新ケルゼン研究』（1981 年）3-4 頁）。

41) Lauterpacht (above, n. 13), p. 45.

42) Ibid., p. 50.

43) Lauterpacht は，宣言的効果説の論者と同様に，国家承認を国際法主体たる国家の要件とはみなさず，当該要件の充足の認定とみなすが，その点についてはつぎのようにいえよう。つまり，国家承認は国際法主体たる国家の要件ではないという命題は，伝統的な法律学の観点からすれば，国際法主体たる国家はその要件――そのなかには国家承認は入らない――が満たされるや否や成立する，ということを意味する，と。

44) Ibid., p. 74.

45) See Talmon (above, n. 10), p. 103.

46) Talmon もつぎのようにのべている。つまり，Lauterpacht は，国家性の要件が満たされると承認の義務が発生すると考えることにより，創設的効果説の不都合な結果を緩和することを企てている，と。Ibid., p. 103.

47) G. Fitzmaurice, 'The General Principles of International Law, Considered from the Standpoint of the Rule of Law, *RdC* (1957-II), pp. 20-21.

48) Ibid., p. 24.

49) R. F. Bindschedler, 'Die Anerkennung im Völkerrecht', *Berichte der Deutschen Gesellschaft für Völkerrecht*, (1961), pp. 11-12.

50) Ibid., p. 2.

51) Ibid., p. 4.

52) Ibid., p. 12.

53) F. J. Berber, *Lehrbuch des Völkerrechts*, Bd. 1 (1975), pp. 233-234.

54) Ibid., p. 233.

55) Ibid., p. 233.

56) Ibid., p. 233.

57) Bindschedler によると，承認は，承認国は新たな事態をもはや否定できないという点において，承認国との関係で創設的効果を有する。Bindschedler (above, n. 49), p. 11. See B. Loudwin, *Die konkludente Anerkennung im Völkerrecht* (1983), p. 40.

58) J. Crawford, *The Creation of States in International Law*, 2nd ed. (2006), p. 27. Crawford は 1979 年にすでにつぎのようにのべていた。つまり，特定の実体の地位が疑わしい場合には，又はある必要な要素が欠けている場合には，承認は，その証拠上の重要性はさておき，承認国をして被承認実体を国家として扱うようにさせ，

かくしてその地位の強化に寄与するであろう。Crawford (above, n. 6), p. 24.
59) Chen (above, n. 35), p. 8.
60) Crawford (above, n. 6), p. 27.
61) J. J. A. Salmon, *La Reconnaissance d'État* (1971), p. 19.
62) Ibid., p. 19.
63) Ibid., p. 22.
64) A. Verdross, *Völkerrecht* (1959), p. 184.
65) I. Seidl-Hohenveldern, *Völkerrecht* (1980), pp. 143-144.
66) Kelsen (above, n. 2), p. 605.
67) Talmon (above, n. 10), p. 102.
68) Ibid., p. 102.
69) Ibid., pp. 102-103.
70) Ibid., p. 103.
   なお, Talmon は, 承認義務に反対する論拠として, 義務には通常それに対応する権利が伴うことをあげる。つまり, 承認の権利は少なくとも部分的な法的人格を前提とするが, 新国家は承認によってのみそれを取得できるのではないのか, と。Ibid., p. 103.
71) Ibid., pp. 105-106.
72) Ibid., p. 107.
73) Ibid., pp. 179-180.
   この立場は, 武力行使禁止, 人種差別禁止及び自決権違反の禁止に関する規範のような強行規範の誕生を強く意識するものである。
74) Ibid., p. 144.
75) Ibid., p. 180.
76) See ibid., p. 109 et seq.
77) See Crawford (above, n. 6), pp. 84-85, 103-106, 118, 226-227.
   彼は, 自決権を, 現代国際法において権利として認められる範囲で, 国家性の要件の一つとみなし, 人種差別禁止や武力行使禁止も国家性の要件のなかに入れる。
78) Ibid., p. 144.
79) Ibid., p. 180.
80) J. L. Brierly, *Law of Nations : an Introduction to the International Law of Peace*, 6th ed. (1963), p. 138.
81) Ibid., p. 139.
82) 換言するとこうである。一方では, 国際法主体たる国家の要件に関する一般規範の特定のケースへの具体的な適用（事実認定）が国際社会の分権的構造の故に既存の諸国に委ねられることになる結果, 同一の共同体でありながらもある国との関係

では国家要件が充足していると認定されるが，別の国との関係ではそうではないと認定されるということがありうる，ということが Brierly によって認められている。そうとするならば，彼が，他方において，創設的効果説によると同一の共同体でありながらもある国との関係では国際法主体であり別の国との関係ではそうではないことになってしまう，とのべるときには，その際に念頭におかれているのは，国際社会の分権性に由来する上記の事実（要件事実の認定手続の相対性）――宣言的効果説の論者もそれを認めているし，また，認めざるをえない――であるはずがなかろう。したがって，それは，国際法主体たる国家の要件に関する実体法上の一般規範において――古いタイプの創設的効果説のもとでは――既存の諸国家による「承認」が要件とされていることである，ということになろう。

83) 本文でのべたような考えからすると，事実認定は取り消されえないのであり，それは他の認定，即ち以前に認定された事実はもはや存在しないという認定によって取って代わられうるにすぎない (Kelsen (above, n. 2), p. 613)，ということになろう。
　いうまでもなく，国家承認が裁判所による事実認定と同じ性格を有するという指摘は，必ずしも，特定の実体の地位に関して（他国が関与するかぎり）国家間の争いについて決定的又は確定的なものはない (Crawford (above, n. 58), p. 20)，という事実と矛盾するものではない。国際社会の分権的な構造のもとでは，国際法主体たる国家の要件事実の存在についての認定たる国家承認が承認国との関係でのみ効力を有すること，換言すれば国家承認によって問題の共同体の国際法主体たる国家としての法的地位は承認国との関係でのみ決定的・確定的となることは，これまでにも何度かのべた。

84) ここで，国家承認と国家の成立時点の関係について言及しておこう。先にものべたように，国際法主体たる国家の要件の充足を認定する行為としての国家承認は，国内裁判所による事実認定の類推によって説明されるべきである。国内法によると，例えば，強盗罪の要件が所与のケースにおいて充足される時点は事実認定の一部をなすのであり，そのようなものとして裁判所の判決の時点で決定的・確定的になる。その意味で強盗罪の成立時点は判決の時点ではない。そうとすると，国家の成立に関しても，承認国は，所与の共同体が国際法主体たる国家の要件を（承認以前の）特定の時点から満たしている，という内容の承認をすることもできるということになろう。See Kelsen (above, n. 2), p. 613. このコンテクストにおいては Chen (above, n. 35), pp. 48-49 も参照。

85) このような考察は，*de facto*-Regime や交戦団体にもおおよそあてはまるように思われる。しかし，Frowein は *de facto*-Regime については承認を不要とみなす。J. A. Frowein, *Das de facto-Regime im Völkerrecht* (1968), p. 224. けれども，*de facto*-Regime の場合においても，所与のケースにおいて *de facto*-Regime の要件 (see Ibid., p. 7) が満たされているかどうかを判定する必要があるように思われる。それ

故に，承認を国際法の定める一定の法的地位の要件事実の認定として捉えるかぎり，de facto-Regime の場合には承認が不要という考えには賛成できない。

　付言するに，国際法主体たる国家の要件が満たされていないという理由で，既存の国家が所与の共同体を承認しないときには（法的行為たる不承認の場合には），それは当該共同体を国際法主体たる国家として扱うべきではない。しかし，この場合においても，当該共同体は必ずしも国際法の意味においてまったく実体のないものとみなされるのではなく，実態に即して既存の国家と一定の法的関係を有することが認められうるであろう。例えば，Talmon は，国際法の強行規範から生ずる義務の重大な違反のもとで成立した国家には，対抗措置としてそれを国家として扱わない（それに国家という法的地位を与えない）ことができるということを考えているが，その際には当該国家の地位を「地方的事実上の政府 local de facto governments」と呼び，「部分的国際法主体」たる地位を認める。Talmon (above, n. 10), pp. 147, 181. また，Crawford は，国家に適用可能な法規からの類推のプロセスにより，国家でない実体（non-State entities）に適用可能な一連の規則を供給することが可能であり，それに反対することは，国際法が国家にのみ適用されるという時代遅れの考えに基づくものと評されうる，とのべている。Crawford (above, n. 58), p. 99. 他方では，既存の国家が政治的理由から所与の共同体に承認を与えていないときには（政治的行為としての不承認の場合には），そのことは，そのような意味での不承認国が当該共同体を国際法主体たる国家として扱わないことが法的に可能である，ということを意味しない。そのような不承認国が当該共同体に直接に関わろうとするときには，それは国際法主体たる国家の要件に関する国際法規範を当該共同体に誠実に適用して，その適用結果に従って行動しなければならない（cf. Brownlie (above, n. 1), p. 209）。そうでないと，国際法主体たる国家の要件に関する国際法規範の存在意義がなくなってしまうであろう。そして国家承認が国際法主体たる国家の要件に関する国際法規範を特定のケースに適用する行為の一環をなすということを考慮に入れると，既存の国家は問題となる共同体に直接に関わろうとするときにはつねに承認の問題に誠実に取り組まなければならない，ということもできよう。

86）　その場合に注意すべき点については，前掲拙稿・法学新報 116 巻 3・4 号 422 頁を参照。

第2章
わが国の国際法学における国家承認論

1　はじめに

　国際法において国家承認はいかなる性質と効果を有するのであろうか。この問題に関して古くから活発な議論が戦わされ，創設的効果説，宣言的効果説，折衷説などが登場した。かつて田畑茂二郎教授はそれについて「国際法の基本問題の中でも，もっとも議論の紛糾している問題の一つだといってよいであろう」とのべた[1]が，現在でも藤田久一教授は「承認理論は今日でもかなり混沌とした状態にある」[2]とみなす。上記の問題はまだ完全な決着をみていないようである。その点については，筆者は，従来の論争の一部において，承認という言葉，更には創設的効果又は宣言的効果という言葉のもとに何を理解するのかという基本的な点について議論がうまくかみ合っていないところがあり，それが議論の紛糾の一因となっていると考える。本章はその点を明らかにするために，とりあえず国家承認に関する日本の学説を分析し検討することを目的とする[3]。したがって，本章では国家承認に関してもっぱら理論的な分析が試みられる。国家承認に関する国家実行はこれまで法的視点のみならず政治的視点をも巻き込み極めて複雑な様相を示してきたが，それを実証的に分析するにあたっても，分析道具である承認概念などをめぐる論議を明確にしておくことが不可欠であるように思われる。

　以下においてはとりあえず戦前と戦後に分けて，わが国の学説が国家承認の観念や法的効果に関して示した議論の推移を跡づける。そして，国家承認を国際社会の分権的構造のなかに位置づけるという最近の動向[4]をふまえたうえで，

国家（国際法主体）の成立と国家承認との関係をどのように説明すべきであるかという問題につき若干の提言を試みる。

2　戦前の学説

（1）諸　学　説

(i)　まず，1932年の立作太郎『平時国際法論』の見解から出発しよう。その国家承認に関する主な論述はこうである。

「国家は他の国家の承認（recognition）を須ちて始めて成立するものではない。苟も一定の土地及び人民を包含する政治団体が存し，且つ之を基底とする統治主体が存し，団体及び統治主体が永続的性質を備ふるに至るときは，主権を行ふ統治主体即ち国家が既に存立するものである。国家の成立するに至れるや否やは，其場合の実際の事実の考慮に依り決定すべき事実上の問題である」[5]。

「国家の承認は，許多の学者の説くが如く，新国家が国家として成立したるの事実を確認するに止まらずして，其国際団体の一員として，国際法上の権利義務の主体たることを容認するの他国家の意思表示を含むのである。実定法主義の見地より言へば，国家は他国家に依り所謂国家の承認を受けて，始めて国際法の主体となるを得るに至るのである。故に多数の国際法学者の所説の如く，国家の承認が単に既成事実を宣言するの意義を有するに止まるに非ずして，新たなる法律的効果を創造するの意義をも含めるものと為すべきである。但し承認が国家をして国家たらしむるものに非ずして，国家は承認を須たずして成立すること已に述べたる所の如くである」[6]。

「所謂国家の承認の効果は，国家を以て国際団体の一員と認め，之に国際法の主体たるの資格を認むるに在るのである」。「新国家の分離せる」場合に，「第三国が母国に先ちて承認を行ふ場合に於て，方に母国の適法政府（即ち法律上の政府）と戦闘して其存立を争へる叛徒団体に対して国家の承

認を与ふるときは，未だ其生存が確立するに至らず，従て永続的性質を備ふるに至らずして，国家たるの条件に於て缺くる所ある権力主体に対して，国家の承認を与ふることとなるを以て，母国に対する不法なる干渉……を以て目せらるるに至るべきである」[7]。

そこでは，「国家」の成立と「国際法の主体」の成立が明確に区別されている。つまり，「国家たるの条件」をそなえて国家として成立しても他国家の承認──「国際法上の権利義務の主体たることを容認するの他国の意思表示」──を得るまでは国際法主体ではない，というのである。その場合の国家承認は，「国際法の主体」の成立要件をなすものとして捉えられている。そして，国家は「国家の承認を受けて，始めて国際法の主体となるを得る」という意味で，国家承認に創設的効果を認めている。ちなみに，立教授は，新国家の分離独立の場合において「国家たるの条件において缺くる所ある権力主体」への国家承認を「母国に対する不法なる干渉」とみなすので，「国家」であることも「国際法の主体」の成立要件の一つとされていることになろう。それでは，立教授はいかなる根拠に基づいて，「多数の国際法学者の所説」とは異なり，国家の成立と国際法主体の成立を同一視しないのであろうか，又は国家の承認を国際法主体の成立要件とみなすのであろうか。その点については，立教授においては十分な説明がなされていないように思われる。

(ⅱ) 1993年に，横田喜三郎教授はその著書『国際法学上巻』において立教授と同様な創設的効果説を展開している。その梗概はつぎのようである。

「国家の承認は国家が国際法の主体となるための法律要件である。国家は当然に国際法の主体ではない。承認を必要とする。承認によって始めて主体となる」。「承認によつて，国家は国際法団体に属し，国際法団体員となり，国際法上の人格を有し，国際法上の人格者となる」。「承認の要件」は，「国家としての要件」──「一定の地域，一定の人，永続的な自立的の政治組

織」——を有すること,及び「国際法を遵守する能力と意思を有すること」の二つである[8]。「承認の要件が充たされた場合に,国際法団体に属する国家は承認を行うことを要するか。承認の義務があるか。積極的に解するのが正当である」[9]。「承認は国際法団体に属する諸国家によつて個々に行われる。諸国家がそれぞれの認定に従つて個々に承認するのである。国際法団体には,それを代表して一般的に承認を行う機関がない。諸国家の個々の承認は単にその国家のみの承認としてでなく,同時に,その国家に関する限りにおいて国際法団体を代表して承認する意味を有する」[10]。

そこでは,国家の承認が「国際法の主体」の「法律要件」とされている。もっとも,国際法を遵守する能力と意思を有する国家が誕生した場合には(承認の要件が満たされた場合には),既存の国家は承認を行う義務があるとされ,しかも,「それぞれの認定に従つて」なすべきであるとされている。そうとすると,承認は,国際法を遵守する能力と意思を有する国家(一定の地域,一定の人,永続的な自立的の政治組織)が誕生した旨を「認定」したときになすべき行為ということになろう。しかし,そのように国家要件の充足を認定する行為そのものとは別個の行為であって,しかもその認定をしたうえでなすべき義務があるところの承認という行為の存在意義はどこにあるのであろうか。それは何故に国際法主体の「法律要件」とされるのであろうか。横田教授においてはその点についての十分な説明がなされていないように思われる。

(iii) このようにして立教授と横田教授はともに,国家承認を,新国家が国際法主体となるための要件として捉えつつ,新国家が国際法主体となるためには他国による承認が必要であるとみなす。この創設的効果説は1932年に安井郁教授によっても——立教授や横田教授と若干異なる承認理解のもとにおいてではあるが——採用された。つぎにそれをみてみよう。

まず,安井教授は承認の意義及びその要件についてつぎのようにのべる。

「既存の一般国際法団体の組成員としての国家の承認」の場合には，「被承認者が国際法団体外にあるときはそれが国際法団体への加入の要件を具へてゐるか否かゞ，それが制限的国際法主体たる国家であるときは完全な主体としての要件を充たしてゐるか否かゞ，それぞれに認定される。この認定は……その法律効果が一定の範囲に於いて国際法団体そのものに帰属するところの特殊の国際法的行為であるから，承認者は国際法によつてこれを行ふ権限を付与されたものであることを要件とするのである」[11]。「一般国際法団体の発展の現段階に於いてはこれを全部的に代表して国家の承認を行ふべき固有の機関が未だ存在してゐない。国際法はこれを部分的に代表して国家の承認を行ふ権限を一定の国際法主体に対して認めてゐる。国際法上有効なる承認はかくのごとき国際法主体によつて行はれたものであることを要件とするのである。その最も主要なものが完全な国際法主体としての国家であることは言ふまでもない」[12]。「現行国際法が『国際法的意義に於ける国家』なる法律要件を認めてゐることは疑をいれない」[13]。「国家の承認は国家を国際法団体の組成員として承認するものであるから，被承認国家は国際法的意義に於ける国家としての要件を具備してゐなければならない。この要件の内容は学者によつて種々に表現されてゐるが，結局に於いて次の二に帰着する。一　国家法秩序が原則的に執行されてゐること……　二　国際法を遵守する能力を有すること」[14]である。「被承認国家の国際法団体への加入の意思は国家の承認の一要件であるといはなければならないのである」[15]。

そこにおいては，「現代国際法が『国際法的意義に於ける国家』なる法律要件を認めてゐる」という前提のもとに，国家承認の意義が，「被承認者が……国際法団体の加入の要件を具へてゐるか否か……完全な主体としての要件を充たしてゐるか否か」を「認定」する「特殊の国際法的行為」として捉えられている。そして，「一般国際法団体の発展の現段階に於いては」統一的に認定する「固有の機関が未だ存在してゐない」ので，既存の国家が「部分的に」国際法団体を代表して認定する権限を授権されている，という認識が表明されてい

る。このようにみてくると，安井教授の国家承認理解が立教授や横田教授のそれとはかなり異なることが理解される。安井教授は国家承認を，国際法主体の成立要件としてではなく，国際法主体の成立要件の充足を認定する行為と解しているからである。

そのような承認理解を前提としつつ，安井教授は国家承認の法的効果についてつぎのようにのべる。

「承認以前の国家は，国家法的意義に於ける人格たり得ても，国際法上に於いては単に客体たるに過ぎない……。それは承認によつて始めて国際法主体となり国際法的権利能力及び行為能力を付与される。換言すれば国際法的意義に於ける人格となる。この点に於いて国家の承認は創設的効果を持つものである」[16]。「国際法は被承認国家に承認者との関係に於いてのみ国際法主体性を付与するのである」[17]。「承認者と被承認者との間に於ける正規的外交関係の受容は，承認そのものゝ必然的効果ではなく，承認に随伴してなされる合意に基づくものである」[18]。

そこでは，国家は他国による承認によってはじめて「国際法主体」即ち「国際法的意義に於ける人格」となり，その意味で「国家の承認は創設的効果を持つ」——「正規的外交関係の受容」は「承認そのものゝ必然的効果」ではない——旨が説かれている。これは額面どおりに受け取ると立教授や横田教授が説いていた創設的効果説と同じなのであるが，それについては安井教授は自己の承認理解との関連で何らかの説明をする必要があるように思われる。というのは安井教授は，先にみたように，国際法団体の分権的構造を意識したうえで，国家承認を，既存の国家が「国際法団体」を「部分的に代表して」「完全な主体としての要件」（国際法主体の要件）の充足を「認定」する——「この権限は国際法団体の組成員たる個々の国家に委任されてゐる」[19]——「特殊の国際法的行為」として捉えていたからである。つまり，国際法主体の要件そのものではなく，当該要件の充足を認定するにすぎない行為がいかにして国際法主体

を成立せしめるといえるのか，という問題が提出されうるのである。この点については，安井教授は必ずしも明確には説明をしていないように思われる。もっとも，安井教授は国際法秩序における国家承認を国家法秩序における帰化の申請に対する許可にたとえるときもある[20]。その点を重視すると，安井教授は国家承認を必ずしも国際法主体の要件の充足の認定に尽きるものとして捉えるということで一貫しているわけではないということになろう。

　(iv)　これに対して1931年に岡康成教授と大沢章教授は，創設的効果説を批判して，宣言的効果説の立場を示していた。以下には順を追って両教授の見解を検討してみよう。
　まず，岡教授の見解である。岡教授は，一方では，今日では一般国際法が「殆んど凡ての地球上の国家」に「妥当」すること[21]を認めつつも，他方では，「現今に於てもなお，国際法団体外のある国家的存在の存しうべきことは同じく是認されねばならない」[22]とし，このような観点から，「国際法団体内の国家と国際法団体外の国家とにつき，その成立，承認の問題を区別して論ずる」[23]のである。もっとも，岡教授自身は，「今日国際法秩序の妥当従つて国際法団体の範囲は，地球上の人類の棲息せる殆んど凡ての地表に拡大されてゐる」[24]と指摘しつつ，国際法団体に属する領域の外での国家の成立の問題を「現今実際的価値の甚だ些少なるもの」[25]とみなす。そこで，以下には同教授の見解を国際法団体内での国家の成立と承認に絞って紹介することにする。
　岡教授は，まず，1928年のケルゼンの見解に従い「国家の成立が法問題である」として，「実証国際法上，国家の成立を規定する法規範の存在を肯定」する[26]。そして，その規範の内容については，フェアドロスやクンツの見解に従い，「実証国際慣習法に於ては，一定の領域によるある団体Gemeinwesenに於て（1）法秩序の規則的に実行せられうべきこと即ち有効性Effektivität，（2）直接に国際法秩序以外のものに服従せず，従つてその管轄権を他の既存国家秩序より導き出すことなき即ち国際法直属性（Völkerrechtsunmittelbarkeit）を存するときには，それは国際法的意味の国家として成立するものなることを

定むるのである」とのべる[27]。そのうえで，つぎのように論ずる。

「国際法団体に属する領域にあつては，旧国際法団体組成員たる国家からの分裂，分割等によつて新国家的存在が樹立せられ，それが国際法の新国家成立の条件として規定するところの条件を充足すると共に，その国家は，他国による承認と無関係に，既に国際法上成立し，法人格を有し，あらゆる一般的国際法上の原始的，場合によっては政策的理由よりする伝来的権利義務（基本権，基本義務その他）を有するに至るべきである。それは……一般に国家が一般国際法上有しうべき，あらゆる権利義務を有し又は有しうる法主体なのである」[28]。

そこでは，岡教授は，国家の成立と国際法上の人格の誕生を同一視したうえで，国際法の定める国家の要件の充足と同時に国際法上国家が成立し法人格を有するに至る，とのべる。かくして，同教授によると，国家「の成立の上に於いてなされたる他国家による所謂『承認』は，新国家の成立に関する限り，全く宣言的のものでしかあり得ない」[29]ことになる。ちなみに，同教授は，「所謂『承認』」を一方の「申出」と他方の許諾によって成立する「双方的法律行為」——それは新成立国と承認国との間に「正規的外交関係を採用せしめる」という限りで「一種の建設的効果」を有する——として捉える[30]。

このように岡教授は国際法主体の成立との関係で国家承認に宣言的効果しか認めないのであり，その立場から創設的効果説——同教授によるとそれは「結局『承認以前に於ては，国家は，国際法的意味に於ては存在しないとみなさるべきもの』である」と考える[31]——をつぎのように批判する。

「承認以前には，国際法上無関係な自然的状態のみが存するとせば，而してそれは法上には一般に存在しないとするならば，少くとも旧国際法団体領域内に新しく成立せる国家，これを最近に於ける革命的分裂による新成立国家とせらる、……新墺太利共和国に仮例を求むれば，新墺太利共和国の成立

は 1918 年 10 月 30 日に於てなされたが,その連合国による承認は,おくれて 1919 年 5 月 29 日に至つて始めて行はれた。もし墺太利がこの間隙的時期に於て,故なくその領域内にある外国人を殺戮し,財産を没収し,又は他国領域内に軍隊を進めて侵略をこととし,又遂に戦争状態の開かるゝごとき説例に於て,墺太利共和国とそれら被害諸国との間には,何等法上の即ち国際法上の規制が存しないだろうか。国際法上存在しない墺太利は如何にして国際法上の責任を問はれうることが出来ようか。法上何等存在しない国家は,本来国際法上の不法行為を構成する行為をなし得ないのは明かである。それは違法を阻却せられたのでも何でもない。存在しなかつたのである。然らば国際慣習法上,承認は新国家成立の時に遡つて,新国家の不法行為の責任を問ふとするの原則は何処より生まれ出たのであらうか。事実存し得ないものを認むる犠牲たるものに外ならない。……『昨日』まで国際法団体領域に存した墺太利,『昨日』まで一般国際法の制約の下に行動を規律せられた墺太利が,何が故に革命変革後の『今日』からして,それらの重き制約と縛肘から全くのがれうることを考へうるだらうか。故に少くとも旧国際法団体内に新しく成立したとせらるゝ国家に関する限り,承認以前には法上無関係であるとの論を,真面目にうけ容るゝことを得ないと信ずるのである」[32]。

このように岡教授は「承認の建設的作用の説の実際的不当なる結果」を指摘するのであるが,更に「理論上おほひ得ない弱点」として,「アンチロッテイに於ては,何故に承認以前には国際法上存在しない自然的 Wesenheit が,云はゞ法上の Nichts が,彼の云ふ如く pacta sunt servannda(契約は遵守されざるべからず)なる基本規範の適用をうくるところの基本条約を締結しうるかの点を説明し得ない」こと[33],及び「この説に於ては国際法的関係に於ては,新国家は,それを承認したる国家に対してのみ国際法主体従つて国家たりうるものであり,ある国に対しては国家であり,ある他の国に対しては法上の無 Nichts である」[34]ことになることも指摘する。

なお,国際法団体外の国家の成立と承認については岡教授の見解はこうであ

る。つまり,「国際法団体外の国家」は「国際法的意味の国家を決定する国際法基本規範の条件に合致する限り」「pacta sunt servanda なる国際法基本規範」に服するが,「一般的又は特別的国際法規範」には服しないのであり,そして,「一又は数多の国家」からの「承認」は「pacta sunt servanda の基本規範」に基づいて,「国際法団体外の国家」と承認国家との間に「特別国際法」を創設する[35]，と。そこでは,「承認」は「特別的国際法団体」を創設する条約として捉えられている。岡教授はつぎのようにのべる。「アメリカが国際法団体外の日本と条約を締結し,一定の事項に関し特別国際法の関係を定めた以上,それは日本の法上の（暫定的意義にもせよ）承認を意味してゐるのであ」り,「その結果,日本とアメリカとの間に特別的国際法の妥当のみの生じたことは疑ふことを得ない」[36]。

　以上を簡単に総括しておこう。岡教授は，国際法団体内の国家の成立については承認に「全く宣言的」な効果しか認めない。これは，国際法が国家（法人格）の成立要件を定めており，しかもその要件のなかに他国による承認を入れていない——国家は「それが国際法の新国家成立の条件として規定するところの条件を充足すると共に，……他国による承認とは無関係に,既に国際法上成立し，法人格を有」する——という，岡教授の前提から必然的に生ずる結果である。そのような岡教授の前提とは異なる立場はもちろんありうる。つまり,国際法における国家の成立と法人格の誕生とを区別して,法人格誕生の要件のなかに国家の成立の他に他国による承認をも入れるという見解である。岡教授がそれに対して詳細な批判を展開した「建設的作用の説」なるものは,おそらくそのような見解を前提とするものである。そして岡教授の議論にあっては,国際法の定める国家の要件が具体的場合において充足されている旨を誰が認定する権限を有するのか,という問題が視野の外におかれているように思われる。つまり,今日の国際法では所与の場合に国家の要件が充足されているかどうかの認定については統一的に行うという仕組は存在せず,その認定が関係国に授権されているのであるが,その点をも視野に入れたうえでの承認論及び国家成立論が展開されているのではないように思われる。岡教授は，いわば実体

法的な平面で議論を展開しているのである。そのような平面において，岡教授は「建設的作用の説」に対して重大な疑問を提示していた。つまり，「建設的作用の説」の前提に立脚するかぎり，実定国際法における国家の要件とみなされるものを満たす団体であっても，他国からの承認を受ける前には「国際法上存在しない」ので「何等……国際法上の規制」を受けず，「その領域内にある外国人を殺戮し，財産を没収し，又は他国領域内に軍隊を進めて侵略をこととし」ても国際法上の責任を問われないことになってしまう。さらに，「建設的作用の説」の前提からすると，「新国家は，それを承認したる国家に対してのみ国際法主体従つて国家たりうるものであり，ある国に対しては国家であり，ある他の国に対しては法上の無 Nichts である」というように，国家の——実体法の平面における——法的存在の相対性をもたらすことになる，と。

(v) 岡教授の論文が公になったのと同じ 1931 年に，大沢教授が類似の見解を発表した。そこで，大沢教授の論述をながめて検討してみよう。同教授は国際法団体と国際法基本に関する独自の見解に基づいて承認論を展開するので，まず，その点から入っていこう。

大沢教授は，「国際法秩序を国際法規の合理的関連によって組成せられる法秩序」として捉える。そして，「各の国際法規の妥当範囲に多くの差異の存する結果，異なる妥当範囲の国際法規に依つて形成せらるゝ国際法秩序も亦，単一の存在でなく，多くの異る妥当範囲の複数的存在であり，従つて斯かる国際法秩序を紐帯として成立する国際法団体の範囲も，亦異ることを認むべき」であるとする。その点につき，大沢教授は「国際法団体」の範囲を「国際法秩序」の三種の妥当範囲に対応させつつ，つぎのように分類する。第一に，「全体的国際法秩序の基礎たる国際法基本に依つて結合せられ規定せらるゝ国際法団体」である。それは，「全部的国際法団体又は国際団体」と称され，「国際法基本に依つて其の関係を規定せらるゝ総ての国際法上の主体に依つて形成せらるゝ，その範囲の最も広き法団体を意味する」。第二に，「国際法基本と共に共通国際法及び一般的国際法，又は国際法基本と共通国際法の孰れかに依つて構成

せらる、国際法秩序を基礎とし、其に統一規定せらるゝ国際法団体」であり、「国際法基本」のみによって規定されるのではないので、その範囲は「全部的国際法団体又は国際団体」より限定的である。これは学説において一般に国際団体又は国際法団体と呼ばれる法団体に対応する。第三に、「国際法基本と特殊的国際法とに依つて組成せらるゝ部分的国際法秩序が構成し規定する国際法団体」であり、「特殊的国際法団体又は部分的国際法団体」と呼ばれうる[37]。

そこで言及されている「国際法基本」とは、国際法「秩序の基礎たる憲法」である[38]。その具体的内容に関する大沢教授の主な叙述としてはつぎのようなものがあげられよう。

「国際法基本として条約の拘束力の淵源となる pacta sunt servannda の原則の存在を認め」る[39]。「国際基本法規は実証法的に右の法規以外にも尚ほ多くの存在するものと認めなければならぬ。就中、最も重要なる法律的地位を占むるものとして、所謂国家の国際法上の基本的権利義務について規定する法規の系列を指示しなければならぬ」[40]。「更に国際法基本を構成する法規の一に、国際法上の主体たる国家の事実を確認する法規の存することを認むる」[41]。「国家の成立並びに国際法上の承認の事実を確認する此の法規は、即ち条約の効力を確保する pacta sunt servannda の原則と共に、国際法基本を構成する本源的法規である」[42]。「国際法基本は……一方に於て国家成立の事実を確認して之に国際法上の主体たる資格を付与すると共に、他の一方に於ては、国家の国際法上の承認に対して法律的効果を付与するものである」[43]。「国際法基本を組成する法規中には条約の拘束力の根拠の外に、国際慣習を確認し之に法律上の効力を付与する法規が存在する」[44]。

国際法団体に関する上記のような理解を前提にして、大沢教授は、すべての国際法団体の基礎を構成する「国際法基本」という国際法規範のなかに、国家の成立と承認に関する規範がある旨を説いている。つぎにその内容に関する論述をあげてみよう。まず、国家の成立に関するものである。

「一の政治的団体が人民，領域及び権力組織の三個の構成要素を具備して，独立を完全に獲得し，自治能力ある団体として成立すれば，その存在は国際法基本に依つて規定せられ国家の成立が法律的に確認せらる、と共に，国際法上の主体たる地位と資格とを付与せらる、に至る」[45]。「国際法団体の構成分子中，国家のみに関して之を論ずれば，此の全部的国際法団体は通説が国際団体に属せずと為す国家をも亦，其の成員に有する。即ち総ての国家団体は此の国際法団体の構成分子たる資格を，国際法基本に依つて付与せられてゐるのである。特定の政治的団体が国家としての事実的成立の諸条件を具備し，独立に生存を確保し得るに至れば，其の国家は他の国家の承認を待つことなく，国際法基本に従つて国際法上の主体たる資格を認められ，国際法団体の成員たる地位を獲得するに至る」[46]。

ついで，承認に関する大沢教授の論述である。

「承認の事実に伴ふ最も重要なる法律的効果は，被承認国と承認国間に於ける新しき法団体の成立である」[47]。「承認を契機として，二個の国家を構成分子とする新しき国際法団体が成立する」[48]。「国家の承認に基き一の国家が国際法団体へ加入すると主張せらる、意味は，既存の国際法団体への加入でなく，承認国家と被承認国家とが承認の事実を契機として一の新しき特殊的国際法団体を組織するものたること上述の如くである。国際慣習法規が承認に認むる法律的効果は，既存の法団体への加入でなく，二又は二以上の国家を承認の事実に依つて特定の法律的関連に立たしめ，其の事実に基き新たに特殊国際法団体が構成せらる、ことを意味するに外ならない」[49]。「承認の事実に関して，更に二個の異る態様を区別して考察することを便宜とする。一は承認が被承認国の要求に基き与えらる、場合である。此の場合には，承認の請求と承認とが存在し，各主体間に意思表示の合致が成立するものと認むべきである。従つて，この場合の承認は外観に於て一方的行為たる態様を示すに拘らず，実際に於ては双方的行為であり，国際法上の合意たる性質を具

有する」。この「二国間の意思表示の合致」は「国際法基本」により「法律上の約束」として「国際法的効果」を獲得するのであり，その意味で「国際法団体を構成する国際法的行為としての承認の建設的効果」が発生するに至る。「他の場合は，国家の承認が被承認国の要求に基いて行はるゝことなく，承認国の発意に基き一方的意思表示に依つて行はるゝ場合である。此の場合には，二個の事実的存在たる国家間に特定なる法律的交通の設定を内容とする承認国の一方的意思表示は，若し被承認国が反対の意思を明白に表示せざる限り，受認せられたるものと認むべきである」。「承認国の一方的行為に対し国際法基本に依り特定の国際法的効果が付与せらるゝものと認むべきである」[50]。

　国家の成立と承認に関する大沢教授の上記のような論述からすると，「一の政治的団体が人民，領域及び権力組織の三個の構成要素を具備して，独立を完全に獲得し，自治能力ある団体として成立すれば」当該団体は「他の国家の承認を待つことなく」「国際法基本」の定める国家となり，「国際法上の主体たる地位と資格」を獲得する，即ち「所謂国家の国際法上の基本的権利義務」を有することになる，と考えられていることになろう。大沢教授もつぎのようにのべる。「総ての国家が国際法基本に依つて規定せられ，国家たる国際法上の資格を承認せられてゐる」のであり，「国家の基本的権利及び義務について規定する特殊の国際法規――我々はそれを国際基本法又は国際法基本と呼ぶ――が，国家の承認の如何に関係することなく妥当する事実は，之を認めざるを得ぬ」[51]。このように，大沢教授は国際法上の「国家」と「国際法上の主体」を同一視したうえで，それの成立又は誕生には「他の国家の承認」を不要とみなすのであるが，他方では承認の「国際法的効果」又は「建設的効果」について語るのである。しかし，その場合の「建設的効果」などの言葉は国際法主体を生ぜしめるという意味ではなく，単に，既存の二個の国際法主体が承認によって「特定の法律的関連」――「法律的交通の紐帯」[52]――に立つことになる，という趣旨にすぎない。

大沢教授は，上記のように承認について創設的効果——国家を国際法主体又は国際人格にする効果——を認めないのであるが，さらに，いわゆる創設的効果説に対してつぎのように批判する。

「若し一方に於て，特定の国家を国際法上の主体として承認すると否とは国際法団体に属する各国家の全き自由であると認め，他の一方に於て，承認の事実に国際法上の権利能力の取得即ち国際法上の法人格の創設なる法律的効果を認むるものとすれば，新たに成立したる国家又は母国より分離独立したる国家は，法律的には全く他国家に従属し，其の権限付与に依つて国際法上の権利能力を取得するものと認むべきであり，国家の国際法上の平等の原則は全く覆さるゝに至る」[53]。そして「この承認の原則は更に他の重要なる結果を予想する」[54]。「若し新国家が革命其他の原因に依つて成立するも，其の国家が国際法団体に属する為めには更に団体に属する他の国家の承認を必要条件とする法律的構成を支持せむと欲すれば，多くの現実なる国際法的関係を説明し得ず，国際慣習の効力を矛盾なく把握し得ざるに至る。此の関係は，国家の国際法上の不法行為並びに責任に関する国際法規の原則に照して極めて明瞭である。何となれば，独立に依つて新たに成立せる国家は通説の主張に従へば，他国家に依つて承認せらるゝ迄は国際法団体に属せず従つて国際法の適用を認められざる結果，成立の事実並びに其の国家の行動は，国際法の妥当範囲外に在るものと認めなければならないからである。従つてそれに対しては，如何なる行為を理由としても国際法上の不法行為の原則を以つて対抗し得ざるべきである」[55]。「他の一方に於て，同様の行為が国際法団体に属する他の国家に依つて新国家に対して行はるゝ場合を仮定するも，その行為が国際法上の不法行為と認められず之に対する法律的救済方法の存在せざることも亦同様である。然るに斯くの如き結論にも拘らず，国際法上の慣習たる実際は，之と全く反対の事実を指示する」[56]。

そこにおいては，創設的効果説のもとでは，「独立に依つて新たに成立せる

国家」は「他国家に依つて承認せらるゝ迄は」いかなる行為を行っても国際法上の不法行為を理由としてその国際責任を追及されることがないことになってしまうのみならず，承認をしていない他国は当該新国家に対していかなる行為を行ってもその国際責任を問われないことになってしまう，という点が指摘されている。そしてさらに，そのように他国による承認のあるまでは新国家が国際法の規制又は保護の対象から外れるということは「国際法上の慣習たる実際」にもあっていないとされているのである。付言するに，国家の成立及び承認に関する大沢教授の議論にあっては，「国際法基本」の定める国家成立の要件が具体的ケースにおいて満たされているかどうかの認定が関係国に委ねられているという視点が，承認の概念のなかに入れられていない。したがって，大沢教授においては，創設的効果説は国際法主体の成立要件のなかに国家の成立という事実の他に，更に他国による承認という事実を導入するものとして捉えられている。

(vi) 上記のように，1931年に岡教授と大沢教授が創設的効果説に対して根本的な批判を展開したが，その批判は当時の学説に決定的な影響を与えなかったようである。立教授や横田教授や安井教授がそうであったように，田岡良一教授や田畑茂二郎教授も依然として創設的効果説に立脚して承認論を展開しているのである。以下には順を追って眺めてみよう。

まず，1934年に田岡『国際法学大綱上』は創設的効果説を支持した。つまり，「承認は……皆組織されたる人類の団体に対し国際法上の人格を付与する行為である」のであり，「国家が成立し完全なる国家の機能を具備せる場合に於ても，国際法上の人格を取得する為には，他の諸国の側よりする承認なる特別の行為を必要とする」[57]，と。このように「承認に建設的（創設的）constitutifなる効力を認め」る説に与するとしつつ，田岡教授は「宣言的効力説」に対して次のように批判する。

第一に，「植民地が本国の意に反して独立を企てたる場合」「実際上は，本国が自国より分離独立せる新政権を否認して行動する事は，其政策上の可否は別

問題として，国際法上違法と見做されざる事は，諸国の慣行に照して明である」。第二に，「新国が成立するや接境諸国は屢事実上新国の権限を尊重して行動しつゝ，正式承認を躊躇する事があるのは，正式承認によって始めて拘束を生ずる事を信ずるからであって，若し新国は成立と共に国際法上の権利を享有し，他国は是に拘束せらるゝものならば，躊躇すべき理由は無い筈である」。第三に，「東洋諸国が承認以前に於て既に国家として成立して居た」にもかかわらず，「欧州諸国によって承認せらるゝ以前必ずしも後者より一般国際法上の権利を認められ」なかった[58]。

　第一点については，本国が分離独立する新政権を否認するのはまだその独立が充分には完成していない——まだ国家の要件を充足していない——という理由からであって，実際に国家の要件を充足しているとみなすときにも，国際法上当該新国家を無視してもよいという見解からではないという説明も可能であろう。第二点については，新国が誕生したと思われる場合にあっても隣接国家が正式承認を躊躇することがあるのは，それは，当該国家の独立が充分であるかどうかを見極めるためや，——宣言的効果説のもとでも正式承認が外交的に重要な意味をもつことがあるから——本国との外交的友好関係を保持するためなどの理由からであると解することも可能であろう。第三点については，古くから存在した東洋諸国がかつて欧州諸国によって国際法主体と認められなかった時期があったとしても，それは，東洋諸国が——欧州キリスト教諸国を前提とした——当時の国際法において暗黙裡に想定されていた国家（国際法主体）の要件を満たしていないと考えられたからであり，そして後に国際法上の国家の要件が修正されるに伴い，東洋諸国もそれを充足していると判断されて承認されるようになっていく，と解することも可能であろう。

　ところで，田岡教授は，宣言的効果説からの創設的効果説批判に対してつぎのように反論する。

　「宣言効力説の最重要なる論拠は，若し新国家が成立してより承認せらるゝ迄の期間国際法上権利を有せずとせば，此期間に外国が新国の領土内に

侵入し人民を殺害する如き行為をなすも国際法上適法なりとせねばならぬ。かかる不合理なる結果を避くる為には承認前の国家にも国際法上の主体なるを認むるを要すと言ふに在る。然し是は理想法と実定法とを混同せる議論に過ぎない」[59]。

そこでは，創設的効果説によると承認される前の新国家には国家としての権利が認められないので既存の国家がその領土を侵害することも国際法上可能になる，という帰結が「不合理」なものとして受け止められている。それ故に，そのような帰結を指摘することが「宣言的効力説の最重要なる論拠」とされているのである。もっとも，だからといって田岡教授は宣言的効果説に加担するのではない。そのような帰結をみとめるのが「実定法」であると割り切り，それを回避することができる宣言的効果説を「理想法」にすぎないとみなしているのである。

(vii) その後しばらくしてから，1940年及び1941年に，田畑茂二郎教授は，従来の創設的効果説を批判的に吟味しつつ，基本的には創設的効果説の再構成を試みた。

田畑教授は，まず，創設的効果説の主張の基本的な部分を所与のものとして肯定する。それに関する論述はこうである。

「現実の国際法的事実としては，我々も亦創設的効果説の人々の認めるやうに，国家は承認せらるることによつてのみ始めて，国際法上の権利を主張し，国際法上の義務を負担せしめられるとされる事実は否定し難いとしなければならないであろう」[60]。「国家は承認せられることによつてのみ始めて，承認国家に対し国際法上の権利を主張し，義務を負担せしめられるとする現実の実定法的事実は否定せられえない」[61]。「国家は承認によつてのみ始めて国際法上の権利を主張し，義務を負担せしめられるといふこと，承認以前に於ては国際法上の権利・義務の主体として取扱はれることがないといふこと

は，如何にしても否定し難い現実の我々の法経験であった」[62]。

そこでは，国家は承認以前においては国際法上の権利義務の主体として扱われないという創設的効果説の命題が，「現実の国際法的事実」・「現実の実定法的事実」・「如何にしても否定し難い現実の我々の法経験」とされているのである。もっとも，その際には必ずしも具体的な立証がなされているわけではない。

先にもみたように，岡教授や大沢教授はそのような創設的効果説の命題につぎのような重大な批判を展開していた。つまり，それでは未承認国家が他の国家に対していかなる行為をしても国際責任を問われないことになるのみならず，他の国家が未承認国家に対していかなる行為をしても国際責任を問われないことにもなる，と。そのような批判に対して田畑教授は，「かうした素朴な仕方で為される創設効果説の批判は，方法的に極めて明白な誤謬を犯してゐる」として，つぎのように反論する。

「不当であるといふことと不法であるといふこととは論理的に明確に区別せられねばならないことであり，不当であるといふことから，直ちに不法であることを云ふことが論理的に許されえないやうに，たとひ創設的効果説の帰結として当然認められなければならないさうした事態が——政治的に，又は道徳的に——不当であるとしても，そのことから直ちに，それを不法な事態であるとして，未承認国家の国際法上の地位を否定し，国際法上の不法行為を認めない創設的効果説を批判することは許されえない」[63]。

もっとも，岡教授や大沢教授による上記のような創設的効果説批判の真意は，そのような不当な結果を甘受すべきであるという考えのもとでこれまで一般に国家実行がなされてきたのか，換言すればそのような不当な結果を許す一般慣行が本当に存在するのか，という問題提起であったように思われる。それに対して田畑教授がなすべき反論は，そのような不当な結果を許す一般慣行が

実際に存在するということを立証するという形でなされるべきであったように思われる。ところが、田畑教授は、先にも触れたように、創設的効果説の命題が「現実の国際法的事実」、「現実の実定法的事実」、「如何にしても否定し難い現実の我々の法経験」である旨を強調するのみで、あまりそれを立証していないように思われる。

ところで、田畑教授は、従来の創設的効果説に不満を抱く。つまり、従来の創設的効果説のように、「国家承認によって国家はただ、承認国家に対してのみ国際法上の存在となり、その以外の国家に対しては尚国際法上の不存在であり事実上の存在たるにすぎないとする、当事国以外には何等の法的なつながりをも認めない徹底した相対的効果」[64]の立場に立脚すると、「国家承認制度を一般国際法上の制度としてではなく、それ自体何等の実定法規を前提としない原初的合意たるものと考へる」ことになり、「又、国際法秩序を統一的な法秩序たるものとしてでなく、単に個別法秩序の多元的な存在とする」ことになる[65]、と。その点については、同教授は、「国家承認制度が一般国際法上の制度として認められてゐるといふことが……否定することの出来ない事実である」とみなし、且つ「国際法を単に個別法秩序の多元的な存在にのみ還元することといふことが、現実の法経験とは矛盾する」[66]とみなす。そして、「国家承認が一般国際法上の制度として認められることの当然の結果として、国家の承認以前に於ける一般国際法上の地位を認めなければならな」い[67]という見地からして、創設的効果説をつぎのように再構成する。

「国家は承認以前に於ては、一般国際法の受範者として国家承認を為しうる地位のみを与へられ、承認せられないかぎり、何れの国家との関係に於ても、国際法上の権利・義務を有しない」のであり、「国家承認は一般国際法の受範者として単に承認のみを為しうる地位を有するにすぎぬ未承認国家を、自らに対する関係に於ける国際法上の権利・義務の担当者たらしめるものである」[68]。

その結果，田畑教授にあっては，「一般国際法はただ国家承認に関するものとして，国家の承認能力についてのみ規定してゐるにすぎない」[69]ことになり，そして「国家承認とは，国家が一般国際法の受範者として，国際法団体構成員として与へられた能力——国家承認の能力——に基き，相互に国際法上の権利・義務関係の設定を媒介する行為である」ので，「双方行為としてのみ為さるるもの」ということになり，したがって「国家の国際法上の権利・義務が，すべてただ二国間の特別国際法上のものにすぎない」[70]ということになる。

なお，田畑教授は国家承認に関してつぎのようにものべている。

「我々に於て明らかなことは……『国際法的意味に於ける国家』が国家承認の前提要件とせられてゐるといふことそれのみである」[71]。「国家承認が対手国の国際法主体たることの認定を意味する行為である」[72]。「外交関係の設定は相互の国家の国際法主体としての認定を前提して為される合意の結果として認められるものであるが，ここでは，かかる合意を為しうるといふこと，即ち対手国の国際法主体たることの認定そのものが承認にかけられてゐる」[73]。

この論述は重要であるように思われる。というのは，国家承認が「対手国の国際法主体たることの認定を意味する行為」とされる場合には，それは，国際法主体の要件の充足（「国際法主体たること」）を認定する行為として捉えられていることになるからである。換言すれば，その場合には国家承認は国際法主体の要件そのものとしては捉えられていないのである。しかし，そのような国家承認理解のもとではいかにして国家承認によってはじめて国際法主体が成立するといえるのであろうか。そういえるためには，やはり国家承認を国際法主体の要件として捉えることが必要なのではなかろうか。したがって，田畑教授は，国家承認を国際法主体の要件の充足を認定する行為として捉えつつも，国家承認によってはじめて国際法主体が成立するとみなすにあたって，そうすることが可能である旨の説明を要求されるのではなかろうか。しかしながら，そ

の点の説明が必ずしも十分にはなされていないように思われる。

（2）小　　括

　以上，わが国の国際法学における戦前の国家承認論を概観してみた。以下には，その要約的検討を試みておこう。

　まず，国家が承認によってはじめて国際法主体（国際法人格）になるとみなす創設的効果説は立教授，横田教授，安井教授，田畑教授及び田岡教授によって採用されており，多数説といえた。これに対して，岡教授及び大沢教授は基本的に宣言的効果説を唱えていたのであるが，ここで注目されるのは，両教授がこの段階において既に創設的効果説の問題点を的確に指摘していたということである。つまり，創設的効果説によると，国家は他国により承認されるまでいかなる行為をしても国際責任を問われることはなく，また，他国はまだ承認していない国家に対してはいかなる行為をしても国際責任を問われないという，「国際法上の慣習たる実際」と「全く反対の事実」（大沢教授）を認めるべきことになる，と。これに対して，田畑教授は，「創設的効果説の帰結として当然認められなければならないさうした事態が――政治的に，又は道徳的に――不当であるとしても」，不法な事態ではない，と反論するにすぎない。つまり，不当な帰結であることを認めつつも，不法ではないとみなすのである。田岡教授も同様に，創設的効果説のもとでは「不合理なる結果」が生ずることを認めつつも，「実定法」がそうであるからやむをえないという態度を示していた。問題は，未承認国家が領域内の外国人を殺戮し財産を没収しても，既存の国家の領域内に軍隊を進めて侵略をしても，又は既存の国家が領域内の未承認国家の国民を殺戮し財産を没収しても，未承認国家の領域内に軍隊を進めて侵略をしても，国際法上不法ではないのか，であろう。そのような不当な行為であっても国際法上適法なものとして許される，という評価を示す一般慣行を立証しない限り，田畑教授などの反論は，創設的効果説を前提としたうえでの法的評価をのべているだけで，厳密な意味での反論たりえないといえよう。ところが，立教授，横田教授，安井教授及び田畑教授は，創設的効果説の論拠を

必ずしも十分には示していないように思われる。例えば，田畑教授は，創設的効果説の命題を「現実の国際法的事実」，「現実の実定法的事実」，「如何にしても否定し難い現実の我々の法経験」とのべるだけで，その具体的な論証を十分に展開しているようにはみえない。そのなかにあっても，田岡教授が若干の根拠——それらは必ずしも決定的なものではないのだが——をあげていたことは注意されるべきである。他方，創設的効果説についてはさらに，大沢教授が国家の国際法上の平等の原則と相容れない旨を指摘していたことも，注目されてよい。

　つぎに，国家承認行為をどのようなものとして捉えるのかという点である。創設的効果説においては，国家承認行為は「国際法上の権利義務の主体たることを容認するの他国家の意思表示」（立教授）であって「国家が国際法の主体となるための法律要件」（横田教授）とされている。そのように国家承認が国際法主体の成立要件であるとすると，その制度の存在意義はどこに見出されるべきなのであろうか。それは，国際法団体所属の諸国家の側からみて後に登場する国家を自分たちの団体に加入させるべきか否かに関して自由裁量権を確保しておく必要があるという点にでも求められるのであろうか（後にもみるように田岡教授がそのような方向性を示している）。もしそうとするならば，横田教授のように「承認の義務がある」とはいえなくなろう。それでは，横田教授のように承認義務を認める立場からすると，承認制度の存在意義をどこに求めるべきなのであろうか。いずれにせよ，創設的効果説の立場からは承認制度の存在意義についての説明が必ずしも十分にはなされていないように思われる。他方，創設的効果説のなかにおいても，安井教授は，国家承認を国際社会の分権的構造のもとにおける国際法主体の要件充足の認定として捉える，という立場を——必ずしも一貫した形においてではないにせよ——示したといえる。そのような国家承認理解——田畑教授の創設的効果説も断片的ながらそのような方向性を示唆していたといえなくもないが——は Kelsen の 1941 年の論文において明確にされ，その後の学説に大きな影響を与えるのであり，後にもみるように比較的近時の有力な創設的効果説はむしろそれに基づいて展開される傾向

にある。ここで注意されるべきは，そのように国家承認を国際法主体の要件充足の有権的認定として捉える国家承認理解は，国家承認を国際法主体の要件そのものとして捉える横田教授などの国家承認理解と根本的に異なるのであり，法的効果についてもそれと同一に論じられるべきではないという点である。そして，前者の国家承認理解に基づく創設的効果説に対しては，何故に国家の国際法主体の要件そのものではなく単にその要件充足の認定行為にすぎないものによって国家が「始めて国際法主体となり国際法的権利能力及び行為能力を付与される」（安井教授）といえるのか，という問題が提出されうるであろう。伝統的法律学の立場は，一般に，法規の定める法律効果はその要件の充足によって生ずると説明し，有権的機関の要件充足の認定によってはじめて生ずるとは説明しない——もちろんそのことは有権的認定が何の法的効果も有しないということを意味するのではない——ように思われるからである。ちなみに，当時において宣言的効果説を唱えた岡教授や大沢教授は，国家承認及び国際法主体の成立の問題をいわば実体法の観点から——有権的機関による要件事実の認定という観点を視野の外において——考察していたように思われる[74]。したがって，両教授における創設的効果説に対する批判も，実体法の平面での批判（国家承認を国際法主体の成立要件として捉える立場に対する批判）なのである。

3　戦後の学説

（1）諸　学　説

　戦後においては，まず，1955年に横田喜三郎教授は従前の創設的効果説を維持しつつ，今度はその論拠を多少なりとも示すに至る。つまり，国家の承認は「新しい国家が国際法の主体になるための要件」，「新しい国家が国際法上の権利義務をもち，国際法上の人格をもつための要件」であり，「創設的な効果をもつ」[75]とのべつつ，つぎのように論ずる。

「いったい，国際法は諸国の合意に基づいて生じたものである。諸国がその間で法的な規則を定め，たがいに権利義務をもつことを合意したことによって，国際法が成立し，諸国の間で国際法上の権利義務が生じる。新しい国家は，このような合意に加わっていない。そうしてみれば，国際法の適用を受け，国際法上の権利義務をもつはずがない。そうなるためには，すでに国際法上の権利義務をもっている諸国から，新しい国家がそれらとの間に国際法上の権利義務をもつことを承認されなければならない。この承認があるまでは，新しい国家は，国家としては成立していても，他の諸国との間に，国際法上の権利義務をもつことはない」[76]。

そこにおいては，「国際法は諸国の合意に基づいて」いるので，新国家が「国際法の適用を受け」る国際法主体となるためには「国際法団体に属する諸国」[77]から「このような合意に加わ」ることにつき許可を得なければならない，という趣旨がのべられているように思われる。つまり，国家承認は「国際法団体に属する諸国」が新国家の「国際法団体」への加入につき許可を与えるための制度として捉えられている。そして，横田教授は従前とは異なり今度は，「実定国際法上では，承認の義務はないといわなくてはならない」[78]とするに至る。

また，同年に田岡良一教授はそのような考えをより徹底した形で，創設的効果説を展開した。その説くところはおよそつぎのようである。

「一定の地域内に於いて他国の支配を排除して自から統治を行う実力があり，且つ国際法上の義務を履行する能力ある政府をもつ政治団体」という「一般国際法の定める条件に該当するものは，当然にこの社会の一員となり，一般国際法による義務を負い，また権利をもつ，と唱える学者が多かつた」。しかし，この説は「空想」である。「その最も明白な証拠は，東洋諸国就中わが国のように，右の条件に合することの疑いない国が，数百年間国際社会の外にあり，諸外国に対して一般国際法に基く義務を認めず，また後者もわが

国に対してこの義務を認めなかつたという事実にある」[79]。「従来国際社会の外にあつた国が一般国際法の支配の下に他国と交通する意志をもつ場合にも，後者がこの意志に従うことは義務的ではない。前者が国際社会へ加入するか否かが自由であると同様に，国際社会の諸国の側に於いても，この新加入を認め，一般国際法の下に前者と交通するか否かは自由である」。「新加入の承諾は，現に国際社会に属している諸国の合意によってなされる。そして国際社会は多数決の行われない社会であるから，ここにいう合意の成立は，すべての国家の一致を必要とする」[80]。「国家承認」とは「或る国の国際社会加入に関して，国際社会の国々がなす意志表示」であり，「国際社会への加入を承認する意思表示である。この意味に於ける承認は，原理からいえば，国際社会の全部の国の合同行為（同一内容の意志表示の集積）としてなされることを必要とする。……新国と利害関係ある若干国が承認の意を表示したとき，他の諸国が積極的に反対の意を表示しなければ，合意は成立したものと見なされる」[81]。「承認は……或る国の国際社会への加入を認める合同行為としては，一般国際法の妥当領域をこの国の上に拡張する効果を生じる」。したがって，「新国を権利主体として認める」ということになる[82]。

そこでは，ある国家につき国際社会への加入を認めるかどうかは国際社会の諸国の自由に委ねられているという前提のもとに，国家承認はある国家につき国際社会への加入——当該国家が一般国際法上の権利義務の主体となること——を許可する趣旨の「意志表示」として捉えられている。

他方，同じく1955年に田畑茂二郎教授は，Kelsenの1941年の論文を批判的に吟味しつつ，独自の承認理論を展開した。それにつき，芹田健太郎教授は，「第二次世界大戦後は1955年の田畑茂二郎『国際法における承認の理論』を超える国家承認に関する論考がない」[83]と評している。以下には，その概略を紹介しよう。

田畑教授は，まず，1941年のKelsenの見解をつぎのように要約する。

「彼が新しくうちだしたのは，一般に法の規定している事実は，事実そのものとして法的な意味をもつことはできず，法的な意味づけを与えられるためには，それが有権的に法的意味をもつものとして確認せられることが必要であるという理論であつた。そして，彼によれば，そうした確認を行う機関は，国内においては国家機関であるが，統一的な機関の存在しない，分権化された国際社会においては，国家がそれを行うほかはなく，新国家の成立に際して他の国家がいわゆる承認を行うのは，いわばそうした確認を行うことであつて，この確認すなわち承認によつて，新国家は，はじめて国際法上の国家としての法的意味づけを与えられ，国際法主体として一般国際法の適用をうけることになる，というのである。このケルゼンの考え方は，事実の法的意味づけは有権的な機関による確認によつてはじめて与えられるという，これまで創設的効果説を説く人が明確にしていなかつた，事実とそれに対する法的意味づけの過程との関連を明らかにすることによつて，創設的効果説を新しく再構成したものである」[84]。「承認は，ちょうど裁判所が契約の締結されたことや犯罪が行われたことを確認する行為と同じ意味で創設的である，このように，ケルゼンはいうのである」[85]。

そして，田畑教授は，そのように「与えられた事実が果して法の規定する条件に合しているかどうか，疑われる場合，それを有権的に確認する行為を媒介して，明確に法的意味づけが与えられる現象」が国内関係においても少なくないので，そのアナロジーによって国家承認現象を考えることを，国家承認の機能を解明するうえで「一つの前進」として捉え，そこに「ケルゼンの承認論のもつポジティブな意義」を見出す[86]。しかし，同教授はKelsenの承認論に全面的に賛成するのではなく，つぎのような批判を展開する。

「有権的に確認されることによってはじめて法的意味づけを与えられる現象があるとしても，すべての法的現象をそのように理解することが正しいかどうか……。例えば，最高裁判所による違憲審査の場合には，最高裁判所に

よる違憲の確認があつて，はじめて法律は違憲の法律という法的意味づけを与えられるのであつて，そうした確認があるまでは，その法律を合憲的な有効なものとして取扱うことは許されている。その意味において，この場合は，裁判所による確認を創設的効果をもつものとみることができるであろう。しかし，裁判所の判定が常にこのような意味をもつものだというふうにいいきることは適当ではない。例えば法律の禁止に反して人の財物を奪つたのに対し，裁判所が窃盗罪というふうに判決を下す場合は，右の場合と同じようにみることはできない。というのは，この場合には，裁判所が窃盗罪と有権的に判決するまで人の財物を奪つても合法的であるとはいえないのであつて，刑法の規定するタートベスタントに該当する行為は，それ自体で違法であり，窃盗罪だといわなければならない筈だからである。裁判所の判決は犯罪という法的現象を創設するというよりも，既に行われた犯罪を確認・宣言するにすぎないのである。また，民事事件において，裁判所が，例えば契約不履行についてなんらかの判決を下す場合もこれと同様である。契約不履行が違法なのは，民法の規定そのものによるのであつて，裁判所が判決を下すまでは，契約に違反しても違法でないということにはならない。裁判所が判決を下す以前においても，民法の規定は当事者に対して適用があり，契約を履行しなければならないのであつて，この民法の規定そのものに基づいて，裁判所の判決以前においても，契約不履行そのものは既に違法な行為なのである。すなわち，この場合も，裁判所の判決は違法な行為を確認・宣言するだけであつて，判決によつてはじめて契約不履行が違法なものとなるというわけではないのである。このようにみるならば，裁判所が違法性について判定を下す場合，ケルゼンのいうように，常にそれを創設的なものだとみることはできないのである」[87]。

このような Kelsen 批判は必ずしも正鵠を射ていないのであるが[88]，ここではそれに立ち入らない。ここでは，田畑教授は，国家承認を「与えられた事実が果して法の規定する条件に合しているかどうか」を「有権的に確認する行

為」[89]の一種とみる Kelsen の立場を，否定していないということが，注意されるべきである。田畑教授が強調しているのは，そのような行為が例えば窃盗罪や契約不履行に関しては必ずしも「創設的」効果を有しない，という点である。その点は，田畑教授のさらなる論述からも知ることができる。つまり，田畑教授は，「国際法的意味において国家とはどのようなものをいうかは，一応抽象的には明確である」のであり，「国家承認は国際法上国家と認められうる要件をそなえたものに対して行われる」[90]ということを前提としつつ，つぎのようにのべる。

「既成の国家が合併して新国家を作つた場合，あるいは，連邦を形成した場合」[91]，「それと逆に，一旦合併して国家的形態をなしていた構成部分が，前のように数国に分裂し，新国家となつた場合」[92]には，「たとえ，外国から承認がなされても，この場合の承認は，当該国家の国際法主体性に直接関係のない形式的なものであつて，単なる確認行為であるか，あるいは，外交関係の開始を求める意見の表示であるか……，そういつた政治的な意味しかもつていないとみるべきであろう」[93]。これに対して，「国家の一部が，母国との抗争を経て分離・独立しようとする際，母国との関係などから，分離した部分の国家性について争いがある場合……（第二次大戦後のイスラエルの場合のように，独立過程において，他の国家との武力闘争が行われている場合も同様に考えることができるであろう）」には，「国家承認は，そうした状態の中から，外国が，それを正式に国家として確認する行為だ，ということができるのである。そのかぎり，ケルゼンがのべているように，国家は，承認を行う場合，国内において，国家機関が，法的に関係のある事実を有権的に確認するのと同じような機能を，新国家に対して行つているということができるのであつて，それによつて，新国家の国家としての国際法主体性が，正式に認められることになるのである」[94]。「国家承認は，国家としての存在が未確定な場合，国際社会全体の立場からそれを国家として確認する公けの機関がない関係上，それぞれの国家がそれを国家として正式に確認する行為で

あり，承認を与えられるものが国際法上の国家としての要件（つまり，一定の地域に実効的自主的永続的な政治権力が確立されること）をそなえているかぎり（ただし，そのこと自体各国の主観的な判断によつて決定されるかたちになつており，そうした関係から，承認されるものがまだ十分国家としての要件をそなえていない，尚早の承認とみられる場合においても，当事国間においては国家承認としての効果が認められるのが普通である），それによつて，国家としての国際法主体性が認められるのであつて，以上のような場合における国家承認は，それによつて国家の国際法主体性が正式に認められるという意味において，一般に創設的効果をもつということができるのである」[95]。「承認の本来の趣旨は，分離した団体を正式に国家として確認することであり（ケルゼン自身も，承認の本来の意味は，re-cognition というより cognition だというふうにのべている），承認された国家が国際法主体性をもつものと認められるのは，国家たることに伴う当然の結果なのである。国家だと認められながら国際法主体性をもたないもの，そういつたものの存在が認められているわけではない」[96]。「国家的性格を有権的に決定する機構はまだ存在しておらず，各国家の判定に委ねられている関係から，つまり，それぞれの国家に新国家承認の権限が認められている関係から，国家の判定＝承認がまちまちとな」る。「なんらか客観的な立場から判定する機関や手続が実現し，それが分離した団体の国家的性格を有権的に決定することになれば，もはや国家承認という制度自身意味のないものになつてしまうことは認めなければならないのである」[97]。

そのような論述からは，つぎの点が引き出されうる。つまり，国際法は国家の要件を定めているのであり，「国際法上の国家としての要件」は，「一定の地域に実効的自主的永続的な政治権力が確立されること」である。その要件を満たして国家となるときには，「当然の結果」として国際法主体性をもつ。所与の団体が「国際法上の国家としての要件」を満たしている旨を客観的な立場から統一的に判定する機構はまだ存在していないので，その要件充足は「各国家

の判定に委ねられている」が，その「国家の判定」が承認である。国家承認とは，そのような国際社会の構造のもとで，各国家が所与の団体を「正式に国家として確認すること」である。その場合に，「国家は……国内において，国家機関が，法的に関係のある事実を有権的に確認するのと同じような機能を，新国家に対して行つているということができる」，と。そうとするならば，田畑教授の承認理解は，Kelsen の承認理解と異なるところがないように思われる。もっとも，田畑教授はつぎの二点において Kelsen と見解を異にすると考えているようである。第一に，国家が平穏裡に成立する場合か，それとも武力闘争を経て成立する場合かによって，国家承認の法的意義や機能につきまったく異なる理解を示すという点である。第二に，承認前の国家にはなんらの国際法的存在も認められないのではないという点である。

この第一点については，田畑教授はつぎのように敷衍する。つまり，「既成の国際法主体たる国家が結合して新しい国家となつたとたんに，国際法主体たる地位を失い，国際法上の真空地帯になるといつたことは，理屈からいつて考えられない」[98]のであり，「一旦合併して国家的形態をなしていた構成部分が，前のように数国に分裂し，新国家となつた場合も」，「創設的効果説の考え方からすれば，……新国家は，承認されないかぎり，国際法の妥当をうけない，単なる事実上の存在でしかないということになる筈であるが，しかし，このような場合に，新国家が全く国際法主体としての地位を喪失し，真空地帯を形成するということは，理屈からも全くおかしい」[99]，と。それは，結局において，数カ国の結合又は数カ国への分裂により一つの又は複数の新国家が既に誕生したにもかかわらず，それだけではまだ国際法主体たる地位を取得しえないのは不合理である，という趣旨に帰着するのではなかろうか。「真空地帯」になるというのも，結局，新たな国家が誕生したのにもかかわらずそれに対して国際法主体性が認められないということの言い換えにほかならない。しかし，そのような論法からすると，団体が既に母国との闘争に勝利を占め，分離を完成したにもかかわらず，即ち既に国際法上の国家の要件を充足したにもかかわらず，それだけではまだ国家としての国際法主体性が認められない（母国から分

離した一部が真空地帯となる）というのも，理屈からしておかしいということになるのではなかろうか。そこで田畑教授は後にみるように，未承認国家にも限定された一定の範囲の国際法主体性を認める——そうとすると国家が平穏に成立した場合にも承認のない限りそのような一定の範囲に限定された国際法主体性を認めるという方が一貫するであろう——のであるが，なぜそのように一定の範囲に限定された国際法主体性しか認めないのかが問われうる。これは要するに，国家の成立の仕方が平穏になされたか否かによって国際法主体の成立要件を変えること（宣言的効果説と創設的効果説を使い分けること）には，合理的な理由がないことを示すものである。また，田畑教授が考えるように，各国家の国家承認は所与の団体につき「国際法上の国家としての要件」の充足を「判定」するという行為であって，それは「国内において，国家機関が，法的に関係のある事実を有権的に確認するのと同じ機能」を有するとするならば，何故にそのような行為——それは「国際法上の国家としての要件」を抽象的に定める一般規範を所与の団体に具体的に適用する行為である——が，国家の成立の仕方が平穏かどうかによって，「国際法主体性に直接関係のない形式的なもの」又は「政治的な意味しか」もたないものとなったり，あるいは「国家としての国際法主体性」を認めて「創設的効果」をもったりするのか，という問題が提出されうる[100]。田畑教授は，その点について必ずしも十分には説明していないように思われる。さらに，田畑教授は，国家の成立がスムーズに行われる場合には上記のような行為としての承認が「政治的な意味しかもっていないとみるべき」とするが，それは，「国内において，国家機関が，法的に関係のある事実を有権的に確認する」行為が一般に「政治的な意味」しか有しないとは捉えられていない，という事実にかんがみると検討の余地がある。また，武力闘争を経て国家が成立する場合に，田畑教授は承認によって「国家としての国際法主体性が認められる」と説明するが，同教授によると承認は上記のように「国際法上の国家としての要件」そのものではなく当該要件の充足を「判定」する行為にすぎないので，何故にそのような行為によって「国家としての国際法主体性が認められる」といえるのであろうか。その点の説明が十分には

なされていないように思われる。

　先の第二点については，まず田畑教授の見解を紹介することから始めよう。田畑教授は，ケルゼンなどの創設的効果説とは異なり，承認前の国家にも一定の限度での国際法主体性を認めるべきであるとして，つぎのように論じる。

　「国家が母国から分離・独立するまでの内戦の過程において，一定の地域を占拠した叛乱団体，つまり，事実上の政府は，限られた範囲内においてではあるが，国際法の適用を受け，国際法主体たる地位を認められているのである」。「交戦団体も，一定の範囲内において，国際法の適用をうけ，国際法主体たる地位を認められているのである。このように考えるならば，承認前の国家（といつても，まだ国家としての性質を確認されていない事実上の政府にすぎないが）が，母国との武力闘争を終え，一応分離・独立を完成しながらも，国家としての性質を外国から正式に確認されていないために（つまり，国家承認をうけていないために），形式的には，なお母国の一部とみなされなければならない場合，それを，創設的効果説の主張するように，国際法の適用を全くうけない，単なる事実上の存在にすぎないということは著しく不当な主張だといわなければならない。母国との武力闘争を終え，分離・独立した事実上の政府は，戦闘のなお継続中に認められる交戦団体よりも，より安定した強固な基礎の上に立つ政治権力である。国家との闘争がなお継続し，不安定な政治権力であつた交戦団体が，一定の範囲内ではあるが，とにかく，国際法の適用をうけ，国際法主体としての地位を認められているにも拘わらず，その闘争に勝利を占め，事実上母国よりの分離を完成した，いわば，交戦団体のより前進した形態ともみらるべき政治権力が，闘争に勝利を占めたとたん，突如として国際法の適用の場面から姿を消し，単なる事実上の存在，あるいは，国際法上の無（Nichts）としてしかみられない存在になつてしまうということは，著しく奇怪な理論構成といわなければならない。もちろん，宣言的効果説のいうように，母国との闘争に勝利を占め，分離を完成したからといつて，それで自動的に国家としての国際法主体性が認

められるというふうにみることは，現実に調和」しない。「しかし，創設的効果説のいうように，国家として承認をうける前の政治権力（通常未承認国家といわれるもの）を単なる事実上の存在というのも，以上のようにみるならば，適当ではないのであつて，国際法の観点からみて，交戦団体と同等，あるいは，それ以上の存在を認められなければならない筈なのである。すなわち少なくとも，戦争法の適用をうける交戦主体たりうる地位，外国人の生命・財産の保護に関する国際責任の主体としての地位，そういった一定の範囲における国際法主体としての地位は認められなければならないであろう。この場合にも……国家承認をうけることによつて，はじめて，国家としての国際法的地位が正式に認められることになるが，しかし，それは，創設的効果説の主張するように，無から有を生ぜしめるもの，あるいは，事実上の存在を国際法上の存在たらしめるといつたふうのものではなく，それまで国家としての性質が正式に確認されていなかつたために，その国際法主体性が限定されていたものが，国家として正式に確認されることによつて，国家としての一般的な国際法主体性を認められることになるというふうに理解すべきものであろう」[101]。

　その論述においては，国際法主体との関連で，「一定の範囲内において，国際法の適用をうけ，国際法主体たる地位を認められている」「交戦団体」，同様に一定の限られた範囲内おける「交戦団体と同等，あるいは，それ以上の」国際法主体たる未承認国家，及び「一般的な国際法主体」たる国家という三つの国際法的地位の区別がなされている。そして，未承認国家は，やがて承認を受けることによって「一般的な国際法主体」たる国家になるとされているのである。そうとすると，国家承認は，「限定され」た国際法主体を「一般的な」国際法主体に変えるものであり，その意味で「国家としての一般的な国際法主体」の成立要件ということになろう。しかし，国家承認は，先にもみたように田畑教授によると，国家（国際法主体）の要件の充足を判定する行為——「国際法上の国家としての要件」を抽象的に定める一般規範を所与の団体に具体的

に適用する行為——にすぎなかったはずである。田畑教授は，先の論述においても，「国家としての性質」を「正式に確認」する行為としている。そうとすると，何故にそのような行為が「国家としての一般的な国際法主体」を成立させるといえるのか，という問題が提出されよう。田畑教授は，Kelsen 批判の際に，裁判所の判決以前においても他人の財物の窃取又は契約不履行は既に違法な行為であり，裁判所の判決は違法な行為を確認・宣言するだけであるとのべていたはずである。また，田畑教授は，未承認国家にまったく国際法主体性を認めない従来の創設的効果説とは異なり，それに一定の限られた範囲での国際法主体性を認めるという点を強調するが，その問題は本来的には承認行為の性質や効果そのものに直接的に関係しないように思われる。未承認国家を法的に存在しないものとみなすにせよ，あるいは限定的な国際法主体とみなすにせよ，国家承認によってはじめて一般的な国際法主体が生ずるとみなす点では両説は一致しているのである。そして，田畑教授のように限定的な国際法主体たる未承認国家という法的地位を認めるならば，先にみたような田畑教授の承認理解——承認は法的要件の充足の認定であるから「国内において，国家機関が，法的に関係のある事実を有権的に確認するのと同じような機能」を有するという理解——からすると，それについても承認——その要件の充足の認定——という行為が問題となるはずなのである。

　以上からすると，田畑教授の国家承認論はいくつかの問題点を含むが，国家承認という言葉のもとに何を理解するのかという点について，「これまで創設的効果説を説く人が明確にしていなかった，事実とそれに対する法的意味づけの過程との関連を明らかにする」と同教授が評価する Kelsen の見解に影響されつつ，かなり明確な立場を提示したといえよう。戦前の田畑教授は，国家承認が新国家の国際法主体性をもたらすとしていたが，その際には国家承認という言葉のもとに何を理解するのかという点については必ずしも明確ではなかったのである。確かに同教授は，断片的にではあるが，「国家承認が対手国の国際法主体たることの認定を意味する行為である」[102]とのべることがあったのであり，その言葉は国家承認を国際法主体の要件の充足を認定する行為として捉

える立場を示唆するものであった。しかし，その段階ではまだそれを明確に意識したうえで議論が展開されていたようには思われない。これに対して，1955年の著書において田畑教授は，国際法上の国家の要件が満たされているかどうかを統一的に認定する機関が今日の国際社会においてはまだ存在しないので，その認定が各国家に委ねられているということ，そして各国家が国家要件充足を認定する行為が国家承認であること，これらをかなり明確に認めている。このような承認理解は，以下にみるように広瀬善男教授や高野雄一教授によってより明確な形で採用されていくのである。

1958年及び1959年に，広瀬善男教授は，Kelsen の影響のもとに田畑教授が提示した承認理解をより明確にし一般化したうえで，創設的効果説を展開する。広瀬教授はつぎのように論じる。

「宣言的効果説の立場では，新国家（政府）は実効的成立という事実を完成すれば国際法上で当然に法的地位を取得し，権利義務を保持することになる（そして，それはイプソ・ユーレに第三国に対して対抗性をもつことになる）わけであるが，しかしここで注意しなければならないことは，右のことがかりにそう云えたとしても，それは法学的認識としてそう云えるだけであつて，現実には右の新しい国際法事実の成立を一般法を適用して確認する公権的機関の存在することを無視するわけにはいかない。そして，右の事実認定機関が現行実定国際法上はなお各個別国家であるという現実を否定することもできないのである。つまり，一般に法の規定している事実は，法的事実としての性質を別とすれば，事実そのものとして法的な意味をもつことはできず，それが法的な意味づけを与えられ，その結果権利義務の帰属者としての地位を与えられるためには，右の事実が法定の要件を具備しているかどうかを有権的機関によつて確認される必要があるのである。このような事実認定という有権的な認識操作と法的手続を疎外して，存在という事実から自動的ないし論理必然的に権利義務の保持者としての法的地位を新国家（政府）に帰属せしめようとするところに宣言的効果説の重大な認識上の誤りがひそ

むといわねばならないのである」[103]。ローターパクトも,「一定の事実が法の定める構成要件を満足しているかどうかを決定するためには,それを有権的に確認する行為とそのための機関が必要とされることを主張したのである。このようにみてくると,宣言的効果説には第三国（有権的機関）の認定行為（認定権）の介在を見逃した重大な理論上の欠陥があることがわかる」[104]。

そこにおいては,国際法の定める国家の要件を満たす共同体が生じたならば当該共同体は当然に国際法上の国家（国際法主体）となる,という宣言的効果説に対して,「法学的認識としてそう云えるだけ」であり,「現実には」有権的機関が国家の要件に関する国際法規範を所与のケースに適用して要件の具備を認定する——「このような事実認定という有権的な認識操作と法的手続」が承認である——ときにのみ,当該共同体が国際法上の国家として扱われることになる,と説かれている。換言すれば,共同体が国際法の定める国家の要件を満たすときには国際法上の国家となるという命題は,抽象的な実体法的観点からの説明としては理解しうるが,所与の具体的ケースの場合に関する説明としては,現実に必要となる有権的な認定機関の介在を視野に入れていないので,「重大な認識上の誤り」を含む,とされているのである。したがって,広瀬教授においては,国家承認は国際法上の国家（国際法主体）の成立要件そのものではない。国際社会の分権的構造のもとにおいては国家の要件事実の存否に関する判定は各国家に委ねられている——「右の事実認定機関が現行実定国際法上はなお各個別国家である」——という前提のもとに,各国家が所与の共同体に関して国家の成立要件の充足を認定する行為が,国家承認であるとされているのである。そのような承認行為の性質について広瀬教授はさらにつぎのように敷衍する。

「承認の手続的構造は,承認を受けようとする意思をもつ未承認国家（政府）の承認請求という一方的行為（これは法を適用する行為ではないから,

法律行為ではなく単なる事実行為である）と，それに対応する承認国の一般国際法を前提とし，それを適用する承認行為という一方的法律行為のそれぞれ独立の二ケの行為から成る複合的構造を示すということができるであろう」[105]。「この一方的法律行為は政治行為（自由裁量行為）とは区別される意味でも法律行為たる性質を有する。つまり，客観的事実に対して既存の法規を適用する行為は裁判所が法令を適用する行為と同じ手続的性質をもつからである」[106]。

そこでは，国家承認は，有権的機関が「客観的事実に対して既存の法規を適用する行為」として，「裁判所が法令を適用する行為と同じ手続的性質をもつ」とされるのである。

このように広瀬教授は，所与の団体についてそれが「既存国際法の定める国家としての要件（一般には，実効的統治権力の確立という条件）を充足しているという事実を確認」[107]することを国家承認として捉えるのであるが，それでは，そのような承認はどのような法的効果を有するのであろうか。その点につき広瀬教授の論述としてはつぎのようものがある。

「国家承認の制度が，事実確認，即ち既存国際法の定める国家としての要件（一般には，実効的統治権力の確立という条件）を充足しているという事実を確認し，その結果，右の新国家に国際法団体への加入を認め，ここで法主体としての完全な地位，権利義務を創設するという意味をもっていたことは，新国家がヨーロッパ国際法団体外に成立したか或いはその内で成立したかを問わず一般的にそれに対する既存国家の承認行為に内在する概念として確立していつたと云える」[108]。「このような歴史的沿革をもつ承認制度はその後の実定現象をつぶさに検討しても，その創設的性格を否定されることはなく，むしろよりはつきりした形で確立していつたと云える」[109]。新国家の実効的成立という事実は「法的な意味づけを与えられ，その結果権利義務の帰属者としての地位を与えられるためには，右の事実が法定の要件を具備し

ているかどうかを有権的機関によつて確認される必要があるのである」[110]。「承認国が未承認国家（政府）の実体について事実審査を行い——この場合承認条件等に関する一般国際法の適用がある——，その結果，承認条件を満していると判断すれば承認を許与し（これは一方的法律行為である），そこに始めて承認国との間に法関係が設定されるというプロセスを普通にとつている」[111]。「このように創設的効果説は理論的に充分な根拠をもつだけでなく，歴史的実証性をももつものである」[112]。

この論述においては，国家承認が所与の団体につき「法主体としての完全な地位，権利義務を創設する」もの，「権利義務の帰属者としての地位を与え……る」もの，「始めて承認国との間に法関係」を「設定」するものとして捉えられている。したがって，広瀬教授自身が認めるように，「創設的効果説」が採用されているのである。後にみるように，同教授がデ・ファクトー承認，デ・ファクトー国家なるものの重要性を強調するのも，国家承認の創設的効果を前提とするからである。しかし，そのような見解は，先にみたような同教授の国家承認理解との関連で，つぎのような疑問にぶつかる。つまり，同教授にあっては国家承認は国際法の定める国家（国際法主体）の要件そのものではなく，当該要件が所与の団体に関して充足されている旨を認定する行為にすぎないもの，したがって国内法秩序における「裁判所が法令を適用する行為と同じ手続的性質をもつ」にすぎないものであったが，そのような行為が何故に国際法主体たる国家を創設するといえるのか，と。例えば，不法行為については民法709条が定めるその要件たる「故意又ハ過失ニ因リテ他人ノ権利ヲ侵害シタ」という事実があればそれだけで成立し，窃盗罪については刑法235条が定めるその要件たる「他人の財物を窃取した」という事実があればそれだけで成立するのであって，裁判所の判決によって成立するのではない。これが一般になされる説明なのではなかろうか。これに対して，同教授の論法からすると，上記の要件事実が存在するだけではまだ不法行為又は窃盗罪は成立せず，その存在を確認する判決によって始めて不法行為又は窃盗罪が成立することにな

る。それでは，何故に同教授はそのような説明をしなければならないのであろうか。また，より根本的に，一般の説明と同教授の説明は具体的な結果において同教授が考えているように相違を示すのであろうか。これらの点について同教授は十分な説明をしていない。それは，先にみた田畑教授の見解についても等しくいえるところでもある。

　ところで，広瀬教授は先にみたように創設的効果説を採用するのであるが，その際に国家の成立を説明するにあたり，宣言的効果説とはまったく異なる視点に立つようである。つまり，同教授は宣言的効果説に対して，それは「事実認定という有権的な認識操作と法的手続を疎外して」いるので「重大な認識上の誤り」，即ち「第三国（有権的機関）の認定行為（認定権）の介在を見逃した重大な理論上の欠陥」を含む，と批判する。そこにおいては，宣言的効果説は，国家の成立を説明するに際して，要件事実の存在に関する有権的な認定行為を視野に入れないので，問題である，という趣旨が説かれているように思われる。つまり，国家の成立を説明するにあたり，所与のケースにおける要件事実の存否に関する有権的認定をも視野に入れるのが同教授であり，入れないのが宣言的効果説であるということになろう。そうとすると，国家の成立を説明するにあたり同教授の創設的効果説と宣言的効果説との間には，要件事実の存否に関する有権的認定をも視野に入れるのか否かという点に起因する説明の仕方についての相違が生じうるにすぎず，具体的な結果について相違が生じないことになるのではなかろうか。しかしながら，同教授は両説の間に具体的な結果に関する相違が生じると考えて，宣言的効果説が従来の創設的効果説に加える批判を強く意識するのである。つまり，「創設的効果説の立場をとると，承認を許与される前の事実上の国家（政府）は国際法上の地位ないし権利義務をもっていないことになるから，それならばこれは法的に不存在，無にすぎないのかどうか」[113]，「交戦団体からより発展した一般的事実上の政府或いは分離独立国家に成長したとたん，法律上不存在になつてしまうという奇怪な論理的コロラリーに導かざるをえない」[114]のか，又は「右の一般的事実上政府や分離独立を完成した政府が同じく交戦団体（これは本来，内戦継続を前提として，

戦争法の適用をうける交戦主体としての性質しかもたないものである）のそれとしてしか法的には認められないかどうか」[115]という問題が起こる，と。そこで，同教授はデ・ファクトー承認の法理をつぎのように展開する。

「権力の実効性」を備え「国際義務遵守の意思」をもつ場合にはデ・ユーレ承認の対象となり[116]「完全な国際法上の政治主体としての地位」[117]となるが，「一応の権力的基礎（実効性）」[118]を有するのみで「権力の実効的基礎になお不安定な要素が残ってい」る場合や「権力の実効性」を備えてはいるが「国際義務を守る意思」をもたない場合にはデ・ファクトー承認の対象となり[119]，「対外主権の一部が制限されてはいるが，対内主権を完全に享有している法人（デ・ファクトー政府はその代表者）」たる「デ・ファクトー国家」[120]となる。「外国はデ・ファクトー国家の右の地位を法的に尊重する義務をもち，これを棄損する行為（侵略行為）は国際法上の不法行為と云わざるをえなくなる」[121]。「デ・ファクトー承認の段階においても，国家の独立と安全に関する主権的権利は新国家（政府）に対して肯定せざるをえ」ないが，「デ・ファクトー国家（政府）が自国の統一と独立を守るためと称して，外国との間に安全保障のための条約を結んだり，或いは外交関係を維持するというような積極的行為をなすことは，デ・ユーレの承認のない以上不可能なことである──或いはそれによってデ・ユーレ承認が黙示的に推定される──」[122]。

このように広瀬教授は，「完全な国際法上の政治主体としての地位」たるデ・ユーレ国家のほかに，「対外主権の一部が制限されてはいるが，対内主権を完全に享有している法人」たる「デ・ファクトー国家」がある旨を指摘することにより，具体的結果の妥当性の観点からも創設的効果説を維持しうるものとみなす。同教授は，そのような法的地位を認めることにより，「伝統的な創設的効果説に対する批判としてあげられていた未承認国家に対する法的保護の欠如すなわち侵略すらも適法に可能であるという非難が……除去されることに

もなる」[123)]とのべるのである。つまり，創設的効果説のもとでも未承認国家は「デ・ファクトー国家」として存在しうることになり，そのようなものとして法的保護を与えられるので，それに対する侵略などは許されないことになる，という趣旨であろう。

このような議論についてはつぎの二点が指摘されるべきであろう。まず，広瀬教授は未承認国家に「デ・ファクトー国家」たる法的地位を認めるのであるが，国家承認に関する同教授の論法からすると，その場合にも未承認国家につき「デ・ファクトー国家」の要件を充足している旨の認定たる承認が問題となるはずであるということである。それがデ・ファクトー承認なのであるが，国家承認に関する同教授の論法からすると「デ・ファクトー承認についても創設的効果説の見方を正しいとせざるをえない」[124)]ことになる。そうとすると，同教授が気にかけている「伝統的な創設的効果説に対する批判」がここでもあてはまるということになるのではなかろうか。つまり，たとえ「デ・ファクトー国家」の実体をそなえている団体であっても，既存の国家によって承認されないかぎり，国際法上はそのような法的地位を有しないままであるということになるのではなかろうか（そのことは交戦団体の場合にもあてはまる）。おそらくその点を意識してか，同教授は「デ・ファクトー国家」の承認については諸国の判断内容にあまり相違が生じない旨を強調する。つまり，同教授は，「『一般的事実上の政権の確立』という事実条件は，外交的法律的承認の場合の他の要件すなわち国際義務遵守の意思能力の有無という主観的な問題の判断より，客観性を多くもっているだけに認定のさいに第三国の判断内容にそれほど多くの差を生ずることは少な」い[125)]とのべるのである。しかし，「伝統的な創設的効果説に対する批判」は，既存の国家が恣意的な判断をなすことがありうるという危惧を前提として，組み立てられていたのではなかろうか。そのことを考慮に入れると，既存の国家の「判断内容にそれほど多くの差を生ずることは少な」いであろうという指摘だけでは，やはり宣言的効果説を安心させることができないのではなかろうか。つぎに，同教授の論法からすると，未承認国家は「デ・ファクトー国家」の実体のみならずデ・ユーレ国家の実体をも備えてい

るときに，──「デ・ファクトー承認」が与えられているという前提においてであるが──「デ・ファクトー国家」たる地位しか認められないことになる。その点も，「伝統的な創設的効果説に対する批判」を展開する人々からは，無視しえないことになろう。

そのように広瀬教授は具体的結果の妥当性の平面における「伝統的な創設的効果説に対する批判」を強く意識し，「デ・ファクトー国家」という範疇の存在を力説するのであるが，その範疇が存在するかどうかという問題は，先にも簡単に示唆したように，同教授の創設的効果説の当否に直接的には関わらないように思われる。先にもみたように同教授は，国家（国際法主体）の成立を説明するにあたり従来の宣言的効果説が「事実認定という有権的な認識操作と法的手続」又は「第三国（有権的機関）の認定行為（認定権）の介在」を「疎外し」，「見逃し」ていたが，それを視野に入れるべきである，という考えに立脚していた。そこからすると，国家の成立を説明するにあたり，同教授は国家の成立要件を定める一般規範の内容のみならずその具体的適用の場面における有権的な認定機関の介在をも視野に入れるのであるが，同教授の想定する宣言的効果説は国家の成立要件を定める一般規範の内容のみを念頭におく立場ということになろう。そうとすると，同教授の創設的効果説と宣言的効果説の間には国家の成立に関する説明の仕方に相違が生ずるが，具体的結果の相違が生じるはずがないということになるのではなかろうか。国家の成立要件を定める一般規範の内容について両説の間には必然的な相違がないように思われるからである。換言すると，宣言的効果説はいわば実体法的観点から国家の成立を説明しようとするのに対して，同教授はいわば手続法的観点から説明しようとするにすぎないのである。そうとすると，同教授は具体的結果の妥当性に関する「伝統的な創設的効果説に対する批判」を意識する必要がなかったということになろう。同教授は伝統的な創設的効果説とは異なり国家承認を国家（国際法主体）の成立要件とみなしていないのである。むしろ同教授が意識すべきであったのは，何故に国家の要件の充足によって国家が成立すると説明しないで，その有権的認定によってはじめて成立すると説明するのか，という点であった。

伝統的法律学においては法規の定める法律効果はその要件の充足によって生ずると説明し，有権的機関の要件充足の認定によってはじめて生ずるとは説明しないように思われるからである。

先にみたように，分権的構造の国際社会においては国家要件充足の認定は各国に委ねられているという事実を前提にして，国家承認を所与の共同体につき国家（国際法主体）要件の充足を認定する行為として捉えるという立場は，田畑教授及び広瀬教授によって採用されていた。その立場はさらに高野雄一教授によっても採用され発展せしめられるに至る。同教授の見解を跡づけてみよう。

まず高野教授は1954年の『国際公法』においてつぎのようにのべる。

「国際法上，国家が成立するには，要件として一定の事実的要素が必要であるが，それに加えて，国際法上の既存国家から国家として承認されることが必要である。一定の事実的基礎の上に，この『国家の承認』が行われることによって，国際法上，国家は成立する」[126]。「承認により，承認国と被承認国との関係は，国際法によつて規律されることになる。新国家は承認した国にとつて，国際法上の国家として存在するに至り，これとの間に一般国際法上の権利義務関係が生ずる」[127]。「承認の基礎となる事実的要素については，承認行為はこれを認定（宣言）する意味をもつが，国際法の主体としての地位については，承認行為がこれを創設するものと認めなくてはならない」[128]。

そこにおいては，承認行為は，国家が成立するための要件たる「一定の事実的要素」の存在――「一定の地域と人民を基礎に統治組織が確立し」，「政府に国際法を遵守する意思と能力がある」という，「国家としての一定の事実的条件の存在」[129]――を「認定（宣言）する意味をもつ」とされている。つまり，高野教授は既に国家承認を国家要件の充足を認定する行為として捉えているのである。そして，そのような承認により「国家が成立する」，又はそのような

承認が「国際法の主体としての地位……を創設する」とされている。しかし，国家要件の充足を認定する行為が何故に国家（国際法主体）を成立せしめるといえるのであろうか。その点についての説明が十分にはなされていないように思われる。

高野教授の上記の見解はさらに1969年の『新版国際法概論（上）』において，より詳しく展開されている。それをみてみよう。

「国家は当然に国家としての一定の事実的要素（一定の地域，人民に対する支配〔権力〕の確立）の上に成立する。しかし国際法上，その事実に即して当然に国家の成立が認められるわけではない」。「国際法上，国家が成立するのには，要件として一定の事実的要素が必要であるが，それが既存国家によって確認され国家として承認されることが必要である。一定の事実的基礎の上に，この『国家の承認』が行われることによって，国際法上，国家は成立する」[130]。「承認によって，承認国と被承認国との関係は，国際法によって規律されることになる。新国家は承認した国にとって，国際法上の国家として存在するにいたり，これとの間に一般国際法上の権利義務関係が生ずる」[131]。

そこにおいては，国家承認が国家の事実的要素の存在を確認する行為として捉えられているが，その効果については従来の創設的効果説と同様に，それによって「国際法上，国家は成立する」とのべられている。このように創設的効果説を維持しつつ，高野教授は宣言的効果説をつぎのように批判するのである。

「総じて，承認の宣言的効果説に対する難点は次の点にある。国家の成立を国際法的にとらえるに当って，国家の成立が一つの社会的現象として自然科学的に明瞭な事実的基準をもってとらえられないこと，そのような社会的現象をできるだけ客観的な基準によってとらえようとしても，集権的統一的

な法社会においてならとにかく，主権国家の分立する国際法社会では，客観的統一的にとらえることには無理がある。したがって，各国家による判断や承認とは独立に且つそれに先立って存在すべき『事実としての国際法上の国家の成立』を，実定法的にとらえることは無理である。やはり，各国家が事実的要件を認定し，それに即して承認することによって新生国家（政府，交戦団体）の成立が認められるというのが，分権的な構造の国際法社会における承認に関する一般国際法規の基本的な在り方である」[132]。

そこでは，国家の成立が「自然科学的に明瞭な事実的基準をもってとらえられない」こと，及び「主権国家の分立する国際法社会」又は「分権的な構造の国際法社会」では「各国家による判断や承認とは独立に且つそれに先立って存在すべき『事実としての国際法上の国家の成立』」を考えることができないこと，が強調されている。必ずしも明瞭ではないが，それはつぎのような趣旨であろう。つまり，国際法の平面における国家の成立は自然科学的考察により決着のつく事実の因果法則の問題ではなく，有権的機関による要件充足に関する認定を必要とするものであるが，分権的構造の国際社会ではその認定権が各国家に授権されており，「各国家が事実的要件を認定」することになる，と。それが「宣言的効果説に対する難点」としてあげられていることからすると，宣言的効果説は国家承認を理解するにあたりそのような事実を視野に入れていない旨が指摘されているものと思われる。その意味では，高野教授の指摘は広瀬教授のそれと同じであるといえよう。そうとすると，高野教授の見解に対しては広瀬教授のそれに対するのと同様な問題が提出されうることになる。つまり，国際法における国家の成立を説明するにあたり，国家の要件を定める国際法規範の内容のみに着目するのか，要件充足に関する有権的機関の介在をも視野に入れるのかは，説明の仕方についての単なる視点の相違にすぎないのであり，具体的な結果において必然的な相違を示さないのではなかろうか，と。それなのに，高野教授はそうは考えないようである。例えば，同教授は従来から宣言的効果説により創設的効果説に加えられてきた批判が自説にも及ぶと考え

て，つぎのように反論する。

「承認前の国家は，事実的，政治的または国内法的に存在しても，国際法的には無で，それならば領土的に侵略をしても自由か，無主物先占をすることも可能か（したがって宣言的効果説を正しいとすべきではないか），という論議がある。しかし，……新国または革命政府の承認までは，在来の政府の支配が部分的あるいは一時的に欠落しても，母国に対する従来の承認が存続している。そこに国際法的な真空状態が生ずるわけではない（同時に，事態の進展に応じて新国，新政府に対して事実上の承認が行なわれる）。そのことを考慮すれば，それは創設的効果説を否とし宣言的効果説を是とする決定的な議論にはならない」[133]。

その点について高野教授と同じ論法でのべると，宣言的効果説からは，新国又は革命政府が事実上成立しているのにもかかわらず，承認まではその領土が母国の領土として扱われるというのは，実体にあわない処理なので疑問である，という批判が投げかけられるであろう。しかし，広瀬教授の見解を論評する際にのべたように，宣言的効果説と高野教授の創設的効果説は，国家の成立をまったく異なる角度から説明しようとするものであり，具体的な結果の平面における必然的な相違を示すものではないのである。高野教授の見解において問題となるのは，やはり，国家の要件そのものではなく，その充足を認定する行為にすぎない国家承認が，何故に国家を成立させるといえるのか，であろう。その点の説明が，高野教授にあっては広瀬教授の場合と同様に十分にはなされていないように思われる。

高野教授は 1985 年の『全訂新版国際法概論（上）』においても，上記の見解を維持しているが，その際には国家承認に関する理解をより明確にのべているので，その内容の中心的な部分を確認の意味をも込めて紹介しておこう。同教授はつぎのようにのべる。

「国際法上の国家の成立には，一定の地域，一定の人民，その実効的な政府と，国際法上の成立要件がみたされることが必要だが，それが既存国家によって認められること——国家の承認——によって国家として成立する」[134]。「独立国家の併存する分権的な社会では，国家の成立が一般国際法に基づくものではあってもそこに定められている成立の（事実的）要件に関する判断，その認定は，既存の各国家に委ねられざるをえない。新国家の成立に関する国家の承認は，このようにして行われる」[135]。

(2) 小　　括

以上，わが国の国際法学における戦後の有力な国家承認論を概観してみた。その結果，横田教授，田岡教授，田畑教授，広瀬教授及び高野教授のいずれもが創設的効果説を唱えていたことが判明した。しかし同時に，彼らにおいては必ずしも同一の承認理解が前提にされているのではなく，二つの異なる承認理解があることもわかった。一つは横田教授や田岡教授が戦前から前提としてきたものであり，国家承認を国際法主体の成立要件とみなす。つまり，所与の共同体はたとえ国家の要件を満たしていてもそれだけでは国際社会の一員たる国際法主体にはなりえないのであり，国際社会の構成員たる諸国の許可を得る必要があるという考えのもとに，当該国家に国際社会への加入（国際法主体たる地位の付与）を認める諸国の意思表示が国家承認であるとする見解である。もう一つは1941年のKelsenの論文の影響を受けた田畑教授，広瀬教授及び高野教授が前提とするものである。つまり，共同体は国家の要件を満たせば国際法主体になるとみなしつつも，今日の分権的構造の国際社会においては一般国際法の定める国家の要件が所与の共同体につき実際に満たされているかどうかの認定が各国家に委ねられているという考えのもとに，所与の共同体につき国家要件の充足を認定する行為——それは国内裁判所が所与の事案につき国内法の定める要件の充足を認定する行為と性質を同じくする——が国家承認であるとする見解である。これら二つの承認理解は根本的に異なるので注意を要する。比喩的にいえば，前者では国家承認は実体法上の要件となるが，後者ではその

ような要件そのものとは異なるレベルのものであり，そのような要件が所与のケースにおいて実際に満たされている旨を認定する手続法上の行為ということになる。そうとすると，ここまでのべてきた範囲では宣言的効果説と相容れないのは前者であり，後者は必ずしもそうではないということになろう。というのは，宣言的効果説を説く論者も，国家承認が国家（国際法主体）の成立要件そのものではなく所与の共同体につき国家要件の充足（国家の成立）を確認し宣言する行為であることを，認めていると思われるからである。それでは，後者についてつぎのような問題が生ずる。つまり，国家（国際法主体）の要件そのものではなく，その充足を認定するにすぎない行為が如何にして国家を成立せしめるといえるのか，と。換言すれば，伝統的な法律学においては例えば不法行為や窃盗罪などの成立については，その要件を満たす行為があればそれだけで成立すると説明するのであって，裁判所による要件充足の認定によってはじめて成立すると説明しないのではないのか，という問題である。この問題については十分な説明がなされていないように思われる。

　うえにのべたことがらと関係するのであるが，田畑教授は，従来の創設的効果説の説くように母国との武力闘争をへて分離・独立する承認前の国家を単なる事実上の存在とみることを，「著しく不当」とみなしていた。そして，未承認国家に「交戦団体と同等，あるいは，それ以上の存在」という限定された国際法主体性を認める。広瀬教授も未承認国家を類似の限定された国際法主体たる「デ・ファクトー国家」とみなし，そうすることによって創設的効果説への従来の批判をかわすことができると考えた。つまり，未承認国家といえども一定の限定された国際法主体であり，一定の限度で国際法の規制又は保護を受ける，と。しかし，そのような論法は必ずしも全面的に正しいとはいえない。というのは，田畑教授や広瀬教授のような承認理解に立脚すると，交戦団体についても承認が問題となるのみならず，田畑教授のいう，限定的な国際法主体たる未承認国家そのもの，あるいは広瀬教授のいう，限定的な国際法主体たる「デ・ファクトー国家」そのものについても承認が問題となるはずだからである。つまり，両教授のように国家承認を国家要件充足の認定として捉えるかぎ

り，国際法上の一定の法的地位についてはすべて承認が問題となろう。実際にも，田畑教授は「交戦団体としての承認」・「交戦団体承認」について語り[136]，広瀬教授は「交戦団体の承認」及び「デ・ファクトー承認」について語る[137]。そうとすると，完全な国際法主体たる国家に関する承認に両教授が認める法的効果——それは後にみるように問題を含むのであるが——を論理一貫してそのまま交戦団体，未承認国家又は「デ・ファクトー国家」に関する承認についても認めるかぎり，既存の国家は所与の団体について一切の承認を拒否することによりそれの法的存在を否定することができることになろう。

4 おわりに

以上，国家承認に関するわが国の学説の主なものを前期と後期に分けて分析・検討してみた。以下には，最近の学説にも言及しつつ，要約的検討を行っておこう。

第一に，これまでわが国においてひとしく創設的効果説といわれてきたものであっても，国家承認という行為をどのようなものとして捉えるのかという点からして，まったく異なる二つの立場が存在することに注意したい。一方の見解は，国家承認を国際法主体の成立要件として理解する立場であり，どちらかといえば比較的に古いものである。その場合の国家承認は，所与の共同体について「国際法上の権利義務の主体たることを容認する……意思表示」（立教授）を内容とすることになろう。他方の見解は，国家承認を，所与の共同体について国際法主体（国家）の成立要件の充足を認定する有権的な行為として捉える立場であり，どちらかといえば比較的に新しいものである。その場合の国家承認は，所与の共同体について国際法主体（国家）の「法定の要件を具備している」と「確認」（広瀬教授）する旨，又は所与の「団体を正式に国家として確認する」（田畑教授）旨を内容とすることになる。国家承認理解に関するそのような基本的な相違は国家承認の法的効果に関して差異をもたらさずにはおかないはずであるが，そのことが特に後者の立場に立つ論者によって——しばし

ば宣言的効果説に立つ人々によっても——明確には自覚されていない。その点については後に再び触れることにする。

　第二に，国家承認を国際法主体の成立要件として捉えて，その創設的効果を説く立場に対しては，わが国における国家承認論の初期の段階たる 1931 年につとに岡教授や大沢教授によって決定的な批判が投げかけられていたことに注目したい。その批判のなかで最も根本的なものはこうである。つまり，承認を国際法主体の成立要件として捉えると，国家の要件を満たしている共同体であっても既存の国家が承認を与えないかぎり国際法主体として扱われないことになる。したがって，当該共同体はそのいかなる行為についても国際責任を問われないことになるのみならず，当該共同体に対して他国がいかなる行為をしても国際責任を問われないことになるが，そのようなことを許す一般慣行が実際には存在しない，と。これに対する上記の創設的効果説からの直接的な反論は，そのような一般慣行が実際に存在することを証明するという仕方によってなされるべきであろう。ところが，ときとしてなされる反論らしいものは，確かに創設的効果説のそのような帰結は「不合理」又は「不当」ではあるかもしれないが，それは「実定法」の帰結なのである，又は「不法」とまではいえない，というように割り切ることにあった。そして，その際には，上記のような「不合理」又は「不当」な帰結を適法なものとみなす一般慣行がある旨の積極的な論証が試みられることはなかったといってよい。したがって，上記の創設的効果説の論者は，みずから「宣言的効力説の最重要なる論拠」（田岡教授）とみなす上記の批判に対して，正面からの反論に成功していないといえよう。また，さらなる創設的効果説批判としては，創設的効果説は国家の国際法上の平等原則と抵触する，という大沢教授の指摘が存する。この点についても，明確な反論がなされていなかったように思われる。

　第三に，国家承認を，国際法主体の成立要件の充足を有権的に認定する行為であるとして捉えつつも，それによってはじめて国際法主体が成立するとみなし，その創設的効果を説く立場が有力に存在しているが，その立場は，何故にそのような要件事実そのものではなく，その存在を有権的に認定するにすぎな

い行為が国際法主体を成立せしめるといえるのか，という点について十分に納得のいく説明をしていないことに注意したい。その立場の不明瞭さは特につぎの点に現れる。つまり，論者は，国家承認を国際法主体の成立要件として捉える創設的効果説に対して加えられる批判——国家の要件を満たす共同体であっても承認されるまでは国際法主体としては存在しないことになり，その法的保護と責任の点で不当な結果が生ずるという批判——がそのまま自己にもあてはまると考え[138]，その批判の射程距離を極力狭めるべく，完全なる国際法主体たる国家という法的地位の他に，限定された国際法主体たる未承認国家又は「デ・ファクトー国家」なる法的地位が存在する旨を指摘する——その指摘は創設的効果について論者と同じ考えに立脚したとしても有効な反論たりえないのであるが[139]——，と。そこにおいては，国際法主体の成立要件としての行為と，その成立要件の充足を有権的に認定する行為は法的には次元を異にするまったく別個の行為であって，法的効果についても同一レベルで論じられるべきものではない——初期の宣言的効果説による創設的効果説批判はもっぱら前者の行為を念頭においていた——ということ，さらに伝統的な法律学の立場は一般に法規の定める法律効果はその要件の充足によって生ずると説明し，有権的機関の要件充足の認定によってはじめて生ずるとは説明しない——それは例えば契約の成立や窃盗罪の成立などに関する伝統的法律学の説明を想起するだけで十分であろう——ということ，が明確には意識されていないように思われる。換言すれば，伝統的な法律学の立場からすれば，国際法主体の要件事実たる行為については，それがなければ国際法主体は成立しないと説明することになろうが，国際法主体の要件事実の充足を有権的に認定する行為については，それがなければ国際法主体は成立しないというような説明をしないことになるのではなかろうか。ちなみに，宣言的効果説が国家承認を，国際法主体の要件たる行為としてではなく，所与の共同体につき国際法主体（国家）である旨を確認し宣言する行為として捉えていたが，そのような国家承認理解は，国際社会の分権的構造——そこでは国際法主体の成立要件の充足の認定を統一的に行う機関が存在しないので，その認定が既存の関係国に委ねられているという事

実──を明確に意識するときには，比較的近時の有力な創設的効果説の承認理解と同じになるはずである。両説は，国家承認は所与の共同体が国家（国際法主体）の成立要件を満たしており国家である旨を確認し宣言するものであり，国家の成立要件それ自体ではない，という根本的な点で一致している。それらは単に，国家の成立を説明する際に国際社会の分権的構造のもとでの有権的認定という観点を視野に入れるか否かという点においてのみ差異を示すにすぎないので，真の意味で対立するものではない。実際にも，最近において宣言的効果説の論者のなかから比較的近時の創設的効果説の承認理解と同じようなものを示すものが現れてきつつある[140]。

　それでは，国際法主体の成立要件の充足（要件事実の存在）を有権的に認定する行為としての国家承認はどのような効果を有するものと説明されるべきであろうか。これは比較的近時の有力な創設的効果説と宣言的効果説に共通な課題であるように思われる。そして，ここで問題になっている承認理解においては，国家承認は，法秩序における有権的機関がなす要件事実の存在の認定という点で，「国内において，国家機関が，法的に関係のある事実を有権的に確認するのと同じような機能を……行つている」（田畑教授）又は国内の「裁判所が法令を適用する行為と同じ手続的性質を持つ」（広瀬教授）ことになろう。そうとすると，そのような国家承認の効果については，国内社会において裁判所などの有権的機関がなす要件事実の存否に関する認定に認められている効果が参考になろう。その効果とは，有権的認定の後は所与の事案における要件事実の存否などにつき問題の蒸し返しを許さないという意味での既判力ではなかろうか。そのことを国家承認についていえば，所与の共同体を承認した国は，以後，当該共同体の国家性を問題にしてはならないことになる，換言すれば，承認国との関係で当該共同体の国家性は確定する，ということになろう。その意味において，国家承認について創設的効果を語ることができないわけではない。もっともその場合の創設的効果という言葉の意味は，従来の創設的効果説の場合のそれとは本質的に異なることになる[141]。

　この点につき，母国との闘争過程を経て分離・独立する場合における国家承

認に創設的効果を認め,「国家承認がなされることによって,国家は,承認を与えた国家との関係において,国家としての国際法主体性を認められる」[142]とする田畑教授が,その論述に続いてさらにつぎのようにのべていることは興味深いといわざるをえない。

「法律上の承認の場合は,承認される国家が国家としての要件をそなえていることを確認したのであって,承認によって,国家の国際法的地位は,客観的に確定されたといわなければならない」[143]。「承認を与えた国家は,新国家の一般国際法にもとづく主張をもはや拒否することはできない」[144]。

そこでは,所与の共同体が「国家としての要件をそなえていることを確認」する行為たる国家承認が,当該共同体の国家性を承認国との関係で「客観的に確定」する,即ち「もはや拒否することはできない」ものとする,という法的効果(一種の既判力)がのべられているのではなかろうか。

また,宣言的効果説を「より適切である」[145]とする山手治之教授のつぎのような論述も同様である。

「承認は,国家だと主張する団体の独立を承認国として正式に認めること,つまり今まで不確定であったものを自己にとって明確にすることである,と解される」[146]。「承認した国家は,新国家の一般国際法にもとづく主張をもはや拒否することができない」[147]。

さらに,「現代の国際社会では,創設的効果説は……もはや妥当の余地はない」[148]として宣言的効果説に与する松井芳郎教授も,つぎのようにのべる。

「国家承認が政治的行為であるといっても,それが何の法的機能も果たさないというわけではない。たとえば国家承認は,次のような法的機能を果たす。①承認は,政治的な動機でなされたものでない限り,新国家が国家とし

ての要件をそなえていることの証拠としての価値を有する。②新国家の成立を旧本国や第三国が争っている場合、承認は新国家の成立を確認する意味をもつ。③新国家が国家としての要件のあれこれをそなえているかどうか疑わしい場合でも、承認国はもはやその国家性を否定することができなくなる」[149]。

　このようにみてくると、宣言的効果説の論者のなかにも、国家承認に上記のような一種の既判力といえるようなものを認めるものが現れるようになっていることがわかる。
　国家要件事実の存在の有権的認定としての国家承認が有する法的効果は上記のようなものだとすると、残る問題は、国際法主体としての国家の成立を法的にどのように説明するのか、という説明の仕方にあるにすぎない——したがってその説明如何によって具体的結果が変わるということはない——ように思われる。そしてこれは、法秩序における法規の定める法律効果の発生をどのように説明すべきであるのか、という一般論に還元される問題なのである。その点に関する伝統的法律学の立場は、有権的機関による要件事実の認定（手続法的観点）を視野に入れないで、いわば実体法的観点のみからなされていたように思われる。例えば、契約は申込と承諾により成立するとか、窃盗は他人の財物を窃取することにより成立するとか記述するのであって、契約の成立や窃盗の成立はその要件事実の存在を認定する判決によってはじめて成立するとは記述しないのではなかろうか。このような伝統的法律学の立場から、しかも国家承認を国家要件事実の存在の有権的な認定とみる観点から国家（国際法主体）の成立を記述するとつぎのようにでもなろうか。つまり、共同体が永続的住民、一定の領域、政府などの国家の要件[150]を満たすときには国家として成立する。そしてそれを確認して宣言する国家承認は、承認国との関係で当該共同体の国家性を確定的又は決定的なものならしめるという法的効果（一種の既判力）を有する、と。ちなみに、そのように国家承認は国際社会の分権的構造のもとでは国家の要件事実の認定という意味を有するので、国家の成立に関する国際法

上の一般的規範を所与のケースに具体的に適用するプロセスの一環をなすといえる。したがって，それは誠実になされるべきものであるのみならず，既存の国家が所与の共同体に直接的に関わる場合には必ず問題となるべきものである[151]。そのことは上記の一般的規範の存在理由そのものから生ずる当然の帰結であろう。なお，上述したことは，交戦団体とか事実上の国家とかの成立についてもあてはまるであろう。

1) 田畑茂二郎『国際法Ⅰ（新版）』(1974年) 203頁。
2) 藤田久一『国際法講義Ⅰ (1992年)』159頁。
3) 国家承認に関する日本の学説の包括的な考察は既に「国家承認学説の批判的検討」という表題のもとに芹田健太郎『普遍的国際社会の成立と国際法』159頁以下においてなされているが，本章はその業績を参考にしつつ，本文でのべたような観点から日本の諸学説を再検討しようとするものである。
4) そのような動向に大きな影響を与えたのは Kelsen, Recognition in International Law, *AIJL* (1941), p. 605 et seq. であろう。
5) 立作太郎『平時国際法論』(1932年) 121頁。
6) 同 122頁。
7) 同 123-124頁。
8) 横田喜三郎『国際法学上巻』(1933年) 52-54頁。
9) 同 54頁。
10) 同 55頁。
11) 安井郁「国家承認論（２）」国際法外交雑誌31巻2号 (1932年) 37頁。
　ちなみに，安井教授は「制限的国際法主体」たる国家という言葉を使用されているが，その意味はこうである。つまり，現代国際法は「国際法団体外の国家の承認」・「一般的承認」について「一定程度の文明」を要件としているが，この程度の文明に達していない国家に関しては「特殊の承認」・「制限的承認」を許し，その効果として「一定の範囲の国際法的権利義務」を認めているのであり，その場合の国家は「制限的国際法主体」と呼ぶことができる，と。安井「国家承認論（１）」国際法外交雑誌31巻1号 (1932年) 53頁。
12) 同「国家承認論（２）」38頁。
13) 同「国家承認論（１）」47頁。
14) 同「国家承認論（２）」43頁。
15) 同 51頁。

16) 同「国家承認論（3）」国際法外交雑誌31巻3号（1932年）67頁。
17) 同67頁。
    なお，安井教授は「国際法主体性の付与と国際法団体の成員性の付与とを同一視する」。同72頁。
18) 同75-76頁。
19) 同87頁。
20) 同87頁。
21) 岡「国際法上の国家の承認と未承認国家の法上の地位」法学論叢26巻1号（1931年）28頁。
22) 同29頁。
23) 同29頁。
24) 同7頁。
25) 同36頁。
26) 同21頁。
27) 同23-24頁。
28) 同31-32頁。
29) 同33頁。
30) 同33頁。
31) 同12頁。
32) 同13-15頁。
    岡教授は，さらに，国際慣行が「例へば国籍問題，所有権譲渡及認可の如き，所謂国際法によつて原則として一国家の国内法の専属的管轄に属せしめられたる事項，所謂国内事項に関しては，未承認国家と雖も，国際法的に関係ある方法に於て，之を処理する権能あることを示してゐる」（同15頁）旨を指摘する。
33) 同16頁。
34) 同17頁。
35) 同37-39頁。
36) 同9頁。
37) 大沢章『国際法秩序論』（1931年）559-561頁。
38) 同297頁。
39) 同297頁。
40) 同300頁。
41) 同303頁。
42) 同313頁。
43) 同317頁。
44) 同327頁。

45) 同 316 頁。
46) 同 570 頁。
47) 同 505 頁。
48) 同 506 頁。
49) 同 588 頁。
50) 同 506-508 頁。
51) 同 579 頁。
52) 同 505 頁。
53) 同 309 頁。
　　さらに，大沢教授はつぎのような指摘も行う。「承認は単に承認国と被承認国間にのみ効力を有するに止まるとの主張は，承認の効果が国際法団体への加入である限りは，成立し得ぬ」。承認の「相対的効力の主張は，支持し難きものと結論する外はない」。同 503 頁。「国際法団体の法律的性質が同格の法段階に立つ国家を組成主体とする団体として認めらる，以上，之に対する加入は条約其他に異なる他の規定の存在せざる限り，全成員の承認を条件とするは当然である」同 504 頁。
54) 同 341 頁。
55) 同 342 頁。
56) 同 343 頁。
57) 田岡良一『国際法学大綱上』(1934 年) 42 頁。
58) 同 50-51 頁。
59) 同 52-53 頁。
60) 田畑茂二郎「国家承認とその問題（1）」法学論叢 42 巻 3 号 (1940 年) 52 頁。
61) 同 75 頁。
62) 同「国家承認とその問題（3・完)」法学論叢 43 巻 1 号 (1941 年) 87 頁。
63) 同「国家承認とその問題（1)」46-47 頁。
64) 同 73 頁。
65) 同 71 頁。
　　そこでは，国家承認を国際法主体の成立要件として捉えるといういわば実体法上の観点が前提にされているように思われる。
66) 同 72 頁。
67) 同「国家承認とその問題（3・完)」105 頁。
　　もっとも，田畑教授はそのような立場を 1942 年と 1943 年の論文「国際法秩序の多元的構成」法学論叢 47 巻 3 号 (1942 年)，48 巻 2 号，6 号 (1943 年) において放棄している。その点については，芹田・前掲 166-167 頁を参照。
68) 田畑「国家承認とその問題（3・完)」104 頁。
69) 同 111 頁。

70) 同 110-111 頁。
71) 同「国家承認とその問題（2）」法学論叢 42 巻 5 号（1940 年）125 頁。
　　なお，田畑教授はその後の論文「国家承認と国家の『国際法団体』への加入（2・完）」国際法外交雑誌 40 巻 3 号（1941 年）56-57 頁において，「たとへ国際法の規定する国家として存在するとしても，そこに一般国際法の妥当すべき現実的基礎のない場合，例へば，全然国際交通の為されてゐない場合，国家が国際法団体の構成員となることのないことはいふまでもない」として，「国家が国際交通を欲しないとき，鎖国してゐる時」を例にあげる。
72) 同「国家承認とその問題（3・完）」96 頁。
73) 同 97 頁。
74) 岡教授と大沢教授は，国家承認についてはそれが国際法主体の成立に影響を与えるものではないとしつつも，それに一定の意味をもたせる。つまり，承認は被承認国と承認国との間において「正規的外交関係」（岡教授）に入る旨又は「新しき法団体」・「特定の法律的関連」・「法律的交通の紐帯」（大沢教授）を成立させる旨の意思表示として捉えられていた。そこにおいては，まだ，既存の国家が所与の共同体につき国家（国際法主体）である旨を確認し宣言する行為は――国際社会の分権的構造を考慮に入れると――国際法主体の要件の充足を有権的に認定する法行為であるということが，意識されていないのである。
75) 横田喜三郎『国際法学上』（1955 年）271 頁。
76) 同 272 頁。
77) 同 285 頁。
78) 同 283 頁。
79) 田岡良一『国際法講義』（1955 年）120 頁。
80) 同 121 頁。
81) 同 125 頁。
82) 同 130 頁。
83) 芹田・前掲 171 頁。
84) 田畑茂二郎『国際法における承認の理論』（1955 年）32-33 頁。
85) 同 37 頁。
86) 同 38 頁。
87) 同 39-40 頁。
88) 拙稿「国家承認論における『創設的効果説』」法学 59 巻 4 号（1995 年）23 頁以下を参照。
89) 田畑・前掲 38 頁。
90) 同 63 頁。
91) 同 53 頁。

92) 同 54 頁。
93) 同 54 頁。
94) 同 64 頁。
95) 同 64-65 頁。
96) 同 67 頁。
97) 同 69 頁。
98) 同 53 頁。
99) 同 54 頁。
100) そのことは，国内法秩序において例えば窃盗罪や契約不履行に関する法律要件の充足が一般の人の目からして明白であるか否かによって，裁判所の判決の法的意義が異なるとは説かれていない，ということからも知られうる。
101) 同 74-75 頁。
102) 田畑「国家承認とその問題（3・完）」96 頁。
103) 広瀬善男「国家及び政府承認の法構造（1）」国際法外交雑誌 57 巻 4 号（1958 年）39-40 頁。
104) 同 40-41 頁。
105) 同 48-49 頁。
106) 同 49 頁。
107) 同 45 頁。
108) 同 45 頁。
109) 同 47 頁。
110) 同 39 頁。
111) 同 48 頁。
112) 同 51 頁。
113) 同 51 頁。
114) 同 52 頁。
115) 同 52 頁。
116) 同「国家及び政府承認の法構造（2）」国際法外交雑誌 57 巻 6 号（1959 年）36 頁。
117) 同 73 頁。
118) 同 37 頁。
119) 同 36 頁。更に同 43 頁も参照。
120) 同 70 頁。
121) 同 70 頁。
122) 同 71 頁。
123) 同「国家及び政府承認の法的効果」ジュリスト 300 号（1964 年）406 頁。

124) 同「国家及び政府承認の法構造（2）」50頁。
125) 同・ジュリスト300号406頁。
126) 高野雄一『国際公法』（1954年）71頁。
127) 同76頁。
128) 同77頁。
129) 同72頁。
130) 同『新版国際法概論（上）』（1969年）106頁。
131) 同121頁。
132) 同113-114頁。
133) 同111頁。
134) 同『全訂新版国際法概論上』（1985年）136頁。
135) 同138頁。
136) 田畑茂二郎『国際法Ⅰ（新版）』（1973年）191頁。
137) 広瀬「国家及び政府承認の法構造（2）」29頁。
138) 何故に田畑教授や広瀬教授や高野教授がそのように考えるに至ったのかという問題は学説史上の興味深いテーマたりうる。ここでは深く立ち入る余裕がないが，Kelsenが1941年の論文において国家承認を国家要件の充足の認定として捉える立場を示し，そしてそのような国家承認につき創設的効果を語るにあたり，その真意を敷衍しなかったこと，その結果LauterpachtがKelsenの見解を伝統的法律学の立場から文字通りに理解して創設的効果説を展開したことが，遠因をなしているように思われる。その点については，前掲拙稿15頁以下を参照。
139) その点については3の（2）などにおいてのべたところを参照。
140) 例えば，森川俊孝教授（横川新＝佐藤文夫編『国際法講義』（1993年））は，「宣言的効果説の考えが」「諸国の慣行および国際法秩序の基本原理とも合致していると思われる」（55頁）としたうえで，つぎのようにのべる。

「国家は国家の要件を備えて事実として成立することにより，国際法主体としての地位を認められ，国家承認はかかる事実を確認するとともに，被承認国との間で，外交関係や条約関係などの国際法関係を開設する意思を表明するものである。承認と外交関係とはしばしば混同されるが，承認は新国家が国家としての資格をそなえているかどうかの認定を各国が個別の判断により行う一方的行為であるのに対して，外交関係の開設は相互の合意に基づく双方行為であるから，両者は異なる性質の行為である」（56頁）。

そこでは，承認は，既存の各国が「新国家が国家としての資格をそなえている」旨を個別的に「認定」する行為であるとされている。

また，水上千之教授（杉原高嶺ほか『現代国際法講義』（1992年））は「宣言的効果説が妥当」としたうえで，つぎのようにのべる。

「国家承認の概念は，国際社会の未組織性にもとづくものであり，新しい国家が成立した場合に，その成立を認定する国際的な機関が国際社会に存在せず，既存の個々の国家が新しい国の成立を認定することになる」。「国家承認は，既存の国家が新国家の成立を確認する一方的行為である」(36頁)。

そこでは，国家承認は，国際社会の分権的構造のもとに既存の個々の国家が所与の共同体につき「国家としての要件を備えている」旨の「判定」(38頁)をすること，即ち「新しい国家の成立を認定すること」である，という理解が示されている。

さらに，山手治之教授（香西茂ほか『国際法概説』(1967年))は，宣言的効果説の方が「より適切である」(64頁)としたうえで，つぎのようにのべる。

「承認は，国家だと主張する団体の独立を承認国として正式に認めること，つまり今まで不確定であったものを自己にとって明確にすることである，と解される」(64頁)。「今日の国際社会には国家が国家として独立したかどうかを事実認定する機構が欠けている。したがって，既存の国家は，各自がそれぞれこの事実認定を自国のために行なわざるをえない。そこから，実際には，この事実認定が全くバラバラに行なわれることになる。創設的効果説が一見もっともらしく見えるのは，まさしくこのためにほかならない」(65頁)。

そこでは，国家承認は，国際社会の分権的構造のもとに既存の国家が所与の共同体につき「国家として独立した」（国家の要件を充足している）旨を「正式に認める」という「事実認定」として，捉えられている。

141) これまで宣言的効果説の論者は比較的近時の創設的効果説を従来の創設的効果説と同一視して批判する傾向にあった。しかし，比較的近時の創設的効果説に対して従来の創設的効果説に対するのと同じような批判をすることは，上述のように，正鵠を射ていない。もし比較的近時の創設的効果説に問題を投げかけるとすればつぎのようになろう。つまり，国家の成立要件をなす行為そのものではなくそれの存在を認定するにすぎない行為によってはじめて国家が成立すると説明するのは，伝統的法律学とは異なる説明の仕方ではないのか，その説に立脚するときには同様な説明の仕方を他の事項（契約の成立や窃盗罪の成立など）にも押し及ぼさないと一貫しないことになるということが意識されているのか，と。ちなみに，上記のような説明の仕方は本来的にはいかなる現象を念頭においてなされたのかという問題については前掲拙稿33頁以下を参照。

142) 田畑『国際法Ⅰ〔新版〕』232頁。
143) 同233頁。
144) 同232頁。
145) 山手・前掲64頁。
146) 同64頁。
147) 同68頁。

148) 松井芳郎ほか『国際法（第3版）』（1997年）66頁。
149) 同67頁。
150) ここでは便宜上，国家の要件に関する伝統的な見解に従って記すにとどめ，最近の動向をふまえた国家要件論そのものについては立ち入らない。
151) 国家承認を国家の要件事実の有権的認定として捉えると，いわゆる未承認国家の法的地位や承認義務などの問題がどのようになるのかという点——未承認国家といっても一律的に論じることができず場合を分けて考える必要がある旨，及び承認義務も同様に場合を分けて考える必要がある旨——については，前掲拙稿43-45頁を参照。

　　なお，諸外国における承認理論の動向に関する最近の邦語文献としては王志安『国際法における承認』（1999年）42頁以下，259頁以下を参照。

第3章
最近のわが国の国際法学における国家承認論

1　はじめに

　周知のごとく国家承認及び政府承認に関する諸問題は国際法学において古くから活発に論じられてきている。その結果，一見すると，その主要な部分についてはすでに解決済みという観があるようだが，子細に検討してみると，依然として解明を要する点が少なくはないと考えられる。本稿は最近のわが国の国際法学における承認論を分析・検討することにより，その点を明らかにすることを目的とする。以下では，わが国における最近の承認論として主として小寺彰教授と杉原高嶺教授の見解を取り上げて分析・検討することが試みられる。両教授が承認論について踏み込んだ議論を展開しているようにみえるからである。

2　国家（政府）承認の法的意義・効果

　承認に関する国際法上の議論はこれまで主として国家承認の意義・法的効果如何という問題を中心に動いてきたといっても過言ではない。その問題については創設的効果説と宣言的効果説の対立が著名である。諸外国では後者が支配的となりつつあるように思われる[1]が，上記の問題はまだ満足のいく仕方で解決されているようには思われない[2]。わが国の国際法学においても，最近の文献のなかに創設的効果説と宣言的効果説について「現実には，いずれの説も一長一短」である[3]とのべる論述が見出されることからして，上記の問題はまだ

最終的な決着をみていないようである。そのことは，以下にみる小寺教授の国家承認論と杉原教授のそれからも窺い知れる。

(i) 小寺教授は，「国家承認が，国家の成立についてどのような法的効果をもつか」という問題について，つぎのようにのべる。

「創設的効果説では，ある団体が永久的住民等の……[国家]の要件を備えたとしても，第三国の承認がなければ，国家は国際法上は成立しないとされる」が，「宣言的効果説」では，「第三国の承認がなくても，前述の国家としての要件を備えれば国家は成立する」とされる[4]。「現代国際法では宣言的効果説が妥当だと考えられる」[5]。「現代国際法上は，国家承認は，①新たに成立した国家または政府の地位の確認，②新国家または新政府との間での外交関係設定の意思表明を超える意味をもたないのである（宣言的効果説）」[6]。「国家承認が国家成立に対して確認的な効果しかもたないとしても，その政治的な効果は別の問題である」[7]。「永久的住民以下の3つの要件，とりわけ第3の『実効的な政府』の要件が充足されているか否かが不確かな場合」には，「国家承認は，政治的には新国家の成立を促進し，その基盤を強化するものである。……ただし，国家承認の法的位置づけはこのような政治的効果とは別のものなのである」[8]。

小寺教授は「特定の統治団体を国家として認めることが，当該統治団体が国家であるための要件である」[9]として捉える創設的効果説を退けるが，それでは，国家承認は法的にはいかなる効果ももたないということであろうか。小寺教授はそのようには考えないようである。というのは，同教授にあっては，国家承認は「政治的な効果」をもつと同時に「確認的効果」ももつ，と考えられているからである。その場合の「確認的効果」とは「政治的効果」とは別のものとされているので，法的効果を意味することになるのではなかろうか。そうとするならば，その「確認的効果」とは具体的にはどのような法的効果を意味

第3章 最近のわが国の国際法学における国家承認論 *111*

するのであろうか。その点について同教授は必ずしも敷衍していない。しかし，必ずしも明示的に国家承認の法的効果という形でのべられているものではないが，つぎのような論述が手掛かりとなるように思われる。つまり，「一般に承認は，承認後は撤回することが認められない」[10]，「いったん承認が行われると撤回は禁止された」[11]，と。この論述を顧慮すると，上記の「確認的効果」はつぎのように理解されるべきことになるのではなかろうか。つまり，既存の国家は，ある統治団体につき国際法主体たる国家の要件の充足を認定してそれをそのようなものとして承認したときには，後において──事情の変更のないかぎり──当該統治団体を法的には国際法主体たる国家として扱わなければならない，と。この考えは，国家承認を国際法主体たる国家の要件として捉える伝統的な創設的効果説を前提とするものではなく，国家承認を所与の統治団体につき国際法主体たる国家の要件の充足を認定（確認）する行為として捉えるという立場（宣言的効果説における承認理解）を前提とするものである。それでは，何故にそのような行為が上記のような法的効果をもつといえるのであろうか，上記の法的効果はいかなる性質のものであろうか。それは国際社会の分権的構造を視野に入れることによって適切に説明することができるように思われる。つまり，一般国際法秩序においては，その分権性の故に，要件事実についての統一的な認定機関は存在しない。したがって，要件事実の認定は既存の関係国に委ねられているということにならざるをえない。このような事情にあっては，既存の国家が所与の政治的実体について国際法主体たる国家の要件の充足を宣言することは，自己との関係で，国家（国際法主体）要件の充足の有権的認定という意味を有することになる。その意味においてそれは国内裁判所による事実認定と同じ性質を有することになり，その結果，終局判決と同じ効果（既判力）をもつことになる[12]，と。小寺教授は国家承認について創設的効果説を退けつつも，「政治的な効果」とは別個のものとしての「確認的効果」を認め，そして「一般に承認は，承認後は撤回することが認められない」とのべるが，そのような「確認的効果」は上記のような要件事実の有権的認定がもつ既判力という手続法上の観点から理解可能ということになるように思われ

る。

(ii) 杉原教授によると,「国家承認」は「新国家の誕生にさいして他の諸国がこれを国際法上の国家(国際法主体)として認めること」である[13]。同教授は,「国家承認の意義ないし効果に関する学説」の一つとしての「創設的効果説」については,つぎのように説明する。

「この説は,新国家が事実として成立したとしても,それによって直ちに国際法の主体たる地位を獲得するわけではなく,他の諸国の承認を受けて始めて国際法上の当事者能力を有するものとみる。したがって,承認を受けない新国家はたとえ国家性の要件を充足しているときでも国際法上の人格をもつ国家とはみなされず,一つの政治的実体たるにとどまることになる。この見解は古くはオッペンハイムにみられる」[14]。

そこでは,創設的効果説のもとでは承認は政治的実体が国際法主体たる国家になるための要件,即ち国際法主体たる国家の要件とみなされている,という理解が示されている。したがって,それに対しては,杉原教授は,従来から創設的効果説に対してなされてきたのと同様な批判を展開する。つまり,創設的効果説は「既存の国家の意思(承認)のいかんに新国家の命運を委ねている」,「既存の国家に新国家の生殺与奪の権を与えている」,また「この説では未承認国家であっても一般国際法上の基本的権利義務の享受主体となる事実を合理的に説明しえない」[15],と。そしてつぎのようにのべる。

「創設的効果説に伴うこのような理論的問題点は宣言的効果説においては基本的に生じないことを考えると,後者がより妥当と解される」[16]。「国家承認は理論的にも実証的にも宣言的効果をもつにすぎないと解される(創設的効果説は,カッセーゼによれば,ヨーロッパ諸国が『国際法社会』への加入論を唱えた19世紀の『遺物』である)」[17]。

「既存の国家の意思（承認）のいかんに新国家の命運を委ねている」という論述からすると，そこでは，創設的効果説における承認は国家に国際法主体性を付与する法律行為として捉えられていることになろう。もっとも，諸外国においては，オッペンハイムの主張したようなタイプの創設的効果説——それは国際法を（ヨーロッパ）文明諸国の共通の合意に基づく法であるという国際法観を前提とする——はつとに克服されているように思われる。これに対して，諸外国において今日でも依然として独自の創設的効果説として存在意義を維持しており，宣言的効果説の論者がその批判に腐心しているのは，ケルゼンとローターパクトの見解であり，彼らの見解はわが国においては広瀬教授や高野教授の創設的効果説に強い影響を与えている[18]。これらの見解は，オッペンハイムのような創設的効果説とはまったく異なるので，いわゆる創設的効果説と対決する際にはケルゼンとローターパクトの見解への論評は避けて通れないのではなかろうか。

杉原教授は創設的効果説と対立する見解としての「宣言的効果説」については，つぎのように説明する。

「この説は，国家はその国家性の要件を備えて現実に成立したときに国際法上の主体となるのであって，他国の承認はそれを確認する意味をもつにすぎないとみる。したがって，この見解では承認は特別の法的効果をもつ行為ではない（今後の外交関係の開設等の意思を予告する政治的意味を有する）」[19]。

そこでは，宣言的効果説のもとでは承認は所与の政治的実体が「国家性の要件を備えて現実に成立した」ことを「確認する」意味を有する，という理解が示されている。それでは，そのような内容の行為たる承認にはどのような位置づけが与えられるのであろうか。それは，「政治的意味」を有するが「特別の法的効果」をもたないとされているということからすると，法的行為ではないと理解されているようである。しかし，国際社会の分権性を顧慮すると，国家

承認を法的効果をもたない行為として捉えることができないのではなかろうか。そのような国際社会においては，既存の国家が所与の政治的実体について，国際法主体たる国家の要件を充足している旨を宣言することは，先述のように，権限ある機関がいわば実体法上の規範を個別・具体的なケースに適用する行為（事実認定を含む行為）という意味を有する，したがってそのようなものとして特殊な手続法的な効果をもつ，ということにならざるをえないのではなかろうか。実際にも，比較的近時の宣言的効果説の論者のなかには，国際社会の分権的な構造を顧慮したうえで，承認に——実質的には——そのような特殊な法的効果を認めていこうとするものが少なくない。ちなみに，政府承認に関して，杉原教授は，「政府承認の廃止は当該国による合法的な中央政府の認定という法的意味をもつ決定に代えて，外交的交流の有無のみの決定という政治的効果の認定に形式的におき換えられることを意味する」[20]とのべるが，そこでは，政府承認が「合法的な中央政府の認定」という意味において「法的意味」を有するということが認められているのではなかろうか。もっとも杉原教授はつぎのようにのべる。

「理論的にみれば，宣言的効果説をとりながら承認行為の法的性質を肯定することは困難である。この説によれば，国家の創設は事実の問題であって，承認が国家を創るのではないからである（なおケルゼンは，国際法上の国家の地位の確定という点で承認は法的意味をもち，他方，外交関係の樹立の意思表示という点では政治的意味をもつとして二重の性格を認めているが，しかし今日では承認と外交関係の開設はそれぞれ別個の行為とされているので（ウィーン外交関係条約第2条），この見方はこの点で問題があるといわなければならない）」[21]。

そこでは，宣言的効果説をとりながら「承認行為の法的性質」を肯定することは理論的に困難であると説かれているが，その際の根拠として，「承認が国家を創るのではない」ということがあげられている。そこからすると「承認行

為の法的性質」の肯定という言葉のもとに，承認は国際法主体たる「国家を創る」法律行為である——承認は国際法主体たる国家の要件である——，という創設的効果説そのものが考えられているようである。そうとするならば，上記の論述は宣言的効果説をとりながら創設的効果説をとることは理論的に困難であるという，当然のことを示すものであるということになろう。しかし，他方，国際社会の分権的構造を視野に入れつつ，上述のように，承認を——従来の創設的効果説とは異なり——国際法主体たる国家の要件の充足を承認国との関係で認定する行為という意味での法的行為として捉えることは，十分に可能であるように思われる。例えば，ケルゼンがそのような承認理解を示して，承認によって所与のケースにおける国際法主体たる国家の地位が承認国との関係で確定する旨（承認の特殊的な法的効果）を説いていた[22]。上記の引用文においては，杉原教授は，ケルゼンによると「国際法上の国家の地位の確定という点で承認は法的意味をも」つと考えている——これ自体はケルゼンの見解の捉え方として正しい[23]——が，ケルゼンの見解のその点については直接に批判を展開しているわけではない。杉原教授にあっては，ケルゼンが「承認と外交関係の開設」を別個の行為と考えていないという点が指摘されているにすぎない。それとの関連で，ケルゼンの見解についてここで少しのべておく必要があるように思われる。

　まず，ケルゼンは，1941年に，これまで理論においても実務においても承認という言葉を使用する際に，「政治的行為」たる国家又は政府の承認——それは「承認国が被承認国又は被承認政府と政治的及びその他の関係，国際社会の成員の間に普通存在する種類の関係，に入る用意のあること」を意味する——と「法的行為」たる承認——それは「所与の共同体がこれらの要件［国家の三要件］を満たしているという事実の認定」を意味する——という「まったく異なる二つの行為」を明確に区別してこなかったので，混乱が生じていた旨を指摘した。またその際には，彼は，政治的行為たる承認は承認されるべき国家又は政府の法的存在を前提にする，と指摘している[24]。他方，ケルゼンは，政治的行為としての承認は承認国の一方的な宣言又は双務的取引行為（承認国

の政府と被承認国の政府又は被承認政府の間の公式書簡の交換）によってもたらされる，とのべている[25]。これらのことからすると，ケルゼンは「承認と外交関係の開設」をそれぞれ別個の行為とみなしていない，とは必ずしもいえないのではなかろうか。また，ケルゼンは法的意味における承認と政治的意味における承認を峻別するという観点に立脚しているが，その観点からは，両者は同一の行為によって行われなければならないという帰結が，本来，生じないのではなかろうか。これまで既存の国家が所与の政治的実体に関して承認の意思を表明する際に，法的意味における承認のほかに政治的意味における承認も意図されていることが多いという実情からして，多くの論者が両者を一緒くたにして論じる傾向があり，それが承認に関する議論を混乱させてきた要因である，というのがケルゼンの見解であるように思われる。要するに，杉原教授にあっては，「国際法上の国家の地位の確定という点で承認は法的意味をも」つというケルゼンの見解に対して，まだ適切な批判がなされていないのである。

3 国家（政府）承認の法的義務

　国家（政府）承認の意義・法的効果との関連で，承認の法的義務なるものを認めるのかどうかが論じられてきた。その問題については多くの論者は消極的な態度を示してきたが，その際に，承認の法的義務を認めないということの意味について十分には言及してこなかったように思われる。

　(i)　小寺教授は，ローターパクトが「独立を宣言した国家が3要件を完備する場合には第三国は国家承認をする義務がある」と主張していると考え，それに対してつぎのようにのべる。

　　「ローターパクトの主張は，永久的住民以下の3要件によって国家が成立することを認めながらも，他方で国家承認が創設的効果をもつことを，承認義務を構成することによって解こうとした。これは，国家承認を各国が自由

に決定できる『政治的行為』ではなく，明確に国際法に羈束された『法的行為』だと理解しようとしたものである。国家承認を『法的行為』だととらえ，要件が充足された団体に対して承認義務が発生するという国家承認の理解は，従来の実行から完全に乖離していた」。「結局，ローターパクトの学説は『現行法（lex lata）』となることはなかった」[26]。

そこでのべられているようなローターパクトの見解については，まず，国家承認を国家性の要件の存在の認定とみなす彼の承認概念からすると，「永久的住民以下の3要件によって国家が成立すること」を説くと同時に「国家承認が創設的効果をもつこと」を説くことがはたして論理的に可能なのであろうか，という問題が提出されよう[27]。その点は別として，彼は承認を国際法主体たる国家の成立要件の充足を認定する行為として捉えていたように思われるが，そうとすると，先にも指摘したように，分権的な構造の国際社会においてはそのような承認は承認国との関係では国内裁判所などによる事実認定と同様な性格と効果を有することになり，その意味では——小寺教授は承認を「法的行為」ではなく「政治的行為」として説明しているが——法的行為といわざるをえないことになる。もっとも，承認をそのような法的行為として理解することは必ずしも，ある団体が新国家として独立を宣言する場合にはつねに既存の国家は即座に承認問題に取り組まなければならない，という意味での承認義務を認めることにはつながらない。このことは後述する。

(ii) 杉原教授は，ローターパクトの見解を，新国家が国家性の要件を充足したときは既存の国家は承認を与える義務があるとするものとして捉えて，それに対してつぎのようにのべる。

「この主張（承認の義務説）が国家実行の支持をえていないことは明らかである。義務説をとる……論者は基本的に創設的効果説に立脚しているが，この創設説を現実の社会で実効性をもたせるためには承認の『義務化』が理

論的な必須条件となる。さもなければ，新国家はいつまでも国際法主体性を獲得しえない事態が起こりうるからである。その意味でこの義務説は多分に理論的要請として説かれたものと解され，国家実行の裏づけを欠くという意味では de lege ferenda の域を出ないものと解される。のみならず，もし国家性の要件の具備とともにすべての国が承認の義務を負うのであれば，ことさらに承認の創設性（国際法主体性の創設）を強調する意味が逆に問われることになろう。なぜなら，この場合には実際に国家性の要件を充足したときに国際法上の国家となる（宣言的効果説）とみることと基本的に変わらないからである」[28]。

ここでも，先の小寺教授の論述についてのべたのと同じことが指摘されるべきである。つまり，ローターパクトの「創設的効果説」は彼の承認の定義を顧慮すると論理的には成立しえないことになる，という点が十分には意識されていないのではないのか，と。また，先にもみたように，杉原教授は，所与の政治的実体が国家性の要件を備えて現実に成立したことを確認することを国家承認として理解していたが，そのような承認理解のもとに，国際社会の分権的構造を視野に入れると，承認はローターパクトと同様に要件事実の認定という意味での法的行為とみなされることになるのではなかろうか。しかし，そのことは必ずしも承認義務の肯定につながるものではない。以下にはその点について説明を試みる。

確かに，これまで一般に，「国家実行上は，承認を与えるかどうかは，各国の政治的選択にかかわる自由裁量に委ねられ，新国家の成立に即応して承認の意思を表示すべき国際法上の義務はない，とされている」[29]。しかし，その命題からどのような帰結が導き出されうるのかは，これまで必ずしも厳密には議論されてこなかったように思われる。その問題に取り組むに際しては，まず，承認概念を明確にすることが不可欠である。ここでは，最近の有力な傾向に従って，国家承認を，所与の団体が国際法主体たる国家の成立要件を充足している（当該団体が国家として成立している）旨の判断を既存の国家が表示す

ること,として捉えることにする。そのうえで,国際社会の分権性を意識すると,先ほど指摘したように,承認は国際法主体たる国家の成立要件に関する国際法規範を具体的なケースに適用する行為の一環にほかならないことになる。そのことを前提にして論じると以下のようになるように思われる。つまり,国家実行上は,既存の国家は,ある団体が新国家として独立を宣言する場合であっても,それに直接に関わる意思がないかぎり,承認問題に取り組む――当該団体が国家の成立要件を満たしているかどうかを検討し,満たしていると判断したならばそれに従った行動(明示的承認,黙示的承認など)をする――法的義務を有しない,と解される。上記の命題から引き出すことができるのはここまでである。これに対して,既存の国家は当該団体に直接に関わる意思があるときには,承認問題に取り組む法的義務がある,と解すべきである。このことは,国家承認は国家の成立要件に関する一般規範の具体的なケースへの適用行為の一環である,ということから必然的に生じる帰結であるように思われる。というのは,そのような場合にも既存の国家は承認問題に取り組む法的義務がないということになると,国家の成立要件に関する法規範の存在意義がほとんどなくなってしまうからである,と。「『早尚の承認』を回避すべき義務」や「新国家に対してその政治的存在を尊重すべき一般国際法上の基本的な義務(新国家の領土保全・主権独立の尊重,武力不行使に関する義務など)」[30]も上記のような観点から理解されるべきであろう。

4 おわりに

以上,最近のわが国の国際法学における承認論を,国家(政府)承認の法的意義・効果,国家(政府)承認の法的義務との関連で分析・検討してみた。以下にはその要約的な考察を試みておこう。

承認論について論評するに際しては,議論の混乱を避けるために,まず,承認という言葉のもとに何を理解するのかを明らかにすることが必要である。これまで承認概念については必ずしも一致した理解が示されてこなかったからで

ある。国家承認論を手掛かりに，承認概念を検討してみるとつぎのようになろう。

かつては，既存の国家が新たな政治的実体に国際法主体たる国家の資格を付与する行為を国家承認として捉える，したがって国家承認を国際法主体たる国家の要件として捉えるという見解が有力であったが，今日ではそのような見解はもはや克服されたものとみてよい。今日において有力なのは，所与の政治的実体が国際法主体たる国家の要件を充足していること，即ちそれが国際法主体たる国家として成立していることを確認する行為として捉えるという見解である。本稿でとりあげた論者のすべても基本的にはそのような承認理解を採用しているように思われる。

そのように既存の国家が所与の政治的実体につき国際法主体たる国家の要件の充足を確認する行為を国家承認として捉えるとしても，そのような行為は国際社会においてどのような意味をもつのか，が問題となる。そのような行為を国際社会の分権的構造のなかに位置づけると，つぎのような説明になろう。

規範的体系としての法秩序は一般規範において特定の要件に特定の効果を当為によって結びつけているので，両者を因果必然によって結びつけている自然法則の体系とは異なり，所与のケースにその効果を実現するためには，要件事実の存否を決定する人間の意思行為を不可欠とする。国内法秩序においてはそのような意思行為を統一的に行う機関（例えば裁判所）が設置されており，その機関が要件事実の存否の認定を統一的に行う。ところが一般国際法秩序においては，そのような統一的な機関が存在しない。したがって，一般規範の所与のケースへの具体的適用（要件事実の認定）は既存の関係国に委ねられているということにならざるをえない。このような国際社会の分権的構造を顧慮すると，既存の関係国が所与の政治的実体について，国際法主体たる国家の要件を充足している旨の判断を示すことは，権限ある機関が一般規範を個別・具体的なケースに適用する行為（要件事実の有権的認定）という意味を有することにならざるをえないのではなかろうか。そうとするならば，国家承認は分権的構造の国際社会においては権限ある機関による国際法主体たる国家の要件の充

足の認定という意味をもたざるをえない[31]。その意味でそれは国内裁判所による要件事実の認定と同じ性格を有することになり，その結果，同じ効果（既判力）——承認国は以後当該政治的実体の国家性を否定できない，当該政治的実体の国家性は承認国との関係で確定するという効果——をもつことになる。もっとも，そのように国家承認が国内裁判所による事実認定と同じ性格と効果を有するとしても，その効果は，国際社会の分権性のもとでは，承認国との関係でのみ生ずるということにならざるをえない。このようにみてくると，国家承認は，法的には意味のない行為なのではなく，国内裁判所による要件事実の認定と同じような意味で法的行為を構成する，ということになろう。

　既存の国家は，ある政治的実体が新国家として独立を宣言する場合であっても，それに直接に関わる（その国家性に直接に触れるような行為をする）意思がないかぎり，承認問題に取り組む法的義務を有しない，と解される。それが国家実行に合致すると思われるからである。これに対して，既存の国家は当該政治的実体に直接に関わる意思があるときには，承認問題に取り組む法的義務がある，と解すべきである。このことは，国家承認は国家の成立要件に関する一般規範の具体的なケースへの適用行為の一環である，ということから必然的に生じる帰結であるように思われる。というのは，そのような場合にあっても既存の国家は承認問題に取り組む法的義務がないということになると，国家の成立要件に関する一般規範の存在意義がほとんどなくなってしまうからである。

　そこから，いわゆる未承認国家の法的地位についても一定の結論が出てくる。既存の国家がまだ承認を与えていない政治的実体一般を未承認国家と呼ぶならば，そのような未承認国家にもさまざまな場合がありうる。例えば，既存の国家が当該政治的実体につき国際法主体たる国家の要件の充足を意識してはいるが種々の理由からして当面のところ当該政治的実体に直接に関わる意思がないので承認という行動にでていない場合である。この場合には，当該共同体の国家性が既存の国家との関係で法的にはまだ未確定であるが，そのことは必ずしも既存の国家が当該政治的実体に直接に関わる際にそれを国家として扱わ

なくてもよいということを意味しない。当該共同体に直接に関わる意思があるときには，既存の国家は国際法主体たる国家の成立要件に関する一般規範を所与のケースに誠実に適用すべきことになる。その適用行為の一環が承認であり，それによって当該政治的実体の国家性が既存の国家との関係で法的に確定することになる。他方，既存の国家が当該政治的実体につき国際法主体たる国家の要件をまだ満たしていないと考えて承認していない，又は承認しないという態度を示した場合には，既存の国家は当該政治的実体を国際法主体たる国家として扱ってはならないということになる。

1) See J. Crawford, *The Creation of States in International Law*, 2nd (2006), p. 25.
2) 拙稿「外国の国際法学における国家承認論」法学新報 117 巻 1・2 号（2010 年），1 頁以下及び 'State Recognition in international Law: A Theoretical Analysis,' in: *Future of Comparative Study in Law*: The 60th Anniversary of the Institute of Comparative Law in Japan, Chuo University (2011), p. 115 et seq. を参照。
3) 小松一郎『実践国際法』（2011 年）70 頁。
　　波多野里望「国家承認」『国際関係法辞典（第 2 版）』（2005 年）所収 384 頁も，創設的効果説と宣言的効果説について，「これら二つの対照的な学説には，それぞれ一長一短があり，どちらもきめ手とはなりにくい」とのべる。
4) 小寺彰（ほか）『講義国際法（第 2 版）』（2010 年）134 頁。
5) 同 135 頁。
6) 小寺「国家の成立」法学教室 253 号（2001 年）130 頁。
7) 同 129-130 頁。
8) 同 129 頁。
9) 小寺（ほか）・前掲 135 頁。
10) 同 137 頁。
11) 小寺・前掲 133 頁。
12) 前掲拙稿・法学新報 117 巻 1・2 号 37 頁以下などを参照。
13) 杉原高嶺『国際法講義』（2011 年）194 頁。
14) 同 198 頁。
15) 同 200 頁。
16) 同 201 頁。
17) 同 202 頁。

18) 拙稿「わが国の国際法学における国家承認論（2・完）」法学新報 108 巻 2 号（2001 年）14 頁以下を参照。
19) 杉原・前掲 199 頁。
20) 同 220 頁。
21) 同 212-213 頁。
22) 前掲拙稿・法学新報 117 巻 1・2 号 11 頁以下を参照。
23) なお，これまではほとんどすべての学説はケルゼンの見解をつぎのように捉えてきた。つまり，彼の見解のもとでは国家承認は結果的には伝統的な創設的効果説と同じように国際法主体たる国家を成立させることになる，と。しかしそれは誤りであるという点については，拙稿「国家承認における『創設的効果説』」法学 59 巻 4 号（1995 年）23 頁以下，拙稿「On Kelsen's View Concerning Recognition of States」比較法雑誌 36 巻 4 号（2003 年）1 頁以下，前掲拙稿・法学新報 117 巻 1・2 号 11 頁以下を参照。
24) H. Kelsen, 'Recognition in International Law', *AIJL* (1941), pp. 605-608.
25) Ibid., p. 605.
26) 小寺・前掲 130 頁。
27) その点については，前掲拙稿・法学新報 117 巻 1・2 号 7 頁以下を参照。
28) 杉原・前掲 213 頁。
29) 山本草二『国際法（新版）』（1994 年）177 頁。
30) 同 177 頁。
31) このような仕方で承認を国際社会の分権的構造のなかに位置づけたのはケルゼンであり，彼の承認論への寄与はそこにあるように思われる。前掲拙稿・比較法雑誌 36 巻 4 号 22 頁を参照。

　ちなみに，国際社会の分権性を意識したうえで，国家承認を，所与の政治的実体について国家要件の充足を有権的に認定する行為として捉えるという立場は，最近のわが国の文献の一つたる小松・前掲 69 頁においてもつぎのように明確に示されている。つまり，「国際社会においては，一定の政治的実態を備えた団体がこのような［国家の］要件を充たしたか否かを有権的に認定する中央権力は存在しないので，このような認定は個々の既存の国家が行わざるを得ない。これが『国家承認（recognition of States）』の制度である」，と。さらに，波多野・前掲 384 頁も同様な立場を示している。

第4章
再考・国家承認論

1 はじめに

　筆者は以前にわが国における国家承認論を分析し，国家承認の意義について論じたことがある。「わが国の国際法学における国家承認論 (1)(2・完)」[1]（以下には旧稿と略記する）である。最近，それに対して批判的に言及する文献[2]が登場している。本章は，当該批判的文献を検討しつつ，旧稿の内容をもう一度吟味することを目的とする。まず，筆者が旧稿において展開した議論の主なものを要約的に整理・紹介し，且つその内容についてときとして解説を施すということが試みられる。これは，上記の批判的文献を読むかぎり，旧稿の説くところが必ずしも十分には理解されていないことに気づいたことによる。また，その作業により上記の批判的文献の的確な論評も可能になるように思われる。ついで，そのような作業をふまえつつ，上記の批判的文献における旧稿批判が適切かどうかを検討してみたい。

2 旧稿の要約と解説

　旧稿は，まず，創設的効果説についてつぎのようにのべている。

　「これまでわが国においてひとしく創設的効果説といわれてきたものであっても，国家承認という行為をどのようなものとして捉えるのかという点からして，まったく異なる二つの立場が存在する」。即ち，「国家承認を国際法

主体の成立要件として理解する立場」[3]たる古い創設的効果説と,「国家承認を,国際法主体の成立要件の充足を有権的に認定する行為であるとして捉え」る立場[4]たる近時の創設的効果説である。両説はいずれも国家承認の創設的効果について語っているが,「国際法主体の成立要件としての行為と,その成立要件の充足を有権的に認定する行為は法的には次元を異にするまったく別個の行為であって,法的効果についても同一レベルで論じられるべきものではない」[5]。

そのうえで,旧稿は,近時の創設的効果説についておよそ以下のような指摘を行っている。
第一に,近時の創設的効果説はその理論的前提から生ずる帰結を十分に理解していないままに展開されているのではないのか,したがって自説と古い創設的効果説や宣言的効果説との異同を十分に理解していないのではないのか,という問題点である。旧稿はつぎのようにのべている。

　近時の創設的効果説と宣言的効果説は,「国家承認は所与の共同体が国家（国際法主体）である旨を確認し宣言するものであり,国家（国際法主体）の成立要件それ自体ではない,という根本的な点で一致しており,単に国際社会の分権的構造のもとでの有権的認定という観点を視野に入れるか否かという点においてのみ相違を示すにすぎないので,真の意味で対立するものではない。実際にも,最近において宣言的効果説の論者のなかから比較的近時の創設的効果説の承認理解と同じようなものを示すものが現われてきている」[6]。「国際法における国家の成立を説明するにあたり,国家の要件を定める国際法規範の内容のみに着目するのか,要件充足の認定に関する有権的機関の介在をも視野に入れるのかは,説明の仕方についての単なる視点の相違にすぎないのであり,具体的な結果において必然的な相違を示すものではない」[7]はずであるが,近時の創設的効果説の論者は「両説の間に具体的な結果に関する相違が生じると考えて,宣言的効果説が従来の創設的効果説に加

える批判を強く意識する」[8]。その結果，例えば「対外主権の一部が制限されてはいるが，対内主権を完全に享有している」「デ・ファクト―国家」なる「法的地位を認めることにより，『伝統的な創設的効果説に対する批判としてあげられていた未承認国家に対する法的保護の欠如すなわち侵略すらも適法に可能であるという非難が……除去されることにもなる』」[9]と考えて，「具体的結果の妥当性の観点からも創設的効果説を維持しうるものとみなす」[10]。

近時の創設的効果説は，それが古い創設的効果説のように国家承認を国際法主体の成立要件（国家が国際法主体になるための要件）として捉えることなく，国家承認を国際法主体たる国家の成立要件の充足を有権的に認定する行為として捉えているが，そのことを意識するならば，国家承認の効果については，古い創設的効果説と同じような創設的効果を主張しえないということに気づくはずである。国際法主体の成立要件としての行為と，その成立要件の充足を認定する行為は法的には次元を異にするまったく別個の行為であって，法的効果についても同一レベルで論じられるべきものではないからである（この点については後述する契約の成立に関する例における，異なる意思表示の合致とそれの有権的認定のことを考えればわかりやすいかもしれない）。そのことを自覚しておれば，近時の創設的効果説は，宣言的効果説が古い創設的効果説に加える批判を自説との関係で強く意識することはなかったはずである。つまり，たとえ宣言的効果説から「伝統的な創設的効果説に対する批判としてあげられていた未承認国家に対する法的保護の欠如すなわち侵略すらも適法に可能であるという非難」が投げかけられても，近時の創設的効果説はつぎのように答えることで十分であったはずである。つまり，自説は宣言的効果説と同じように国家承認を国際法主体の成立要件とはみなしていないので，自説にはそのような批判はあたらない。自説のように国際社会の分権的構造を意識して国家承認を国際法主体たる国家の成立要件の充足を有権的に認定する行為として捉えるならば——そしてそのような行為は宣言的効果説が念頭においている国家

承認のなかにも含まれているはずである——，その法的効果は，国内裁判所の要件事実認定の効果に鑑みると，所与の被承認共同体の国際法主体性を承認国との関係で確定するということになる。それを創設的効果とよぶこともできるが，その言葉の意味は古い創設的効果説の説くものとは根本的に異なる，と。ところが，先にもみたように，近時の創設的効果説の「論者は，国家承認を国際法主体の成立要件として捉える創設的効果説に対して加えられる批判——国家の要件を満たす共同体であっても承認されるまでは国際法主体として存在しないことになり，その法的保護と責任の点で不当な結果が生ずるという批判——がそのまま自己にもあてはまると考え，その批判の射程距離を極力狭めるべく，完全なる国際法主体たる国家という法的地位のほかに，限定された国際法主体たる未承認国家又は『デ・ファクトー国家』なる法的地位が存在する旨を指摘する」[11]。しかし，近時の創設的効果説の前提からいかにしてそのような態度が生じうるのか，筆者には理解が困難である——近時の創設的効果説の国家承認概念に立脚しつつ，古い創設的効果説が説くのと同じ法的効果を唱えることは，論理的に不可能なはずである——。けれども，そのような態度又はそのような創設的効果理解が近時の創設的効果説の特徴の一つとなっているので，近時の創設的効果説はそのような特異な見解として紹介されることにならざるをえない。いうまでもなく，ここでは，完全な国際法主体たる国家のほかに，限定された国際法主体たる国家としての「デ・ファクトー国家」などという法的地位を認めることに異論が唱えられているのではない。限定された国際法主体たる国家としての「デ・ファクトー国家」などという法的地位を認めるかどうかという問題は，宣言的効果説をとるべきか近時の創設的効果説をとるべきかという問題とは別の次元にある，ということが指摘されているのである。換言すれば，宣言的効果説と近時の創設的効果説は，それらの承認概念の定義——それによると承認は国際法主体の成立要件ではなく，その充足を認定する行為にすぎない——と国際社会の分権的構造からすれば，説明の仕方が異なるとしても，具体的な結果の点において異ならないはずなのである。このことは，国内法上のつぎのようなケースを考えれば，よく理解できるであろう。

伝統的法律学においては例えば契約の成立は一般につぎのように記述又は説明されるのではなかろうか。つまり，契約は相対立する複数の意思表示の合致によって成立する（民法）。具体的な事案における当該成立要件の充足の認定は裁判所にゆだねられており，その認定たる確定判決は既判力を有する（民事訴訟法），と。これを，具体的な事件においては裁判所の認定のみが決定的・確定的であるという点を強調するという観点から，裁判所の確定判決は当該事件における契約の成立をもたらす，と記述又は説明することも不可能ではない（おそらくすぐ後にのべる Kelsen の立場がそうであるように思われる）。しかしいうまでもなく，そのような説明の仕方をしたからといって，契約の成立要件が変わるわけでもなく，また，裁判所の認定の仕方が変わるわけでも，その効果が変わるわけでもない。ここでは既存の法制度を作りかえることが問題となっているのではなく，既存の法制度を前提としたうえで，それをどのような観点から説明するのか，という単なる説明の仕方が問題になっているにすぎないからである。

　第二は，近時の創設的効果説が，上記のように，その理論的前提から生ずる帰結を十分に意識することなく，問題のある仕方で展開されているように思われるが，それは Kelsen の見解に関する Lauterpacht の不正確な理解に起因するのではないのか，という点である。旧稿はつぎのようにのべている。

　　「ケルゼンが1941年の論文において国家承認を国家要件の充足の認定として捉える立場を示し，そしてそのような国家承認につき創設的効果を語るにあたり，その真意を十分に敷衍しなかったこと，その結果ローターパクトがケルゼンの見解を伝統的法律学の立場から文字通りに理解して創設的効果説を展開したこと」が，わが国における近時の創設的効果説の上記のような問題点の「遠因をなしているように思われる」[12]。

　この論述は簡単すぎるので，以前の拙稿[13]をもとに少し敷衍しておこう。わが国における近時の創設的効果説の論者は，古い創設的効果説とは異なり，国

家承認を，国際法主体たる国家の成立要件の充足を有権的に認定する行為として捉えているが，その際に Lauterpacht や Kelsen の見解を引用している。確かに，一般に創設的効果説の論者とみなされている Kelsen や Lauterpacht は，そのような承認理解を明確にしていた。しかし，彼らの見解については若干注意を要するように思われる。その点についてのべてみよう。

　Kelsen は，1941 年の論文において，国際社会の分権的構造を強調しつつ，法的な意味における国家承認を国際法主体の要件としては捉えず，有権的機関による国家（国際法主体）要件の充足の認定として捉える[14]。それ故に，彼にとっては，国家承認は，裁判所による法的にレレヴァントな事実の認定と同じ性格を有することになる[15]。それでは，国家承認の法的効果はどのようになるのであろうか。

　国家承認の法的効果に関する Kelsen の論述によると，「法的行為たる承認によって，被承認共同体は承認国との関係で法的に成立させられ」，「それ故に法的行為たる承認は特殊的に創設的な性格 (a specifically constitutive character) を有する」[16]。彼のそのような表現を伝統的な法律学の立場——契約の成立や犯罪の成立などを有権的な事実認定のプロセスを視野に入れないで，いわば実体法の観点から説明する立場——から文字通りに受け取るならば，つぎのような結論が不可避となろう。つまり，Kelsen の見解は国家承認の法的効果については古い創設的効果説[17]——それによると承認は国際法主体の成立要件である——と同じである，と。実際にも，そのような Kelsen 理解はこれまで一致して認められてきたところである。しかし，それでは Kelsen は要件事実の効果と要件事実の有権的な認定の効果とを混同していることになる。彼ほどの優れた学者がそのようなことをするであろうか。そうではないであろう。事実，1945 年の彼の著書[18]は，上記のような支配的 Kelsen 理解が正しくないということを示す。Kelsen が契約の成立や犯罪の成立などについて語るときに主として念頭においているのは，実体法上の一般規範そのものではなく，それの特定の事案への適用，即ち裁判所による事実認定なのである。彼は，法の世界においては有権的事実認定のみが決定的・確定的である旨を強調する。そして彼

は，このことを「いくぶん逆説的に強調した仕方で」定式化すれば，要件事実を認定する有権的機関は「この事実を法的に『創設する』といえるであろう」，とのべる。また，それに続いて彼は，法的手続きを通じてなされる事実認定の機能はつねに「特殊的に創設的な性格（a specifically constitutive character）を有する」と説くのである。このようにみてくると，1941年のKelsenの論文における国家承認の法的効果に関する論述，即ち「法的行為たる承認によって，被承認共同体は承認国との関係で法的に成立させられ」，「それ故に法的行為たる承認は特殊的に創設的な性格（a specifically constitutive character）を有する」という表現も，伝統的法律学の立場から文字どおりに受け取るわけにはいかないということになろう。彼がいいたかったのは，伝統的な法律学の立場からいえば，国際法主体たる国家の成立要件の充足を認定する国家承認は被承認共同体の国際法主体性を——承認国との関係で——決定的・確定的ならしめるという効果（一種の既判力）をもつということである。換言すれば，彼は，古い創設的効果説とはまったく異なり，国家承認が国際法主体の成立要件としての効果を有する旨を説いているのではないのである（その意味では彼の見解は宣言的効果説——それは有権的な事実認定が決定的・確定的な効果を有することまで否定するものではないように思われる——と本質的に相容れないものではない）。そうであるが故に，彼は，国際法主体たる国家の成立に関する彼の旧説——それは宣言的効果説といえるようなものであった——を上記のような説明に変更するにあたって，宣言的効果説による古い創設的効果説批判をまったく気にかけることがなかったのである[19]。

　このようにKelsenは，国家承認を——古い創設的効果説とはまったく異なり——国際法主体の成立要件としてではなく国家（国際法主体）の成立要件の充足の認定行為であるとして捉えたうえで，国家承認に，所与のケースにおける当該成立要件の充足を承認国との関係で決定的・確定的にするという効果を認めた。その際に，彼は，伝統的法律学の立場から離れて彼特有の観点から，独自の表現で国家承認の法的効果を説明したが，それについては，他の人の誤解を招くことのないように十分な断り書きをしておくということをしなかっ

た[20]。おそらく，このことが原因で，多くの人は彼の見解を誤解してしまったように思われる。例えば，Lauterpacht は，Kelsen の国家承認の定義をそのまま受け継ぎながらも[21]，Kelsen とは異なり，国家承認によって被承認共同体は国際法主体になるという，古い創設的効果説と同じような法的効果を説くのである[22]。彼によると，「承認は新国家の国際的権利義務を創設する」・「承認は既存の物理的事実を宣言するものであるが，新国家の国際人格を創設する」[23]。それについては，このような表現はケルゼンのように伝統的な法律学の立場から離れた特殊な観点からなされているのではないか，と一応疑われうるが，そうではない。Lauterpacht は，Kelsen とは異なり，宣言的効果説による古い創設的効果説批判が自分の創設的効果説にもあてはまると考えて，その批判への反論を試みる。創設的効果説によると，まだ承認を受けていない国の領土に対しては侵略可能になり，また，戦争の場合には交戦法規を無視した形でそのような国を扱うことが可能になる，などという批判に対して，Lauterpacht は，現実にはそのように危惧される事態は創設的効果説にとってそれほど致命的なものではない（彼の創設的効果説のもたらす具体的結果の不都合はそれほど大きくない）旨を強調する[24]。これは彼が古い創設的効果説と同じような意味での創設的効果を前提にしていることを意味するのではなかろうか。実際にも，外国における Lauterpacht 批判の多くもそのような理解に基づいている。しかし，彼が Kelsen と同じ承認概念に立脚している点を考慮に入れると，彼のそのような態度は理解困難なことになるのではなかろうか。

　この Lauterpacht の問題点をそのまま受け継いだのが，わが国における近時の創設的効果説であるように思われる。近時の創設的効果説は，Lauterpacht と同様に，国家承認を国際法主体の成立要件としては捉えておらず，国家（国際法主体）の成立要件の充足を認定する行為として捉えているにもかかわらず，宣言的効果説からの古い創設的効果説批判が自説にもあてはまると考えて，その対応に取り組むからである。

　第三は，近時の創設的効果説が国際法主体たる国家の成立について語る際の視点は，伝統的法律学とは異なるのではないのか，同説においてはそのことが

明確に自覚されているのであろうか，という点である。旧稿はつぎのようにのべている。

　宣言的効果説と近時の創設的効果説は，単に，「国家の成立を説明するにあたり，……国家の成立要件を定める一般規範の内容のみならずその具体的適用の場面における有権的な認定機関の介在をも視野に入れる」——「いわば手続法的観点から説明しようとする」——のか，それとも「国家の成立要件を定める一般規範の内容のみを念頭におく」——「いわば実体法的観点から国家の成立を説明しようとする」——のか，という点において相違を示すにすぎない[25]。そして，そのいずれの観点に立脚するのかは，「法秩序における法規の定める法律効果の発生をどのように説明すべきであるのか，という一般論に還元される問題」であるが，「その点に関する伝統的法律学の立場は，有権的機関の認定（手続法的観点）を視野に入れないで，いわば実体法的観点からのみなされていたように思われる。例えば，契約は申込と承諾により成立するとか，窃盗は他人の財物を窃取することにより成立するとか記述するのであって，契約の成立や窃盗の成立はその要件事実の存在を認定する判決によってはじめて成立するとは記述しないのではなかろうか。このような伝統的法律学の立場から，しかも国家承認を国家要件事実の存在の有権的な認定とみる観点から国際法主体（国家）の成立を記述するとつぎのようにでもなろうか。つまり，共同体が永続的住民，一定の領域，政府などの国家の要件を備えるときには国際法主体（国家）として成立する。そしてそれを確認して宣言する国家承認は承認国との関係で当該共同体の国際法主体（国家）性を確定的又は決定的なものならしめるという法的効果（既判力）を有する，と。ちなみに，そのように国家承認は国際社会の分権的構造のもとでは国際法主体（国家）の要件事実の認定という意味を有するので，国際法主体（国家）の成立に関する国際法上の一般的規範を所与のケースに具体的に適用するプロセスの一環をなすといえる」[26]。

ここでは，伝統的法律学は「法秩序における法規の定める法律効果の発生」（例えば契約の成立など）については，有権的機関の認定（手続法的観点）を視野に入れないで，いわば実体法的観点から説明していたのではないのか，したがって国際法主体たる国家の成立についても，伝統的法律学の立場からすれば，要件事実の有権的な認定たる承認を視野に入れないで説明することになるのではないのか，という問題が提出されている。もちろん，いうまでもなく，伝統的法律学の立場から説明することのみが正しいということを主張しているのではない。ここでは「説明の仕方についての単なる視点の相違」[27]が問題となっているだけであって，国際法主体たる国家の成立要件の充足の有権的な認定をも視野に入れて国家の成立を説明するという，伝統的な法律学とは異なる説明の仕方も十分に可能なのである。そして，いずれの説明の仕方をとっても具体的な結果の平面において相違を生ぜしめることにはならないはずである（国内法上の契約の成立に関する前述したところを参照）。しかし，もし伝統的な法律学とは異なる説明の仕方でもって国家の成立を説明しようとするならば，「同様な説明の仕方を他の事項（契約の成立や窃盗罪の成立など）にも押し及ぼさないと一貫しないことになるということ」[28]に留意すべきである。近時の創設的効果説は——それが古い創設的効果説と同じような意味での創設的効果を念頭においているという問題を含んでいることは別として——そこまで自覚しているのであろうか。ちなみに，そのような立場を自覚的に展開したのはケルゼンであるように思われる。

3 最近の批判

以上にみたような内容の旧稿に対して，近時の創設的効果説の立場に立脚する論者から反論が展開されている。以下には，反論の対象となっていると思われる旧稿の論述を紹介しつつ，反論の内容の主なものを吟味してみよう。

第一に，旧稿のつぎのような論述が批判の対象にされている。

「広瀬教授の国家承認理解との関連で，つぎのような疑問にぶつかる。つまり，広瀬教授にあっては国家承認は国際法の定める国家の要件そのものではなく，当該要件が所与の団体に関して充足されている旨を認定する行為にすぎないもの，したがって国内法秩序における『裁判所が法令を適用する行為と同じ手続的性質をもつ』にすぎないものであったが，そのような行為が何故に国際法主体たる国家を創設するといえるのか，と。例えば，不法行為については民法709条が定める要件たる『故意又ハ過失に因リテ他人ノ権利ヲ侵害シタ』という事実があればそれだけで成立し，窃盗罪については刑法235条が定める要件たる『他人の財物を窃取した』という事実があればそれだけで成立するのであって，裁判所の判決によって成立するのではない。これが一般になされる説明なのではなかろうか。これに対して，広瀬教授の論法からすると，上記の要件事実が存在するだけではまだ不法行為又は窃盗罪は成立せず，その存在を確認する判決によってはじめて不法行為又は窃盗罪が成立することになる。それでは，何故に広瀬教授はそのような説明をしなければならないのであろうか。また，より根本的に，一般の説明と広瀬教授の説明は具体的な結果において広瀬教授が考えているように相違を示すものであろうか。これらの点について広瀬教授は特別な説明をしていない」[29]。

そこでは，国家承認を国際法主体の成立要件そのものではなく，それの充足を有権的に認定する行為——それは広瀬善男教授によると「裁判所が法令を適用する行為と同じ手続的性質をもつ」[30]——として捉える場合に，何故にそのような行為が国際法主体たる国家を創設すると説明するのか，そのような説明の仕方は伝統的な法律学とは異なる視点からのものなのではないか，という趣旨がのべられているのである。それとの関連で，国内法における不法行為や窃盗罪の成立と裁判所の判決との関係に関する「一般になされる説明」が引き合いに出されている。

上記の箇所についての広瀬教授の見解はおよそつぎのようである。

「分権国際社会では,『承認』制度上でも各主権国家の排他的(独占的)な承認権限の行使が認められている(最終的には認定権,承認権を統一的に行使する有権機関は,国際社会には存在しない)から,承認の効果は(デ・ユーレ承認でもデ・ファクト承認でも,いずれについても)分立的に発生することは避けられないのである。この分権社会の特色を無視すると,多喜論文のような単純な結論が導きだされてしまうのである。主権並存の国際社会では,こうした手続面での事実認定の効果が極めて重要で,『承認』法制でこの検討を捨象すれば議論として成り立たないと言ってよいのである」[31]。

その広瀬教授の論述についてまず指摘されるべきなのは,筆者の上記の論述が「単純な結論」を導き出しているとだけのべられていて,どの部分に関してどのように反対するのかが具体的に示されていない,という点である。同教授においては国際法主体たる国家の成立要件の充足を認定する国家承認——それは同教授によると「裁判所が法令を適用する行為と同じ手続的性質をもつ」——が「国際法主体たる国家を創設する」とされている,という個所が問題視されているのであろうか。もしそうとするならば,つぎの点を指摘しておきたい。つまり,広瀬教授は国家承認が「新国家に国際法団体への加入を認め,ここで法主体としての完全な地位,権利義務を創設するという意味をもっていた」[32]とのべ,新国家の実効的成立という事実が国家承認によって「法的な意味づけを与えられ,その結果権利義務の帰属者としての地位を与えられる」[33]とのべ,さらに「創設的効果説は理論的に充分な根拠をもつだけでなく,歴史的実証性をももつものである」[34]とのべていたはずである。また,同教授は「創設的効果説では,国家や政府は外国の承認行為があってはじめて国際法上の主体となり,権利義務を認められる」が,「創設的効果説にかなりの根拠があることは疑いない」とのべた後に,上述のように宣言的効果説による古い創設的効果説批判が自説にもあてはまると考えて,その対応に努力していた[35]のではなかろうか,と。

つぎに,同教授は,あたかも筆者が「分権社会の特色を無視し」,「手続面で

の事実認定の効果」の検討を「捨象」していて,「議論として成り立たない」ことを展開しているかのように,のべている。しかし,そのような論述に直面して,率直にいって筆者は当惑を隠せない。筆者は,かつて,Kelsen の国家承認論への寄与が「承認行為を国際法全体,即ち国際法秩序の分権的構造のなかに適切に位置づけた」ことにあると指摘したことがある[36]。そして,法的意味における国家承認のなかに国際法主体たる国家の要件の充足を有権的に認定する行為を見出した――それは国際社会の分権的構造を前提にしてはじめて可能である――うえで,国際法主体たる国家の要件の充足を有権的に認定する行為と国際法主体の成立要件たる行為の区別を強調しつつ,広瀬教授の議論の問題性を指摘したのは旧稿であったのではなかろうか。さらに,筆者は国家要件事実の存在の有権的な認定たる国家承認が国際法主体たる国家の成立との関係でどのような意義を有するのかという問題について,まさしく要件事実認定の効果に焦点をあわせて伝統的法律学の立場からの説明を試みていたはずであるし[37],また同時に伝統的法律学とは異なる観点からの説明についても Kelsenの見解の分析を通して明らかにした[38]はずである。先ほど当惑を隠せないといったのは,このことによる。

「分権社会の特色」や「手続面での事実認定の効果」ということとの関連でいえば,筆者は旧稿において,広瀬教授が国際社会の分権的構造に由来する自己の理論的前提を十分に意識しないで議論をしているのではないのか,という問題点を指摘したつもりである。つまり,国家承認を要件事実の存在の有権的な認定とみる立場に立脚しながらも,国家承認を国際法主体の成立要件そのものとみなす古い創設的効果説が語るのと同じような創設的効果を説く――したがって宣言的効果説からの批判を少しでも回避するためにデ・ファクト国家という法的地位を想定する――という広瀬教授の議論は問題を含むのではないのか,と。筆者がいいたいのは,要するに,こうである。つまり,第一に,同じ事態を伝統的な法律学とは異なる特殊の立場から記述し直すにすぎない場合には,その点についての何らかの説明をする必要があるが,ときとしてその説明を十分にしないままに記述し直すことによって,議論の混乱を引き起こす(こ

れは広瀬教授の国家承認理解の源流の一つである Kelsen についていえる）こ とがありうる。第二に，同じ事態を伝統的な法律学とは異なる特殊の立場から 記述し直すにすぎないにもかかわらず，そのことを十分に自覚しないままに記 述してしまい，論者自身があたかもそのような記述によって具体的な結果の平 面において相違をもたらすかのように誤解する（これは広瀬教授の国家承認論 の源流の一つである Lauterpacht についていえるのであり，且つ広瀬教授につ いてもいえる）ことがありうる。その点は，後ほどもう少し具体的にのべられ るであろう。ここでは，「主権並存の国際社会では，こうした手続面での事実 認定の効果が極めて重要で」あるということを指摘しただけでは，上記の問題 に対する十分な答えにはなっていないということのみを指摘しておきたい。

　第二に，拙稿のつぎのような論述も批判の対象とされている。

　「国家の成立要件をなす行為そのものではなくそれの存在を認定するにす ぎない行為によってはじめて国家が成立すると説明するのは，伝統的法律学 とは異なる説明の仕方ではないのか，その説明に立脚するときには同様な説 明の仕方を他の事項（契約の成立や窃盗罪の成立など）にも押し及ぼさない と一貫しないことになるということが意識されているのか」[39]。

　そこでも，先の第一の論述箇所の場合と同様に，国家承認を国際法主体の成 立要件そのものではなく，それの充足を有権的に認定する行為——それは広瀬 教授によると「裁判所が法令を適用する行為と同じ手続的性質をもつ」——と して捉える場合に，何故にそのような行為が国際法主体を創設すると説明する のか，そのような説明の仕方は伝統的法律学とは異なる視点からのものなので はないのか，そのことが自覚されているのであろうか，という趣旨がのべられ ているのである。そして，もしそのように伝統的法律学の視点とは異なる視点 から説明するのであるならば，それを国家の成立の問題のみに限定することで すますことはできず，契約の成立や窃盗罪の成立などの多くの問題もそのよう な視点から説明し直さなければならない——そうでないと論理一貫性を欠く

——という大事になってしまうが，そこまで考えたうえでの議論であろうか，と指摘されているのである。

上記の論述箇所については，広瀬教授はつぎのようにのべる。

「「伝統的法律学の説明が多喜氏の言う通りかどうかは別として」,「要するに『創設的効果説』による承認行為の説明を,『無』から『有』を生ぜしめる『打出の小槌』の類の便利な道具（承認国の武器）ではないか，と誤解したところに，多喜論文の錯覚の一因があるとみてよいであろう。つまり,『承認』付与の（個別国家による）『手続的』側面を無視する『宣言的効果説』の誤謬は既にみたところで明らかであるが，伝統的学説も含め拙論の言う『創設的効果説』は，多喜論文が批判するような単なる『手続論』ではなく，承認行為の前提として『国家・政府の成立要件』の充足状況の判断（事実認定）という作業の重要性を強調していることである。その点を見落としてはならない」[40]。

そこでは，筆者が上記の論述箇所においていわんとしたところのものが直接に批判されていないのではなかろうか。そのことは「伝統的法律学の説明が多喜氏の言う通りかどうかは別として」という言葉からも窺い知れる。

また，筆者が「『創設的効果説』による承認行為の説明を,『無』から『有』を生ぜしめる『打出の小槌』の類の便利な道具（承認国の武器）ではないか，と誤解し」ている，とのべている点——それは上記の論述箇所とは直接に関係しないように思われるが——については，そのいわんとしているところが筆者にはわかりにくいのみならず，具体的な論証もなされていないので，筆者としては先にのべたのと同じようなことを繰り返すしかない。つまり，広瀬教授の創設的効果説は，古い創設的効果説のように国家承認を国際法主体の成立要件の一つとして捉えることなく，国家承認を国際法主体たる国家の成立要件の充足を有権的に認定する行為として捉えているが，そのことを意識するならば，国家承認の効果については，古い創設的効果説と同じような性質の創設的効果

を主張することができないはずである。国際法主体の成立要件としての行為と，その成立要件の充足を認定する行為は法的には次元を異にするまったく別個の行為なので，法的効果についても同一レベルで論じられるべきものではないからである。ところが，広瀬教授は，宣言的効果説によって古い創設的効果説に加えられる批判が自己の創設的効果説にもあてはまると考えて，その批判を強く意識する。例えば，同教授は「創設的効果説では，国家や政府は外国の承認行為があってはじめて国際法上の主体となり，権利義務を認められる」が，「創設的効果説にかなりの根拠があることは疑いない」とのべた後に，「問題は承認前の新国家や政府の法的地位をどのように理解するかということである」とみなす。そのうえで，デ・ファクト国家なる法的地位を認めることにより「従来，創設的効果説の欠陥とされていた承認前の新国家や新政府の地位に空洞が生じていた理解の仕方」を「是正」することができる，即ち「伝統的な創設的効果説に対する批判としてあげられていた未承認国家に対する法の保護の欠如すなわち侵略すらも適法に可能であるという非難がこれによって除去されることにもなる」[41]と考えて，具体的結果の妥当性の観点からも創設的効果説を維持しうるものとみなすという態度を示しているのである。そのような問題のある理解が広瀬教授においては今日においても依然として維持されていることは，つぎのような論述からも窺い知れる。同教授がのべる。

「私は結論的には法律論（国際法論）としてみる限り，『創設的効果説』が『承認』制度の実証的な理解として的確な見方（説明の仕方）だと考えてきた。そして今もそうである。但し既に私の論文で詳細に検討したように，『デ・ファクト（事実上）承認』の法理を介入させることによってである」[42]。

そこでは，「デ・ファクト」国家なる法的地位，それ故に「デ・ファクト（事実上）承認」を認めること——これによって同教授は「従来，創設的効果説の欠陥とされていた承認前の新国家や新政府の地位に空洞が生じていた理解の仕方」を「是正」することができる，即ち「伝統的な創設的効果説に対する

批判としてあげられていた未承認国家に対する法的保護の欠如すなわち侵略すらも適法に可能であるという非難」を「除去」することができると考えていた――が、今日でも同教授の創設的効果説をとる際の条件とされている。しかし、同教授の承認に関する理解（定義）からすれば、国家承認の法的効果は「デ・ファクト」国家なる法的地位、それ故に「デ・ファクト（事実上）承認」を認めるか否かによって変わるべきものではないように思われる。

　また、筆者の上記の論述箇所に「錯覚」があるかのようにのべられているがそれはどの点についてであろうか。近時の創設的効果説が国家承認を国際法主体たる国家の成立要件の充足を認定する行為として捉えたうえで、国家承認「によってはじめて国家が成立すると説明する」という個所についてであろうか。もしそうとするならば、先ほどすでに反証したとおりである。

　さらに、広瀬教授の創設的効果説が「承認行為の前提として『国家・政府の成立要件』の充足状況の判断（事実認定）という作業の重要性を強調している」のであり、「その点を見落としてはならない」とされているが、それは、筆者が「その点を見落として」いるという趣旨であろうか。筆者の議論のどこにそのような「見落とし」があるのかについて具体的な論証がなされていないので、ここではさしあたり、つぎのようにのべるにとどめる。つまり、「『国家・政府の成立要件』の充足状況の判断（事実認定）」たる承認行為の重要性を認めることは、必ずしも、承認行為によって国際法主体たる国家が成立するという説明に直結しない、と。それは、例えば国内法において、契約はその成立要件の充足（相対立する複数の意思表示の合致）によって成立すると説明し、その成立要件の充足を認定する確定判決は既判力を有すると説明することが、必ずしも、当該判決の重要性を認めないということにはならないのと同様であろう。

　第三に、旧稿のつぎのような論述も批判の対象とされている。

「国家の成立を説明するにあたり広瀬教授の創設的効果説と宣言的効果説との間には、要件事実の存否に関する有権的認定をも視野に入れるのか否か

という点に起因する説明の仕方についての相違が生じうるにすぎず，具体的な結果について相違が生じないことになる」ように思われるが，「広瀬教授は両説の間に具体的な結果に関する相違が生じると考えて，宣言的効果説が従来の創設的効果説に加える批判を強く意識する」[43]。そこで，「広瀬教授は，『完全な国際法上の政治主体としての地位』たるデ・ユーレ国家のほかに，『対外主権の一部が制限されてはいるが，対内主権を完全に享有している法人』たる『デ・ファクトー国家』がある旨を指摘することにより，具体的結果の妥当性の観点からも創設的効果説を維持しうるものとみなす」[44]。「『デ・ファクトー国家』の要件を充足している旨の認定たる承認」が「デ・ファクトー承認なのであるが，国家承認に関する広瀬教授の論法からすると『デ・ファクトー承認についても創設的効果説の見方を正しいとせざるをえない』ことになる。そうとすると，広瀬教授が気にかけている『伝統的な創設的効果説に対する批判』がここでもあてはまるということになるのではなかろうか。つまり，たとえ『デ・ファクトー国家』の実体をそなえている団体であっても，既存の国家によって承認されないかぎり，国際法上はそのような法的地位を有しないままであるということになるのではなかろうか」[45]。

上記の引用文の最後の部分を取り出して，広瀬教授はつぎのようにのべる。

「デ・ファクト承認論でも創設的効果説をとる以上，どのような団体であれ『既存の国家によって承認されない限り，国際法上は法的地位を有さないことになるのではないか』（多喜……）というような素朴な疑問」は，「誤解」である[46]。

そこでは，「国家承認に関する広瀬教授の論法からすると『デ・ファクトー承認についても創設的効果説の見方を正しいとせざるをえない』ことになる」が，「そうとすると，広瀬教授が気にかけている『伝統的な創設的効果説に対する批判』がここでもあてはまるということになるのではなかろうか」という

ことを前提とした筆者の論述が,「誤解」とみなされている。ここで注意してもらいたいのは,筆者が「国家承認に関する広瀬教授の論法からすると」という限定句を用いている点である。その言葉は,国家承認に関する広瀬教授のつぎのような特殊な考え——筆者はそのような考えを正しくないと考えているが——をデ・ファクト国家の問題にも論理一貫して適用するならば,という意味である。つまり,国家承認に関して広瀬教授が創設的効果説を説く際に考えている「創設的効果」と古い創設的効果説が考えている「創設的効果」は意味内容において同じである——宣言的効果説による古い創設的効果説批判が広瀬教授の創設的効果説にもあてはまる——,と。筆者の主張は,そのような論法をデ・ファクト国家に関する承認にもあてはめれば,「たとえ『デ・ファクト―国家』の実体をそなえている団体であっても,既存の国家によって承認されない」——既存の国家によって要件充足の認定がなされない——「かぎり,国際法上はそのような法的地位を有しないままであるということになるのではなかろうか」,という趣旨である。それが「誤解」とされるのであれば,広瀬教授は,国家承認に関して自己の見解が説く「創設的効果」と「伝統的な創設的効果説」が説く「創設的効果」は意味内容において異なるということを説いてきた旨を具体的に論証すべきであろう。付言するに,もし国家承認とデ・ファクト承認はその性質やその「創設的効果」の意味内容において異なるということが考えられているのだとすれば,それでは筋がとおらないということになろう。その考えは,要件事実の有権的認定という同じ内容の行為が完全なる国際法主体たる国家の場合と限定された国際法主体たるデ・ファクト―国家の場合とではその性質や法的効果において異なる,という主張になるからである。筆者が上記のようにあえて「国家承認に関する広瀬教授の論法からすると」という限定句を用いているのは,そのような判断を前提としている。

　第四に,おそらくは旧稿のつぎのような論述も批判の対象にされているように思われる。

「国際法主体の成立要件の充足（要件事実の存在）を有権的に認定する行

為としての国家承認はどのような効果を有すると説明すべきであろうか。これは比較的近時の有力な創設的効果説と宣言的効果説に共通な課題であるように思われる。……そのような国家承認の効果については，国内社会において裁判所などの有権的機関がなす要件事実の存否に関する認定に認められている効果が参考になろう。その効果とは，有権的認定の後は所与の事案における要件事実の存否などにつき問題の蒸し返しを許さないという意味での既判力ではなかろうか。そのことを国家承認についていえば，所与の共同体を承認した国は，以後，当該共同体の国家性を問題にしてはならないことになる，換言すれば，承認国との関係で当該共同体の国家性は確定する，ということになろう。その意味において，国家承認について創設的効果を語ることができないわけではない。もっともその場合の創設的効果という言葉の意味は，従来の創設的効果説の場合のそれとは本質的に異なることになる」[47]。「宣言的効果説の論者のなかにも，国家承認に上記のような既判力といえるようなものを認める者が現われるようになっている」[48]。

これに対して，広瀬教授はつぎのようにのべる。

「国際法学説として『承認の撤回不可能論』（承認をいったん与えた国家は，新国家の一般国際法にもとづく主張＝国家性＝をもはや否定することができない）がある（多喜……）とされるが，実証的根拠を欠いている。デ・ユーレ承認の段階でも，デ・ファクト承認の段階でも，それが承認条件の成立（の認定）によって条件づけられている以上，その条件の喪失があれば（そうしてそう認定すれば），既存の承認の取消（撤回）は可能であるし，必要でもある。但し恣意的政治的取消しは許されない」[49]。

そこでは，あたかも筆者が国家承認の法的効果について，たとえ承認後に被承認国が国際法主体たる国家の成立要件を満たさなくなった（例えば実効的政府が消滅し近い将来その回復が期待されないという状態が発生した）ときにも

それを国際法主体たる国家として扱うべきである，ということ——それは実質的に国家の消滅を認めないことに帰着する——を説いているかのようにのべられている。「デ・ユーレ承認の段階でも，デ・ファクト承認の段階でも，それが承認条件の成立（の認定）によって条件づけられている以上，その条件の喪失があれば（そうしてそう認定すれば），既存の承認の取消（撤回）は可能であるし，必要でもある」という論述が，旧稿に対する批判というコンテクストにおいてなされているからである。しかし，筆者はそのようなことを説いていない。筆者は「問題の蒸し返しを許さないという意味での既判力」ということでもって，「所与の共同体を承認した国は，以後，当該共同体の国家性を問題にしてはならないこと」，「換言すれば，承認国との関係で当該共同体の国家性は確定する，ということ」をのべたが，それは，上記のような，実質的に国家の消滅を認めないことに帰着する極端な見解までも意味するものではない[50]。以前に承認を介して認定された国際法主体たる国家の要件事実がもはや存在しなくなったときには，その旨の認定が有効になされうる，ということは当然のことであろう。旧稿の上記の論述も，そのことを前提としてなされているのである。筆者が「宣言的効果説の論者のなかにも，国家承認に上記のような既判力といえるようなものを認める者が現われるようになっている」とのべる際に引用している，「承認した国家は，新国家の一般国際法にもとづく主張をもはや拒否することができない」とか「承認国はもはやその国家性を否定することができなくなる」とかのべる文献[51]も，まさか広瀬教授のような理解が登場してくるとは夢にも考えていなかったのではなかろうか。もしかしたら，広瀬教授は既判力という言葉が使用されていることから上記のような特殊な理解に至ったのかもしれない。しかし，民事訴訟法における既判力の時的限界といわれるものを考えれば，筆者が上記のような極端なことを考えていないことは明らかであろう。つまり，民事訴訟法においては，終局判決は事実審の口頭弁論終結時までに提出された事実に関する資料を基礎にしてなされるので，この時点において権利関係が認められるか否かの判断に既判力が生じるのであって，それ以後に権利が消滅したかどうかまで既判力によって確定されるわけではな

い，と考えられているのである[52]。

　ちなみに，広瀬教授は「承認条件の成立（の認定）によって条件づけられている以上，その条件の喪失があれば（そうしてそう認定すれば）既存の承認の取消（撤回）は可能であるし，必要でもある」とのべるが，厳密にいえば，この「既存の承認の取消（撤回）」という用語は問題を含むようである。例えば，広瀬教授の承認理解の源流の一つをなすと思われる Kelsen はつぎのようにのべている。つまり，事実の認定は取消（撤回）されえない。それは他の認定，即ち以前に認定された事実がもはや存在しないという認定によって取り替えられうるにすぎない[53]，と。

4　結　　　論

　以上，旧稿において展開された議論の主なものを紹介・解説した後に，それをふまえて，旧稿に批判的な文献の内容を吟味してみた。結論としては，旧稿に対する批判には理由がないといわざるをえないように思われる。以下には，その吟味の細目を要約するよりむしろ旧稿に基づきつつ筆者の主張の主なものを要約的に再確認しておきたい。

　これまでわが国においてひとしく創設的効果説といわれてきたものであっても，国家承認をどのようなものとして捉えるのかという点からして，まったく異なる二つの立場が存在する。即ち，国家承認を国際法主体の成立要件として理解する立場（古い創設的効果説）と，国際法主体たる国家の成立要件の充足を有権的に認定する行為として捉える立場（近時の創設的効果説）である。両説はいずれも国家承認の創設的効果を説くが，国際法主体の成立要件としての行為と，その成立要件の充足を認定する行為は法的には次元を異にするまったく別個の行為であることを考慮に入れると，その創設的効果といわれるものも同一レベルで語られるべきものではない。そのことを意識するならば，近時の創設的効果説は，古い創設的効果説と同じように創設的効果という言葉を使用していても，その内容が同じではないということに気づくべきであり，宣言的

効果説が古い創設的効果説に加える批判を自己の創設的効果説との関係で強く意識する——例えば「デ・ファクト」国家なる法的地位，それ故に「デ・ファクト（事実上）承認」を認めることを近時の創設的効果説をとるための条件とみなす——必要はなかったはずである[54]。そもそも近時の創設的効果説の承認概念から，それとまったく異なる承認概念に立脚する古い創設的効果説が説くのと同じ性質の法的効果を引き出すことは，無理なのではなかろうか。また，たとえ宣言的効果説から「伝統的な創設的効果説に対する批判としてあげられていた未承認国家に対する法的保護の欠如すなわち侵略すらも適法に可能であるという非難」が投げかけられても，近時の創設的効果説はつぎのように答えることで十分であったように思われる。つまり，自説は宣言的効果説と同じように国家承認を国際法主体の成立要件とはみなしていないので，そのような批判はあたらない。自説のように国際社会の分権的構造を意識して国家承認を国際法主体たる国家の成立要件の充足を有権的に認定する行為として捉えるならば——そしてそのような行為は宣言的効果説が念頭においている国家承認のなかにも含まれているはずである——，その効果は，国内裁判所の要件事実認定の効果に鑑みると，所与の被承認共同体の国際法主体性を承認国との関係で確定するということになる。それを創設的効果とよぶこともできるが，その言葉の意味は古い創設的効果説の説くそれとは根本的に異なる，と。上記の点を自覚することなく近時の創設的効果説が古い創設的効果説と同じような意味での創設的効果を語る——それは Kelsen の見解における彼特有の表現の仕方を文字通りに受け取った Lauterpacht の見解に影響されたことによるのではなかろうか——ので，何故に国際法主体たる国家の成立要件の充足を有権的に認定する行為がそのような効果を有することになるのであろうか，という問題が提出されうることになる。

　宣言的効果説と近時の創設的効果説は，国家承認は所与の共同体が国際法主体たる国家の成立要件を満たしている旨を確認する行為であり，国際法主体の成立要件それ自体ではない，という根本的な点で一致しており，単に，国際法主体たる国家の成立を説明する際に国際社会の分権的構造を意識したうえでの

有権的認定という観点を取り込むか否か——実体法的視点を中心に据えるのか，それとも手続法的視点を中心に据えるのか——という点においてのみ相違を示すにすぎない。したがって，両者は，真の意味で対立するものではないように思われる。そのことは後に触れる近時の宣言的効果説の動向からも知ることができる。上記のような承認概念を前提として，伝統的な法律学の観点から国際法主体たる国家の成立を記述すれば，つぎのようになるのではなかろうか。つまり，永続的住民，一定の領域，実効的政府などの国際法主体たる国家の成立要件が満たされるときには国際法主体たる国家が成立する，そして国家承認は所与の被承認共同体の国際法主体性を承認国との関係で確定する——当然のことながらそのことは以前に認定された事実がもはや存在しなくなったときにはその旨の認定が以前の認定に取って代わるということを排除するものではない——，と。近時の宣言的効果説も国家承認のそのような法的効果を認めつつあるように思われるが[55]，その効果は，国内法上の既判力に対応する性質のものとして捉えられるべきであろう。これに対して，Kelsen のように，法の世界においては有権的な機関による要件事実認定のみが決定的・確定的である旨を「いくぶん逆説的に強調した仕方で」定式化し，その一環として，国際法主体たる国家の要件事実の有権的認定たる国家承認によって国際法主体たる国家が成立する（又は創設される）と記述する——手続法的視点を中心に据えて国家の成立を記述する——ことも可能ではある。しかしその場合には，契約の成立や窃盗罪の成立などの問題もそのような視点から有権的認定たる判決によって成立する（又は創設される），と記述するのでなければ論理一貫しないということになろう。また，その場合の，成立する（又は創設される）という言葉の意味は実体法上の平面で使用されるそれとは異なり，手続法上の，確定するという言葉の意味に対応する，ということに注意すべきである。いうまでもなく，Kelsen のような記述の仕方をしたからといって，国際法主体たる国家の成立要件が実質的に変わることになるわけでもなく，また，当該成立要件充足の認定たる国家承認の仕方や効果が実質的に変わることになるわけでもない。ここでは既存の法制度をつくりかえることが問題となっているのではな

く，既存の法制度を前提としたうえで，それをどのような観点から記述するのか，という単なる記述又は説明の仕方が問題になっているにすぎないからである。したがって，どの記述の仕方を採用するかによって具体的な結果が異なるわけではないように思われる。

1) 法学新報 108 巻 1 号, 2 号（2001 年）。
2) 広瀬善男「国際法上の国家・政府の承認理論と日・中・台関係」法学研究 75 号（明治学院論叢 639 号）（2003 年）。
3) 法学新報 108 巻 2 号 32 頁。
4) 同 33 頁。
5) 同 34 頁。
6) 同 34-35 頁。
7) 同 24-25 頁。同 21 頁も参照。
8) 同 18 頁。
9) 同 19-20 頁。
10) 同 19 頁。
11) 同 33-34 頁
12) 同 38 頁の注（64）。
13) 拙稿「国家承認論における『創設的効果説』」法学 59 巻 4 号（1995 年）15 頁以下．H. Taki「On Kelsen's View Concerning Recognition of States」比較法雑誌 36 巻 4 号（2003 年）1 頁以下（特に 17-18 頁）。
14) H. Kelsen, 'Recognition in International Law', *AJIL* (1941), pp. 607-608.
15) Ibid., p. 608.
16) Ibid., p. 609.
17) 例えば L. Oppenheim, *International Law*, 3rd ed., vol. 1 (1920), p. 134.
18) H. Kelsen, *General Theory of Law and State* (1945), pp. 135-136.
19) See H. Kelsen, *Principles of International Law* (1952), p. 267 n. 50.
20) この点との関連において長尾龍一ほか編『新ケルゼン研究』（1981 年）3-4 頁を参照。
21) H. Lauterpacht, *Recognition in International Law* (1947), pp. 6, 67-68.
22) Ibid., pp. 6, 55, 74.
23) Ibid., p. 74.
24) Ibid., pp. 52-53.
　Lauterpacht が多少強引にいわゆる承認の義務を認めようとしたのも（Ibid., pp. 6,

32-33, 73-75），そのような観点から理解されるべきであろう。

　ちなみに，Lauterpacht もデ・ファクト承認を認めるが（Ibid., pp. 341, 345-346, 357），広瀬教授とは異なり，それを創設的効果説の弁護のために利用しないようである。その理由は，おそらく，彼が国際義務遵守の意思を国際法主体たる国家の要件とすることに消極的であること，及び実効的支配の要件なども「論争の主題」となりうると考えていること，に求められよう。Cf. ibid., pp. 45-50, 110-112, 170, 340.

25) 前掲拙稿・法学新報 108 巻 2 号 21 頁。
26) 同 37 頁。
27) 同 25 頁。
28) 同 39 頁。
29) 同 17-18 頁。

　筆者はかつて，近時の創設的効果説においては国家（国際法主体）の成立要件の充足を認定する行為たる「国家承認が何故に国家（国際法主体）を『創設』するといえるのかが必ずしも十分には説明されていない」（前掲拙稿・法学 59 巻 4 号 33 頁）旨，その説明がなされないと「伝統的な記述方法に立脚する多くの人々からは，上記の［近時の］創設的効果説は国家の要件事実そのものとそれの認定行為を混同しているのではないのか，という批判が出てくる恐れがあるのみならず，上記の創設的効果説は従来の創設的効果説と同じような不都合な具体的結果をもたらすのではないのか，という批判が出てくる恐れがある」旨（同 33 頁），そして「その場合の合理的な説明としては Kelsen の説明のほかは考えられない」旨（同 37 頁）を指摘したことがある。

30) 広瀬善男「国家承認及び政府承認の法構造 (1)」国際法外交雑誌 57 巻 4 号（1958 年）49 頁。
31) 広瀬・前掲法学研究 75 号 85 頁。
32) 広瀬・前掲国際法外交雑誌 57 巻 4 号 45 頁。
33) 同 39 頁。
34) 同 51 頁。
35) 広瀬善男「国家及び政府承認の法的効果」ジュリスト 300 号（1964 年）406 頁。
36) 前掲拙稿・比較法雑誌 36 巻 4 号 22 頁。
37) 前掲拙稿・法学新報 108 巻 2 号 35-37 頁。
38) 前掲拙稿・法学 59 巻 4 号 23 頁以下，及び 33 頁以下を参照。
39) 前掲拙稿・法学新報 108 巻 2 号 39 頁。
40) 広瀬・前掲法学研究 75 号 86-87 頁。
41) 広瀬・前掲ジュリスト 300 号 406 頁。
42) 広瀬・前掲法学研究 75 号 82 頁。
43) 前掲拙稿・法学新報 108 巻 2 号 18 頁。

44) 同 19 頁。
45) 同 20 頁。
46) 広瀬・前掲 法学研究 75 号 87 頁。
47) 前掲拙稿・法学新報 108 巻 2 号 35 頁。
48) 同 36-37 頁。
49) 広瀬・前掲 法学研究 75 号 88-89 頁。
50) ちなみに，筆者はかつてつぎのようにのべていた。つまり，「従来の承認理論からすると，承認がひとたびなされたならば所与のケースにおける国家又は政府の要件事実の存在が承認国との関係で確定し，その効果は，後に被承認国又は被承認政府が国家又は政府の要件を欠くに至ったというような事情変更のないかぎり，存続することになるはず」である，と。拙稿「光華寮事件と国際法上の承認（上）」法学 52 巻 3 号（1988 年）37 頁。
51) 前掲拙稿・法学新報 108 巻 2 号 36 頁，40 頁を参照。
　　同じような論述は外国の文献においても見られる。例えば，R. L. Bindschedler, 'Die Anerkennung im Völkerrecht', *BerDeGVR*, (1961), p. 11.
52) 新堂幸司『民事訴訟法』（1974 年）411 頁。
53) Kelsen (above, n. 14), p. 613.
54) むしろ，近時の創設的効果説からは，古い創設的効果説に対して，国家承認を国際法主体の要件とすることについて批判があってしかるべきであるように思われる。
55) 日本語の文献については拙稿法学新報 108 巻 2 号 36 頁に掲げてあるものを参照。また，植木俊哉『基本論点国際法』（1955 年）61 頁は，「『宣言的効果説』によれば」「『国家承認』とは，承認国と新国家（被承認国）との間での国際法上の関係を『確定』させる効果を有するに過ぎないと理解されることになる」とみなす。
　　外国の文献については，まず，J. L. Briely, *Law of Nations : an Introduction to the International Law of Peace*, 6th ed. (1963), pp. 138-140 が注目される。それは一方では，創設的効果説は国際法人格の相対性を認めるのみならず未承認国に国際法上の権利義務を認めない，と批判する。他方では，それは，国際社会の分権的構造を指摘したうえで，承認の主たる機能を「それまで不確かだったもの」を事実として確認することにもとめる。つぎに，Bindschedler (above, n. 51), pp. 2, 4, 11-12 である。それもまた，一方では，創設的効果説によると国際法人格の相対性が認められるのみならず未承認国に国際法上の権利義務が認められないことになる，と指摘した後に，国家の成立を単に必要な事実的要素のみに依拠させる。しかし他方ではそれは，国際社会の分権的構造を指摘したうえで，国家承認を要件事実の認定（真正の確認）として捉えつつ，承認国が承認した事実をもはや否定できなくなるという効果を国家承認に認める。もう一つあげておこう。J. J. A. Salmon, *La Reconnaissance d'État*

(1971), pp. 19, 22 である。当該文献は，Lauterpacht の創設的効果説によると承認は被承認事実をつくりだすことになるが，承認は事実の存在を確認するのであって，それをつくりだすのではないという意味で，宣言的性格を有する，と主張する。しかし他方では同文献は，承認は政治的に不確実な事態を終了させそれを明確な法的事態に置き換える，という意味での創設的効果を有する，とのべる。

　ちなみに，広瀬・前掲 法学研究75号82-83頁は「いわゆる『宣言的効果説』の根本的欠陥は，『国家・政府の成立条件が充足されたときに国家・政府は成立する』という，……同義反復的思考が根底にあることである」とみなす。そこでは，Lauterpacht (above, n. 21), p. 45 におけるのと同様に，宣言的効果説が「同義反復的思考」と評されている。しかし実体法のレベルにおいて契約などの成立要件を記すときには，それの充足によって契約などが成立するという趣旨であることはいうまでもない。宣言的効果説が，国際法主体たる国家はその成立要件——そのなかには承認が入らない——が充足されるときに成立する，とのべるときには，伝統的な法律学の観点から実体法レベルの議論をしているのではなかろうか。それを「同義反復的思考」として排除するならば，実体法レベルにおいてはどのように記述すべきことになるのであろうか。古い創設的効果説が国家承認を国際法主体の成立要件として捉えていたこととの関係で，宣言的効果説にあっては，国際法主体たる国家の成立要件が何であるのか（いかなる要件が充たされたときに国際法主体たる国家が成立するのか），という国際法上の（実体法レベルの）一般規範の問題に力点がおかれてきただけなのではなかろうか。はたして，宣言的効果説の立場では「法の適用の結果生ずる承認付与の具体的な効果はどのような形と内容で帰属する（している）のかの議論は不要となり捨象され」る（同83頁），と断定することができるのであろうか。

第5章
政府承認廃止論に関する覚書

1 はじめに

　本章は，最近において多くの人の注目を浴びるに至っている政府承認廃止論を批判的に分析することを，目的とする。

　筆者はかつて，国家承認の法的意義をめぐって長きにわたり展開されてきた論争を批判的に分析した結果，従来の議論がその理論的前提を明確に自覚しないままになされてきたので一種の仮象問題が生じている旨を指摘したことがある[1]。その際には，一般国際法においては国家の要件事実の存在に関する統一的な認定機関（例えば裁判所）が存しないので，それに関する認定が結局において各国に委ねられているという前提のもとで，それに関する各国の認定を承認として捉える立場が従来の議論において——明確な自覚があるか否かは別として——概ね採用されていたということも指摘された。そのような承認理解は，一般に国家承認と並行して論じられる政府承認についても採用されているものと思われる。つまり，政府承認とは，一般国際法においては政府の要件事実の存在に関する認定が各国に委ねられているという前提のもとでの，そのような政府の要件事実の存在の認定，即ち国際法上の政府の要件が充足されている旨の認定，ということになろう。そうとすれば，政府承認は，新政府の誕生の際にはつねに問題となるはずである。上記のような内容の政府承認とは，政府の成立要件に関する国際法規の具体的適用・実現の一環にほかならないのであり，それをぬきにしては，新政府と称するものに対していかなる態度をとるべきかが定まらないからである。このようにみてくると，政府承認を廃止する

などということは，少なくとも今日の一般国際法の構造を前提とするかぎり，理解できないものであるということになろう。

ところが，わが国では1985年に安藤仁介教授が政府承認廃止論に積極的な評価を認めた[2]。また，政府承認廃止論につき承認方式の「重点を『明示の承認』から『黙示の承認』に移すためのもの，と解するしかない」という同年の山本草二教授の指摘[3]があったにもかかわらず，1986年に筒井若水教授が「今や少なくとも政府承認の制度は消失したのではないかという判断には十分の理由がある」[4]とのべるに至った。このような状況からすると，政府承認廃止論を批判的に分析・検討することが必要と思われる。筒井教授は政府承認制度が今や消失したとみなす所以を詳細に論じているので，以下には主としてそれを中心に議論を進めていこう。

2 イギリスによる政府承認の放棄

筒井教授は，「今や少なくとも政府承認の制度は消失した」という判断を根拠づけるものとして，イギリス外相アイアン・ギルモアの1980年議会における言明をあげる[5]。その言明の内容はこうである。

「昨年（1979年）6月18日に私がお引き受けしたところに従って，われわれは，諸国政府に対する承認に関してのイギリスの政策に再検討を加えてきた。これにはわれわれの同盟国の慣行との比較も含んでいる。この再検討の上に立って，われわれは，もはや政府に対して承認は行わないとの結論に達した。

イギリス政府は国家にたいしては，一般の国際法理論に沿った承認を行う。

政府の非憲法的変更が，承認を与えてある国家に生じた際には，外国政府は新政府をどのように扱うか，および新政府がその国家の政府としての扱いを受ける資格があるかどうか，そしてどの程度ならその資格があるかを考え

ねばならなくなる。われわれの同盟国の多くは，政府の承認は行わず，従って，そのような場合に承認の問題は起こらないという立場をとっている。対照的に，これまでのイギリス政府の政策は正式に新政府を『承認』するという決定を行いこれを公表するというものであった。

　この慣行はしばしば誤解され，説明をもって否定しても，われわれの『承認』が是認 approval を意味すると解釈されてきた。例えば，新政府による人権侵害について，あるいは権力を獲得する方法について，広く関心が払われてしかるべき場合に，『承認』の表明が単なる中立的形式行為というだけでは済まされない。

　われわれはよって，政府に承認を与えないという多くの諸外国の政策に従うことに実際上の利益があるとの結論に達した。そうした諸国のように，われわれは，非憲法的手段で権力を獲得した政府の扱いをいかにするかを，新政府がその国の領域を有効に支配できるかどうか，および支配を続けられそうかどうかの評価にてらして，決定してゆくべきである」[6]。

　そのようなイギリス外相の言葉からは，確かに，「新政府による人権侵害」などがあった場合に「『承認』が是認 approval を意味すると解釈され」るおそれがあるためにイギリスは「もはや政府に対して承認は行わない」，という趣旨が読み取れるようにみえる。しかし，その内容を子細に検討してみると，事は必ずしもそのように単純ではない旨が理解される。つぎにその点を明らかにしてみよう。

　まず，上記のイギリス外相の言葉においては，従来のイギリスによる「新政府」の「『承認』の表明」は「新政府がその国家の政府としての扱いを受ける資格がある」旨を「公表する」「単なる中立的形式行為」であって，「新政府」の「是認 approval」を意味するものではなかった，という趣旨がのべられていることに注意すべきであろう。というのは，そのことは，従来のイギリスによる政府「承認」は国際法上の政府の要件の充足を認定する行為であったことを示すからである。今日の一般国際法のもとでは，そのような要件の充足を認定

する統一的な機関が存在せず，その結果，各国は所与のケースにおいてそれを自分自身で自己との関係で認定せざるをえないが，そのような認定は政府の成立に関する国際法規の具体的適用にほかならないので恣意的な行為であってはならず，まさに「中立的形式行為」でなければならないのである。そして，「新政府がその国家の政府としての扱いを受ける資格がある」とは，「新政府」がその国家の政府たる要件を充足していることにほかならないのである。政府承認に関するこのような従来のイギリスの理解に立脚するならば，「新政府」を所与の国家の代表組織として扱うべきか否かということが問題となるときにはつねに政府承認の問題が登場せざるをえない，ということになろう。換言すれば，所与のケースにおいて国際法上の政府の要件が充足されているか否かについての認定なくしては，「新政府」の取扱いが定まらないのである。

　そうとすると，つぎに問題になるのは，「われわれは，もはや政府に対して承認は行わない」・「政府に承認を与えないという多くの諸外国の政策に従う」というイギリス外相の言葉である。上記のような政府承認理解を前提にしてイギリス外相の言葉を文字通りに受け取るならば，イギリスは今後は「新政府」に対して国際法に基づく態度を示さない——政府要件の充足に関する認定を行わない——ということになろうが，はたしてイギリス外相はそのようなことをいおうとしたのであろうか。そうではないように思われる。というのは，「非憲法的手段で権力を獲得した政府の扱いをいかにするか」という問題に直面した際には，イギリスは「新政府がその国の領域を有効に支配できるかどうか，および支配を続けられそうかどうかの評価」に基づいて当該問題に対処していく，という趣旨がのべられているからである。つまり，「新政府」を所与の国家を代表する組織（国際法上の政府）として扱うべきか否かという問題に直面したときには，実効的な支配という政府要件が充足されているか否かを認定することにより態度を決定していく，とされているのである。そのことは，上記のような政府承認理解を前提にすると，イギリスは今後とも政府承認の問題に携わっていくということを示す。それでは，「われわれは，もはや政府に対して承認は行わない」というイギリス外相の言葉はいかに理解されるべきであろ

うか。その点に関して注意されるべきは，イギリス外相は「正式に新政府を『承認』するという決定を行いこれを公表する」こと・「『承認』の表明」が誤解を招きやすいので今後はそのような方法をとらないで問題に対処していく旨をのべていたことである。つまり，イギリス外相が問題としたのは「『承認』の表明」・「公表」であり，それはこれまで一般に明示的承認[7]と呼ばれてきたところのものである。その点をも考慮に入れて前述のイギリス外相の言葉を合理的に再構成すると，イギリスは今後は政府に対して明示的承認は行わず黙示的承認のみを行う，ということになろう。

このようにみてくると，筒井教授はイギリス外相の1980年議会における言明を「政府承認の制度は消失した」という判断の根拠としてあげるときに，従来とは異なる特殊な承認理解に立脚しているのではなかろうか，という推測が成り立ちうることになろう。

3 エストラダ主義

つぎに，筒井教授は，いわゆるエストラダ主義が多くの国によって採用されている旨を指摘しつつ，「これ［エストラダ主義］によることはいわば承認制度からの離脱にほかならない」と評する[8]。そこで，そのエストラダ主義を検討してみよう。まず，1930年のメキシコ外相ゲナロ・エストラダの声明を分析してみよう。彼の声明はこうである。

　「何年も前から，メキシコも，次のような理論のもたらすところに悩まされていたことはよく知られている。その理論によれば，諸国は外国の現存政権の合法性，非合法性の判定が許され，その結果，政府・政権の法的資格や国内での地位が外国人の意見に従うことになる。
　世界大戦（第1次大戦）以来，いわゆる承認理論たるものが米大陸の国々に特に適用されており，一方でヨーロッパ大陸に起こる政権変更では，諸国の政府は明示の承認の宣言は行っていない。こうして，承認制度はラテン・

アメリカ諸国だけに適用される慣行へと変わって来ている。

　この問題を慎重に検討した後，メキシコ政府は，近年政治危機に襲われた国に駐在する公使，代理公使らに訓令を発して，メキシコ政府は承認を与えるという意味での如何なる宣言をも行うものではないこと，それは，メキシコがそのような行為が侮辱的な慣行であると考え，そのことが他国の主権を害することに加えて，外国政府の法的資格について，友好的あるいは非友好的決定を行うについて，それが事実上批判的態度をとるという限りで，国内問題に対する外国政府からのある種の審判を意味する慣行であると考える故であること，を通告した」[9]。

この声明においては，「承認理論」に対して，それによると諸国は「外国政府の法的資格」に関して判定をくだすことができるがそれは「他国の主権を害する」・「国内問題に対する……ある種の審判を意味する」，という批判的な態度が示されている。しかし，「いわゆる承認理論たるものが米大陸の国々に特に適用されており，一方でヨーロッパ大陸に起こる政権変更では，諸国の政府は明示の承認の宣言は行っていない」という言葉から明らかなように，上記の批判的な声明においてメキシコ外相エストラダが念頭においているのは「明示の承認の宣言」なのである。そうであるが故に，エストラダは，「メキシコ政府は承認を与えるという意味での如何なる宣言をも行うものではない」とのべるのである。そうとすると，エストラダの意図したのは，外国政府に対して「明示の承認の宣言」——従来の用語では明示的承認——という方式を用いないということにすぎないのではなかろうか。その点を示唆するものとして，さらに，エストラダのつぎのような言葉が引用されるべきであろう。

　「それ故に，メキシコ政府は，その外交官を，適当と考えるにしたがって，維持するか又は撤退させること，及び各国がメキシコにおいて有するような信任状を伴う外交官を，適当と考えるときは，受け入れ続けること，に限定する」[10]。

その言葉においては，メキシコ政府は外国でクーデターなどが生じた場合に外交官の派遣又は接受如何という問題に直面するのであり，その観点からのみ政府変更に対処する，という態度が示されている。しかし，政変の生じた国と外交官の派遣又は接受により正規の外交関係を開始又は継続するためには，その国の代表者は誰であるのか，即ち誰がその国の政府たる要件を充足しているのかが定まらなければならない[11]．したがって，政府承認の問題が解決されなければならないのである。

かくして，エストラダ主義とは，「明示の承認の宣言」即ち明示的承認ではなく黙示的承認という観点から，外国におけるクーデターによる政府変更の問題に対処していくという態度にすぎない，ということになろう。そのことは，さらに，エストラダ主義に従っていると評されているフランスが1965年10月15日に表したアルジェリア政府に関するつぎのような言葉からも，推測される。

「フランス政府は他の政府のように，アルジェリア新政府を承認する必要がないと考えた。この態度は，一方では，国家の継続性の原則——それは国内的変更が国家の国際的条件に影響を及ぼさないことを主張する——に，他方では，以前になされた承認に，基づくものである。我々の態度は，同様に，政府の選択に関する国家の排他的権限の原則に基づくのである。……私は同様に，外交代表の維持は黙示的承認に等しいということが国際法において認められていること……を想起できるであろう」[12]．

そこにおいては，一国における政府の変更に他国は干渉すべきではないという考え——それはメキシコ外相エストラダの強調するところでもあった——が示され，承認の必要性が否定されているのであるが，同時にその際に，「外交代表の維持は黙示的承認に等しい」という理解も示されている。したがって，そこでは適切にも，フランスでは「黙示的承認」という形で承認問題が残存していくことが指摘されているのである。フランスと同様な態度は，1969年に，

ベルギーがリビア・カダフィ政権に行った通告においても示されている[13]。そして,フランスやベルギーの態度は「政府承認の制度の廃止」を狙うものではなく「外交関係の継続と結びつく黙示的承認の制度の一般化」を狙うものである,と指摘する学者もいる[14]。

このようにみてくると,「革命が起こっても,承認とはかかわりなく,外交関係は保ち続けるとするのが後者[エストラダ主義]であ」[15]り,「これによることはいわば承認制度からの離脱にほかならない」という筒井教授の説明は,従来の承認理論からすると問題を含むことになろう。エストラダ主義とは,一国における革命やクーデターの場合に政府の変更の問題をもはや明示的承認という観点からではなく,もっぱら黙示的承認の観点からのみ取り扱う,という態度にほかならない[16]のであり,それがいかにして「承認制度からの離脱にほかならない」ことになるのであろうか。理解が困難であるように思われる。

4　カンボジア政府

筒井教授は,近年の諸国の慣行が承認論と相容れない旨を論証するというコンテクストにおいて,つぎのような問題を提出する。

「1979年カンボジアのポル・ポト政権がベトナムの侵入を受けて国内の支配力を失い,ベトナムの支援するヘン・サムリン政権が優勢になったが,その後においても,イギリスは引続きポル・ポト承認の維持を表明していた」。「しかし,政府は国家の一要素であるとする以上,政府のない国家はありえないものである。……将来承認できる政府が出て来た時には,カンボジアは『国家』にもどるのか。しかし,イギリスは以後政府承認自体をしないのであるから,それを通じて国家を『回復』せしめることもないであろう。結局政府とはかかわりなく,国家は存在するとみてゆくほかはないのであろうが,あまりに非現実的な結論でもある」[17]。

確かに、「政府のない国家はありえない」。しかし、既存の国家が内戦になり、独立した実効的な支配力を有する政府が存しないといえるような状況になった場合（カンボジアがそれに該当するかどうかはここでは問わない）に、その国家が消滅したとみなすべきか、それともそのような特殊な状況下では依然として国家が存続すると解すべきかは、国家の成立要件の問題の一環であろう。したがって、それは国家の成立要件の充足の認定たる承認とはまったく異なる次元にある。ちなみに、たとえカンボジアが現在国家ではないと解しても、筒井教授の考えるところとは異なり、「将来承認できる政府が出て来た時には、カンボジアは『国家』にもどる」ことになろう。筒井教授は、「イギリスは以後政府承認自体をしないのであるから、それを通じて国家を『回復』せしめることもない」とのべるが、その点は問題であろう。というのは、前述のように、「イギリスは以後政府承認自体をしない」のではなく、黙示的承認という方式で政府承認を行っていくからである。

このようにみてくると、筒井教授の問題提起は、既存の国家の存続条件即ち「国家観にかかわる」[18]ものであり、大変に興味深いものであるが、それ自体は「政府承認の制度は消失した」か否かの問題とは直接には関係しないのである。

5　従来の承認理論

これまでにも時々、筒井教授の承認理解が従来のそれとは異なるのではないのかということを示唆してきたのであるが、ここでは、その問題について検討してみよう。その際に、筒井教授が自己の議論を正当化するために援用される「承認論の問題点」[19]についても、検討してみたい。

筒井教授は、承認に関して「一般になされてきた説明」[20]、「これまでの教科書に記述されている承認」[21]、「従来の承認理論」[22]を近年の慣行とつきあわせることにより、「従来の承認理論」でもってしては「説明できない現象」[23]を指摘しようと試みた。そこで問題になるのは、筒井教授はその際に「従来の承認理論」をどのようなものとして捉えていたのであろうか、である。実はこの問

題こそが最も重要な点なのである。というのは，従来は一般に，国家承認の法的意義をめぐって激しい論争が展開されてきたのであり，それがそのまま政府承認にもあてはまるとされていたからである。つまり，国家承認の法的意義に関しては，承認によってはじめて国家は国際法主体となるとする創設的効果説と，国家はその成立要件を充足した時点において承認とは無関係に国際法主体となるとする宣言的効果説が，「理念的理論的には絶対的な対極関係にある」[24]と評され，そこに「鋭い対立」[25]が見出されていたのである。したがって，両説はまったく異なる承認理解に立脚しているかのような外観を呈していたのである。それ故に，その論争の分析をぬきにしては「従来の承認理論」について語りえないといっても決して過言ではないのである。ところが，筒井教授はそのような分析にはあまり立ち入らないのである。

　筒井教授は，まず，創設的効果説と宣言的効果説の対立を認めつつも，「従来の承認理論」との関連では主としてつぎのように創設的効果説の立場から説明する。

　　承認によって「国際法の関係が生ずる。承認によってこの関係が初めて発生するという意味において，承認の効果は創設（造）的である。承認がこの関係を確認するという宣言的効果をもつに過ぎないという立場もある（宣言的効果説）」[26]。「国家が国際法関係に入るには承認を受けることが必要であり，政府も非合法的に成立したものについては，同様の手続を要するとされる」[27]。「国家は，（一）一定の領土，（二）一定の人民，（三）確立された統治組織をもった時，その実体が備わるといわれる（国家の三要素）。しかし，実体を備えることがすなわち法主体性を得ることにはならず，そのためには，『承認』という手続を通過することが必要であり，しかる後，かつそれをとった国との間に限り国際法上の権利・義務の関係に入る」。「革命やクーデターで，憲法の手続きを無視して［政府が］変わる場合には，国家生誕の際と同じく，承認の手続きが要る」[28]。「国家の実体が備わることが直ちに国際法主体性をもつことを意味しない……が，それにしても，実体と無関係に

承認ができるとは考えられていない」[29]。

このように筒井教授は承認の法的意義に関する創設的効果説と宣言的効果説の対立を認めつつも，従来の承認理論を主として創設的効果説によって説明するのであるが，そのことについては，まず，今日では支配的な見解となりつつある宣言的効果説の立場から異議が唱えられる，ということが考えらよう。その点は別として，筒井教授は，「国家の実体が備わること」即ち「国家の三要素」たる要件が満たされていることが「直ちに国際法主体性をもつことを意味しない」のであり，「そのためには，『承認』という手続を通過することが必要であ」る，と考えるが，そうとすれば，「国家の三要素」でもないのに国際法主体たる国家になるためには不可欠とされる「承認」とは一体いかなる性質の行為であるのか，という問題が生じる。しかし，この点について筒井教授はほとんど説明をしていない。他方，宣言的効果説のもとでは，国家の実体が備わった時点で国際法主体が生ずるのであり承認はそれを確認する行為にすぎない，ということになるが，そうとすると，承認は国際法主体の誕生には必ずしも必要ではなく，それ故に承認の廃止ということも国際法的には重要性をもたないことになるのではなかろうか，という問いかけが想定されうる。しかし，この点についても，筒井教授は，「従来の承認理論」を説明する際に宣言的効果説にあまり目を向けなかったこともあって，十分な説明をしていない。

このようにみてくると，筒井教授は「従来の承認理論」に言及する際に，創設的効果説や宣言的効果説を分析することによって，これまで承認がいかなるものとして捉えられてきたのかを明らかにする，という作業を必ずしも行っていないといえよう。

ところで，筒井教授は「政府承認の制度は消失した」と主張する際に，「承認論の問題点」にも言及する。同教授はつぎのようにのべる。

「承認行為は同時に一つの政策でもあり（承認義務はない——尚早の承認は不法でも，国家の実体の整ったものを承認しないことは不法でない——と

いう国際法理論はこの側面の公認である），法で説明するには，性質上大きな困難がある」[30]。

　確かに，「承認義務はない」という見解は現在のところ通説であるといえよう。しかし，その見解の意味するところについては，多少検討を要するところがあるように思われる。そこでの「承認」を多数説と同様に国家の要件事実の存在の認定として捉えるならば，そして「承認義務はない」という言葉を無条件に広い意味で理解するならば，承認義務に関する上記の通説の内容はつぎのようにならざるをえないように思われる。つまり，所与のケースにおいて特定の共同体を国家として扱うべきか否かという，国家の成立に関する国際法規の具体的適用の問題に直面したときにも，既存の国家は国家の要件事実の存否を認定しなくてもよい，と。そのことは，結局において，そのような場合にも国家の成立に関する国際法規を具体的に適用しなくてもよいということを意味するが，はたして通説はそのようなことを考えているのであろうか。そうではないように思われる。上記のような承認理解をふまえると，承認義務に関する通説は，おそらくつぎのような趣旨のものとして捉えられるべきではなかろうか。つまり，既存の国家は，所与のケースにおいて特定の共同体を国家として扱うべきか否かという問題に直面しないかぎり（当該共同体の国家性に直接に関係する行為にでることがないかぎり），承認手続に取りかかる義務はない，と。また，承認手続に取りかかった場合には，その認定結果を明示的に宣言する義務はなく，その認定結果に従った行動をなすことのみが義務づけられるにすぎないのである，と。もっとも，国家の要件事実の認定としての承認という行為はイギリス外相ものべていたようにほんらい「中立的形式行為」であるにすぎないが，実際にはそれに政策的要素が入り込む可能性は否定できない[31]。それは一般国際法のもとでの国際社会の分権的構造に由来するところが大きい。

6　おわりに

　以上，政府承認廃止論に関して最近公にされた筒井教授の見解を批判的に分析してみた。以下にはその結論のみをのべておこう。

　筒井教授は，「従来の承認理論」でもってしては「説明できない現象」というものを援用しつつ，「今や少なくとも政府承認の制度は消失した」と主張した。しかし，そこで援用された現象は，「従来の承認理論」の前提とする承認理解からすれば，政府承認に関して明示的承認という方式がとられなくなり，もっぱら黙示的承認という方式が利用されるようになる，ということで十分に説明できるように思われる。したがって，政府承認の制度は「消失」したのではなく，黙示的承認という形で存続していくのである[32]。本章の冒頭でものべたように，従来の承認理解からすると政府承認を廃止するということは，承認理論の前提となっている国際社会の基本構造が変わらないかぎり，理解できないことであるように思われる。それにもかかわらず筒井教授が上記のような主張をしたのであるが，そのことは，同教授が「従来の承認理論」――特にそれがいかなる承認理解を前提にしていたのかという点――に関して立ち入った分析をしていないことと無関係ではないように思われる[33]。

1)　拙稿「国際私法と国際法の交錯」法学48巻1号（1984年）75頁以下，拙稿「国際法上の若干の問題」広中還暦記念『法と法過程』（1986年）430頁以下。
2)　N. Ando, 'The Recognition of Governments Reconsidered', *JAIL* (1985), p. 29 et seq.
3)　山本草二『国際法』（1985年）161-162頁。
4)　筒井若水「国家の成立――承認慣行の変容」法学教室68号（1986年）96-97頁。
5)　同97頁。
6)　同95頁の邦訳による。
7)　これまで一般に承認の方式は明示的承認と黙示的承認の二つに分けられてきた。田畑茂二郎『国際法Ⅰ［新版］』（1973年）219頁などを参照。
8)　筒井・前掲97頁。
9)　同98頁の邦訳による。

10) M. J. Peterson, Recognition of Governments Should not be abolished, *AJIL* (1983), p. 42 より引用。
11) P. C. Jessup, The Estrada Doctrine, *AIJL* (1931), p. 722.
12) *Annuaire français de droit international* (1966), p. 918.
13) *Revue belge de droit international* (1971), p. 319.
   ちなみに，コンゴで生じたクーデターに関する上院議員 Rolin の質問に対して答弁する際に，ベルギーの外務大臣は 1965 年 12 月 14 日につぎのようにのべた。「政府の承認は必ずしも明示的宣言の対象とならなくてもよい。それは，当該政府を，その支配する国を実効的に代表するものとみなす，という意図を明確に示す行為，特に外交関係の単なる継続，の結果として生じうる」。Revue belge de droit international (1968), p. 542. つまり，「外交関係の単なる継続」が政府承認の意思を示す行為である，したがって黙示的承認であることが，明確にのべられているのである。
14) J. Verhoeven, *La reconnaissance international dans la pratique contemporaine* (1975), p. 91.
15) 筒井・前掲 94 頁。
16) なお，Peterson (above, n. 10), p. 42 はつぎのように説明している。つまり，エストラダ主義の正確な意味はスタートの時点から不明確であり，メキシコ政府は決してそれを十分には説明してこなかった。その初期の支持者の何名かはエストラダ主義が政府承認の廃止を意味すると主張したが，他の者はそれが黙示的承認の方式と実効的支配のルールの結合に等しいと主張した。その後のメキシコの行動，特にスペインのフランコ政権を承認することを長期にわたり拒絶したことなどは，後者の見解を支持する，と。
   ちなみに，村瀬信也教授は，エストラダ主義によると「外交関係設定の基礎的前提である承認問題が未解決のまま放置される」と批判する。村瀬「エストラーダ主義」『国際法辞典』（1975 年）55 頁。その批判は，「外交関係設定」の際にはその基礎的前提として承認が問題となる旨を指摘する点では正しいが，エストラダ主義のもとでは「承認問題が未解決のまま放置される」とみなす点で問題を含むように思われる。
17) 筒井・前掲 95 頁。
18) 同 99 頁。
19) 同 96 頁。
20) 同 94 頁。
21) 同 96 頁。
22) 同 97 頁。
23) 同 93 頁。
24) 高野雄一『国際法概論上［新版］』（1969 年）115 頁。

ちなみに，前掲拙稿・法学48巻1号75頁以下では上記の高野教授の叙述を批判することが試みられたのであるが，その後に刊行された高野『国際法概論上［全訂新版］』（1985年）では上記の叙述は削除され，従来の論争に「不毛の要素」が存したことが認められるに至ったのみならず，その他の点でも叙述の変更がなされている。その点については，前掲拙稿・広中還暦記念430-431, 434, 442頁を参照。

25) 芹田健太郎「新国家の承認と戦後日本の慣行」神戸法学雑誌31巻（1982年）600頁。
26) 筒井・前掲94頁。
27) 同93頁。
28) 同93頁。
29) 同94頁。
30) 同96頁。
31) ここで注意されるべきは，或る国が所与のケースにおいて国家承認又は政府承認を行っているか，即ち国家の要件又は政府の要件が満たされていると認定しているかどうかは，諸般の事情を考慮に入れて慎重に判定されなければならない，ということである。例えば，或る国が「承認」を拒否するという言葉を使用していても，その言葉は実際には，国家又は政府の要件の充足を認定したうえでの，単なる外交面での敵対的な政策の表明のために用いられているにすぎない，ということがありうる。I. Brownlie, Recognition in Theory and Practice, B. Y. (1982), pp. 198-199 及び山本・前掲136-137頁を参照。
32) Verhoeven (above, n. 14), p. 91 及び山本・前掲162-163頁などを参照。
33) この点は安藤教授にもあてはまるように思われる。同教授は承認の廃止と黙示的承認の理論的な区別を説き，承認廃止論のもとでは政府変更の場合でも承認問題が生じないとみなす。Ando (above, n. 2), pp. 42-43. しかし，他方では，安藤教授は最近の政府承認の廃止の国家実行に関してつぎのようにのべる。つまり，或る国に非憲法的な政府変更が生じたときに，他国は新政府の国際的な代表資格の存否に関する決定の「正式な声明」をしないで，適当と考える仕方で新政府を扱うが，その扱いが「完全な外交関係」に等しいものであるときには，その後はもはや新政府の国際的な代表資格を否定できない，と。Ibid., pp. 45-46. しかし，その後はもはや新政府の国際的な代表資格を否定できないという効果は，実は，従来の承認理論のもとで承認に一般に認められてきた法的効果にほかならないのである。前掲拙稿・法学48巻1号75頁以下，前掲拙稿・広中還暦記念430頁以下を参照。その点に関連してさらに，従来の承認理論のもとでは，新政府の国際的な代表資格の存在に関する「正式な声明」——明示的承認——を伴わない「完全な外交関係」の開始は，黙示的承認にほかならないということが，指摘されるべきであろう。したがって，安藤教授は，承認廃止論のもとでも政府承認の制度が黙示的承認という形で存続していくことを，実質的には認めていることになろう。

第6章
続・政府承認廃止論に関する覚書

1 はじめに

　近時，政府承認を行わないという態度を示す国が増加しつつある。その際には，政府承認の制度そのものが廃止されたのかどうかが争われている。「従来の承認理解からすると政府承認を廃止するなどということは，国際社会の基本構造が変わらないかぎり，理解できないこと」[1]のように思われるが，最近のわが国の学説はまだその点について完全な一致をみていないようである。

2 最近の学説

(i) 小寺彰教授は政府承認廃止論に関して，つぎのように問題を提出する。

　「イギリスや米国の政府承認の『廃止』は，本当に政府承認を廃止したのだろうか。政府承認について，不都合な場合には明示の形では行わずに，黙示の承認に切り替えたにすぎないと解釈できる余地があるからである。政府承認を廃止したと言いうるためには，承認（またはそれと同等の行為）によって，相手国を代表する政府が切り替わるという制制度をやめることが必要である」[2]。

　そこにおける「政府承認を廃止したと言いうるためには，承認（またはそれと同等の行為）によって，相手国を代表する政府が切り替わるという制度をや

めることが必要である」という論述からすると，小寺教授は，政府承認廃止論の分析の際には政府承認という言葉のもとに「相手国を代表する政府」を「切り替」える制度を理解しているのではないのか，という疑問が生ずる。もしそうとするならば，そのような理解は承認に関する今日の一般的な理解から離れることになるように思われる。しかし，第3章でみたように，国家承認に関して同教授は宣言的効果説を支持し，承認に「確認的効果」[3]とを認めるにすぎない。したがって，ここでは，同教授は，国家承認の場合と同様に政府承認を要件事実の存在を確認するという「一方的な行為」[4]として理解している，という前提から出発することにする。

ところで，政府承認廃止論は「黙示の承認に切り替えたにすぎない」のではなく「政府承認を廃止したと言いうるためには」，政府承認廃止論のもとでは明示的承認はもとより「黙示の承認」も行われないということを論証する必要があろう。換言すれば，他国で憲法上の正規の手続に則らない形で政府の交代が行われるときに「外交関係の処理の判断だけを行う」[5]ということのなかには「黙示の承認」が含まれない，ということを論証することが必要なのではないだろうか。その点との関連では，「黙示の承認」という言葉のもとに何を理解するのかを明確にすることが重要である。

小寺教授は，国家承認の場合については，「二国間条約の締結や外交使節団の派遣・接受のように，国家承認後にしか行えない行為を行った場合」を「黙示の承認」がなされたものと考える[6]。これを政府承認の場合にあてはめると，政府「承認後にしか行えない行為を行った場合」を，黙示の承認とみなすことになろう——「政府承認には，国家承認と同様に，明示の承認と黙示の承認があ」る[7])——。そのような観点からすると，明示の承認という形の政府承認のみならず黙示の承認という形の政府承認も廃止されたといえるためには，政府承認廃止の政策を唱える国はもはや政府「承認後にしか行えない行為」を行わないということを論証しなければならないであろう。その点については，まず，政府承認廃止の政策をかかげる国家は，はたして今後いかなる新政府に対しても政府「承認後にしか行えない行為」——「黙示の承認」——を一切しな

い（例えば新政府と正規の外交関係を継続しないとか，新政府が自国における新政府所属国の財産や資産につき権利を行使するのを認めないとか，新政府に裁判権免除の享受を認めない）ということを考えているのであろうか，という問題を提出することができよう。もしそうでないとするならば，そのような行為がなされるときには上記の定義からすると「黙示の承認」がなされた，と解釈されることになろう。もっとも，そのような国家性又は政府性一般の認定としての承認のほかに，個別的な事項ごとに限定された国家性又は政府性の認定というものを考える余地はあるが，その点については，後述する。

上記のことを前提として，小寺教授は，イギリスの政府承認廃止論についてつぎのように論じる。

　イギリスは「政府承認が被承認政府の政策の評価と受け取られることを回避したいため」，「他国で憲法上の正規の手続に則らない形で行われる政府の交代ごとに常に『政府承認』を行うという政策を改め，政治的に必要な場合を除いては承認を行わず，外交関係の処理の判断だけを行うという政策に変更した」[8]。

そのうえで，同教授はつぎのような評価をくだす。

　「イギリスの措置は，相手国を代表する政府をある時点で切り替えることまでやめたかどうかは明確でなく，外務省レベルでは，従来行ってきた明示の承認をやめて黙示の承認に変えたにすぎないと解釈できる。しかし，イギリスの裁判所は，従来は行政府の政府承認の有無に応じて政府の代表資格や適用法規を決めてきたが，行政府が政府承認を行っていない事例については，裁判所が独自に判断することになった。このようにイギリスの政府承認の廃止は，国内裁判所の判断には大きな影響を与えた。裁判所の措置まで含めると，イギリスの政策変更は，単に明示の承認をやめて黙示の承認に切り替えたものではなく，政府承認を廃止したと評価できる」[9]。

そのように「外務省レベルでは，従来行ってきた明示の承認をやめて黙示の承認に変えたにすぎないと解釈できる」というのであれば，イギリスの政策変更は「明示の承認をやめて黙示の承認に切り替えたもの」ということになるのではなかろうか。「裁判所の措置まで含めると，イギリスの政策変更は，単に明示の承認をやめて黙示の承認に切り替えたものではなく，政府承認を廃止したと評価できる」と判断する際に，小寺教授はイギリスの裁判所がこれまで「行政府の政府承認の有無に応じて政府の代表資格や適用法規を決めてきた」という体制を指摘する。しかし，国内裁判所が他国につき政府の代表資格や適用法規を決める際に行政府の政府承認を顧慮するという体制になっているかどうかという問題は，国家が真に政府承認を廃止したといえるかどうかの問題とは，直接には関係しないのではなかろうか。また，「外務省レベルでは，従来行ってきた明示の承認をやめて黙示の承認に変えたにすぎない」というのであれば，「行政府が政府承認を行っていない事例については」――「行政府の政府承認の有無に応じて政府の代表資格や適用法規を決めてきた」という体制のもとでは――「裁判所が独自に判断することにな」るというよりも，行政府の「黙示の承認」を顧慮することになるのではなかろうか。したがって，「裁判所の措置まで含めると，イギリスの政策変更は，単に明示の承認をやめて黙示の承認に切り替えたものではなく，政府承認を廃止したと評価できる」という論述は，検討を要するように思われる。

　小寺教授は，さらに，アメリカの政府承認廃止論についてつぎのように論じる。

　米国は「イギリスと同様に，政府承認が被承認政府の政策の評価と受け取られることを回避したいため」のみならず，「クーデターや革命の最中で旧政府勢力と新政府勢力が伯仲・併存している状況のなかでも，政府承認を常に前提にすると，公式には旧政府または新政府のいずれかとしか接触できなくなるが，このような状況では新旧両政府と自由に接触するのが米国の利益に適うことがあったため」，「どちらかの政府を選択して承認するという政策

はとらない方がいいと考えられた。米国の場合も，イギリスと同様に，今後一切政府承認を行わないというのではなく，必要な場合には政府承認を行うとしている」[10]。

そのうえで，小寺教授はつぎのように評価する。

「米国の承認廃止は，場合によっては，相手国に併存する2つ以上の政府と公式的な関係を同時にもつことを意味するものであり，この場合にははっきりと政府承認が廃止されたと理解できよう」[11]。

その論述における「公式的な関係」とは何を意味するのであろうか。それを政府「承認後にしか行えない行為」に基づく関係——「国家の権利義務」を「代表する」もの[12]とのみ有しうる関係——として理解することは困難であろう。二つ以上の政府に対してそのような関係をもつこと（新旧両政府と正規の外交関係を継続するとか，新旧両政府が自国における両政府所属国の財産や資産につき権利を行使するのを認めるとか，新旧両政府に裁判権免除の享受を認めること）は不可能だからである。先にものべたように，承認論における従来の用語の用法のもとでは，同一国家につき二つ以上の政府に「黙示の承認」——この観念は小寺教授も認めておられる——が与えられるということになるからである。「新旧両政府と自由に接触する」という目的からしても，政府「承認後にしか行えない行為」に基づく関係を両政府と同時にもつ必要はないのではなかろうか。そうとすると，上記の「公式的な関係」とは政府「承認後にしか行えない行為」に基づく関係を除くものということになり，そのようなものとしての「公式的な関係」を二つ以上の政府と同時にもつという政策は，必ずしも黙示の承認をも廃止したという結論——「はっきりと政府承認が廃止されたと［いう］理解」——には導かない，ということになろう。ちなみに，1981年9月25日付の，アメリカ合衆国の承認政策と実行に関する覚書は，「承認はアメリカ合衆国政府が新政府との関係を継続することにより……暗示され

ることになろう」, とのべている[13]。そこでは, アメリカの承認政策のもとでも黙示的承認という形で承認制度が存続していくという理解が示されているのではなかろうか。

(ii) 杉原教授は第3章でみたように, 創設的効果説を退けて宣言的効果説を採用し, 国家承認を, 所与の政治的実体が「国家性の要件を備えて現実に成立した」ことを「確認する」行為とみなす[14]。そのことをここで確認したうえで, 政府承認廃止論に関する同教授の見解を検討してみよう。同教授は政府承認廃止論についてつぎのようにのべる。

「近年, 政府承認を回避する国が増えている。つまり, 国家承認を別として, 伝統的な政府承認を行わず, たんに新政府とのあいだに外交的交流をもつか否かの決定を行うにとどめるのである。」[15]。「このような承認の回避はいかなる法的意味をもつものか, 一つの見方として, これは黙示的承認への方法論上の変更にすぎないとするとらえ方がある」が, 「このとらえ方は承認回避策をとる各国の意図と合致しない。これら諸国は承認制度から生ずる桎梏や不都合を回避するために, 明示であれ黙示であれ, 承認そのものの決定を排除しようとしているのであって, その趣旨からして近年の傾向は承認制度そのものの廃止をめざしたものとみられる。」[16]。「政府承認の廃止は当該国による合法的な中央政府の認定という法的意味をもつ決定に代えて, 外交的交流の有無のみの決定という政治的効果の認定に形式的におき換えられることを意味する」[17]。

既存の国家は, 新政府に直接に関わる意図のもとで, 「外交的交流をもつか否かの決定」をなすに際しては, 当該新政府が国際法上の政府たる要件を満たしているか否かの判断が不可欠となるのではなかろうか。その場合に, 新政府と完全な外交的交流をもつ (外交関係の継続) という判断が示されるときには, それは, 新政府の法的存在を認めるという判断を前提としていることにな

るはずであり，承認論における用語に関する従来の用法のもとでは黙示の承認があったということになるのではなかろうか。換言すれば，明示的承認と黙示的承認という言葉に関する伝統的な用法に従えば，承認廃止論が，今後いかなる新政府が誕生してもそれと直接に関わることはない（例えば完全な外交関係をもつことはない），という非現実的な政策を意味する場合にのみ，真の意味での承認廃止が語られているといえるのではなかろうか。しかし，これまでの国家実行からすると，政府承認廃止政策を採用する諸国はそのようなことを考えているようには思えない。

　もっとも，既存の国家は所与の団体（又は権力）につき国家性（又は政府性）一般を認定するということ——承認——のほかに，問題となる個々の事項ごとに限定的に国家性（又は政府性）を認定する——例えば国家性一般の確定という効果をもつ黙示的承認とは別個の行為として，外交使節団の派遣・接受を行なう——こともできるという考えをとるならば，承認廃止論は現実味をおびてくるように思われる。そのような考えのもとでは，既存の国家が国家性（又は政府性）一般の認定たる承認をやめて，今後は個々的な事項ごとに限定的に国家性（又は政府性）を確定していく，という命題は十分に可能となるからである。しかし，上記のような考えを正面から認めるような見解は今のところまだ存在しないようである。これまでは，所与の実体が国際法上の国家である又は所与の新政府は国際法上の政府であるという判断（承認）を前提にしてはじめて可能となる行為がなされるときには，そこに国家性一般又は政府性一般の認定が黙示的に示されたと考えて，黙示的承認をみるというのが支配的な考えであったように思われる。この考えは，つぎのような山本草二教授の論述のなかにも示されているように思われる。

　「他国は，いったん新政権との外交関係の継続・設定を定めた以上は，その国際法上の一般的権利能力の存在をみとめる意思があったものと推定される（黙示の承認）のであり，その後の個別の関係処理において，これを一方的に否認することはゆるされない」[18]。

そこでは，他国による「新政権との外交関係の継続・設定」を「黙示の承認」とみなすという伝統的な理解が示されている。また，それと同時に，政府承認には，承認国は以後において新政権の「国際法上の一般的権利能力の存在」即ち新政権の政府性一般（その完全な対外代表権）を「一方的に否認することはゆるされない」，という法的効果——新政府の政府性が承認国との関係で確定するという手続法上の効果——が認められているのではなかろうか。

(iii) 以上，政府承認廃止論に関する小寺教授と杉原教授の見解を分析・検討してみた。最近の諸外国の有力な傾向は，政府承認廃止論のもとにおいても承認は黙示的承認という形で存続することになる，と考えることにあるように思われる。つぎに，そのような傾向を代表すると思われる Talmon の見解を紹介しておこう。それによって，上記の二つの見解との異同を明らかにしておくことが議論を深化させるのに役立つ，と思われるからである。

Talmon は，国家承認を行うが政府承認を行わないという政策を採用する諸国の実行を検討すると，この政策の採用は承認を与える方法における変化を意味するにすぎず，政府承認それ自体の廃止を意味しないことがわかる，と説く。彼はそのことを例証するものとして，1965 年 11 月 30 日のベルギーの議会における Henri Rolin と外務大臣との間の興味深い議論を紹介する[19]。その議論は，ベルギーの伝統的な政策が国家承認はするが政府承認はしないという点にあることを，ベルギー政府が確認したことに関するものである。Rolin はまず，「国家の内部において非憲法的な方法により政府が変更したときには，第三国の政府は，革命の指導者がその支配を主張する国を実効的に代表しているとみなすのか否か，いつそのようにみなすのか，を決定しなければならない」，そして「承認は黙示的になされうるのであり，それは特に外交関係の単なる継続から生じうる」という理解を示す。そのうえで彼は，実効的な新政府が誕生したときには「明示的承認」は与えない，というのがベルギーの実行であると解すべきではないのか，と質問した。これに対して，外務大臣はそのような解釈を正しいと答えたうえで，「政府承認は必ずしも明示的宣言の対象と

ならなければならないわけではない。それは、当該政府がその支配する国家を実効的に代表している、とみなす意図を明確に示す行為から、特に、外交関係の単なる継続から、生じうる」とのべている。Talmon が政府承認廃止論に関する彼の上記のような見解を支持するものとして引き合いにだしてきたこのような議論においては、一定の承認理解が示されている。つまり、「国家の内部において非憲法的な方法により政府が変更したときには、第三国の政府は、革命の指導者がその支配を主張する国を実効的に代表しているとみなすのか否か、いつそのようにみなすのか、を決定しなければならない」が、その決定を表示することが政府承認であり、その表示は「外交関係の単なる継続」などという「黙示的」な仕方でもなされうる、と。Talmon 自身も同様な承認理解を示す。彼はおよそつぎのようにのべているからである。

最初に承認の観念の導入に導いた争点は、単に諸国家がもはや承認という言葉を用いないということによって、なくなるわけではない。諸国家は依然として、一定の権威（本国現政府又は亡命政府）を特定の国家の政府、即ち国際的事態において当該国を代表する機関とみなすのかどうか、みなすとしてもいつからそうするのか、及び、そのようなものとしてのそれと関係をもつことを欲するのかどうか、もつことを欲するとしてもどの範囲までか、ということを決定しなければならないのである。これらの決定をなす諸国家は依然として、問題の権威を政府として『承認する』又は『承認しない』のである。国家承認はするが政府承認はしないという政策は、政府承認に関する正式の公的な声明を廃止するにすぎないのであり、政府承認の観念それ自体を廃止するものではない[20]。

イギリス政府が1980年に国家承認はするが政府承認はしないという政策を採用した理由の一つは、カンボジアのポルポト政府やガーナのローリングズ政府のようなケースについてイギリス政府が行った正式な承認が大衆やマスコミ——それらは正式な承認を道徳的な是認に等しいとみなした——により批判されたことである。しかし、そのようなケースにおいてイギリス政府

は依然として，例えばそのような政府と正規の外交関係をもつのかどうか，同政府にイギリスにおける当該外国の財産や資産につき権利を認めるのかどうか，同政府に裁判権免除を認めるのかどうか，同政府にイギリス裁判所において当該外国の代理を務めることを認めるのかどうか，及び国際的又は地域的な機構において同政府の信任状を是認するのかどうか，を決定しなければならない。もしイギリス政府がこれらの問題を肯定的に決定するならば，それは当該政府を当該外国の法的政府として承認するということになる。イギリス政府がおそらくもはやしない唯一のことは，自らをその承認決定に関する公衆の批判にさらすことである。というのは，マスコミや大衆がしばしば公表されない個別的な行為から承認決定を推察することは，承認決定の正式な公表に注意することよりも困難だからである。上記の政策は国際関係に関する行動においてイギリス政府を世論の圧迫から解放する[21]。

そのような承認理解からすると，政府承認廃止論を採用する国にあっても，革命による新政府誕生の場合には，将来にわたり当該新政府及びそれが代表する国家と直接に関わる意思がないという稀な場合を除けば，現実には，承認問題を避けてとおることができないということになろう。そして，新政府と正規の外交関係をもつなどという，当該新政府の政府性を前提にしてはじめて可能となる行為がなされたときには，黙示的承認がなされたものとみなされることになろう。

ちなみに，Talmonは，政府承認をしない政策をとる国でさえも，新政府の法的地位に関する態度を明らかにするために必要がある，又は政治的な理由から都合がよいと判断するときには，当該新政府を一定の国家の政府として承認する又は承認しない旨の決定を正式に公表することがあった旨を指摘する[22]。これは，政府承認の廃止をうたう国であってもときとして実際の必要性からして明示的な承認（又は不承認）に訴えざるをえないことになっている，という趣旨を指摘するものであろう。

(iv) 最後に，安藤仁介教授の見解を分析・検討しておこう。それはわが国において率先して，政府承認廃止論を文字通りに受けとめるという立場を示したものだからである。

安藤教授は，まず，政府承認の廃止は伝統的な承認実行の重要な一部をなすいわゆる黙示的承認の別名称にすぎない，という批判についてつぎのように論じる。

伝統的な実行のもとでは，承認形式は通常は「明示的承認」と「黙示的承認」に分けられる。後者は，外交官による新たな信用状の提示，新たな政府の長への祝電又は「外交関係の続行」のようなケースにおいて示されるのであり，その場合には「新政府を関係国を代表するものとして扱うという意図」が疑う余地なく意味されている。それ故に，実際には，黙示的承認と承認の廃止を区別することが困難である[23]。

けれども，理論においては，黙示的承認と承認の廃止の間にははっきりした区別がある。前者は，「いったんある国家に政府の変更が生じれば他国は当該新政府に承認を与えるか否かを決定しなければならない」，ということを前提としている。後者は，この手続を除去する又は除去することを試みる。たとえそのような変化が生じても，「承認の問題はまったく生じないのであり，他国は承認を与えるか否かの決定をしなくてもよい」。もちろん，裁判所や学者は外交関係の続行を例えば黙示的承認として解釈しうるが，そのことは，「諸国家が政府承認の制度を廃止したという事実」を変えることはない[24]。

最近の実行の本質は以下のとおりである。(1) 政府の憲法外の変更がある国において生じるときには，他国の執行部門は，新政府が国際関係において当該国家を正当に代表するかどうかに関する決定を正式に公表するということをしない。(2) そのかわりに，執行部はそれが適切と思う仕方で当該新政府を扱う。(3) そのようなふるまいの法的効果の問題は裁判所や学者の吟味に委ねられているようにみえる。換言すれば，最近の実行のもとでは，政府

承認の制度はもはや，外国政府の憲法外的変更から生ずる国際的な法的諸問題を解決する際の唯一の指針という役割を演じない。

　国際的なレベルでは，諸国が外国の新政府ともった関係はいかなるものでもエストッペルとして作用する。「そのような関係が完全な外交関係に等しいならば，諸国は後に，当該政府は国際関係において当該国家を代表する資格を有しない，と主張することを妨げられる」。その関係が外交関係ほどにはいたらないならば，その効果はケースバイケースで評価されるべきである。かくして，当該関係が文化使節の交換や運動競技会のチームの派遣にとどまるときには，それらを派遣する当該政府は当該国を代表するものとして扱われるべきである，ということには必ずしもならない[25]。

　ここで引用された論述においては，安藤教授は，黙示的承認と承認廃止を明確に区別している。その際に，ある国家に政変が生じたときに，黙示的承認の場合には，他国は「当該新政府に承認を与えるか否かを決定しなければならない」が，承認廃止の場合には，「承認の問題はまったく生じないのであり，他国は承認を与えるか否かの決定をしなくてもよい」，という点が指摘されている。承認理解に関する近時の有力な傾向に従って，政府承認という言葉のもとに，新政権が国際法上の政府たる要件（実効的な政府）を充足している旨を確認する行為として捉えるならば，そのような政府承認廃止の政策を採用する国家は，他国に政変が生じた場合に，新政権が国際法上の政府たる要件を充足しているか否かの問題にまったく取り組まない——したがって他国との関係で当該新政権の政府性を前提とする行動をとることもまったくしない——という政策を示したということになろう。しかし，政府承認廃止政策をとったといわれる国家は，はたして実際にそのような非現実的な立場をとることを考えていたのであろうか。安藤教授も政府承認廃止論のもとでも「外交関係の続行」——その場合には新政権が国際法上の政府たる要件を充足しているか否かの問題に取り組まざるをえない——がなされるということを想定しているのみならず，そのような「外交関係の続行」が裁判所や学説によって「黙示的承認」として

解釈される，とのべているのである。

　さらに，先の引用文においては，伝統的な実行のもとでは，明示的にではないが，黙示的にはっきりと「新政府を関係国を代表するものとして扱うという意図」が示されている場合には，承認があったものとみなされるのであり，そのような黙示的承認の一例として「外交関係の続行」があげられている，という趣旨がのべられている。そのうえで，他方では，政府承認制度を廃止した国家は，新政府と「完全な外交関係」に等しい関係をもっている場合には，「後に，当該政府は国際関係において当該国家を代表する資格を有しない，と主張することを妨げられる」，という趣旨がのべられている。その点についてはつぎのことが指摘されるべきであろう。つまり，既存の国家は新政府と「完全な外交関係」に等しい関係をもった場合には，「後に，当該政府は国際関係において当該国家を代表する資格を有しない，と主張することを妨げられる」，ということは，当該政府が当該国家を代表する資格を有すること（当該政府が当該国家の国際法上の政府であること）が既存の国家との関係で確定するということと，意味的には同じである。したがって，政府承認廃止論を額面通りに受け取る安藤教授においては，政府承認廃止論のもとでも承認――黙示的政府承認――の法的効果と同じものが認められていることになる，と。そうとするならば，伝統的な用語の用法からすれば，安藤教授は，政府承認廃止論のもとでも政府承認は明示的な承認としてではなく黙示的な承認として存続し続けるということを，実質的に認めていることになるのではなかろうか。もっとも，先にもみたように同教授は，そのように「黙示的承認」と同じ効果が認められる「外交関係の続行」がなされる場合であっても，「諸国家が政府承認の制度を廃止したという事実」には何らの変わりもない，とみなす。

3　おわりに

　以上，政府承認廃止論に関する最近のわが国における議論を分析・検討してみた。以下にはその要約的な考察を試みておこう。

今日の有力な見解によると，国家承認は，所与の政治的実体が国際法主体たる国家の要件を充足していること，即ちそれが国際法主体たる国家として成立していることを確認する行為である。

　国家承認については，これまで一般に，明示的承認と黙示的承認という区別が認められてきた。明示的承認とは，承認の意思を書簡，電報，宣言等により直接的に表明するという仕方をとるものであり，黙示的承認とは，承認の意思を正式の外交関係の開設（外交使節団の派遣・接受），二国間条約の締結等により間接的に表明するという仕方をとるものである。この点については概ね争いがないといってよいであろう。

　上記のような国家承認理解を前提にすれば，政府承認は，所与のケースにおいて国際法上の政府たる要件が新政権によって満たされている旨を既存の国家が確認する行為である，ということになろう。そして，これまで承認論において一般に認められてきた明示的承認の観念と黙示的承認の観念をふまえて政府承認廃止論を考察すると，それは，政府承認を今後は明示的な仕方では行わないが，黙示的な仕方では行う，という趣旨になろう。換言すれば，承認論における従来の用語の用法に従う限りは，政府承認が文字通りに廃止されるということはないのである。このことは，上記のような承認理解それ自体からも導き出されるように思われる。国際社会の分権性を前提にするかぎり，国際法上の政府の成立に関する一般規範を個別・具体的ケースに適用する行為の一環である政府承認を廃止するということは，可能ではないと思われるからである。

1) 拙稿「政府承認廃止論に関するおぼえがき」法学51巻1号（1987年）194頁。
2) 小寺彰（ほか）『講義国際法（第2版）』（2010年）143頁。
3) 小寺「国家の成立」法学教室253号（2001年）130頁。
4) 小寺（ほか）・前掲137頁。
5) 同142頁。
6) 同137頁。
7) 同140頁。
8) 同142頁。

9) 同 143 頁。
10) 同 142-143 頁。
11) 同 143 頁。
12) 同 141 頁。
13) Nash (ed.), *Cumulative Digest of United States Practice in International Law 1981–8* (1994), i, 295-8 at 296. これは S. Talmon, *Recognition of Governments in International Law* (1998), p. 4. より引用した。
14) 杉原高嶺『国際法講義』(2011 年) 199 頁。
15) 同 218 頁。
16) 同 219 頁。
17) 同 220 頁。
18) 山本草二『国際法（新版）』(1994 年) 200 頁。
19) Talmon (above, n. 13), pp. 3-4.
20) Ibid., pp. 5-6.
21) Ibid., p. 6.
22) Ibid., pp. 7-9.
23) N. Ando, 'The Recognition of Governments Reconsidered', *JAIL* (1985), p. 42.
24) Ibid., pp. 42-43.
25) Ibid., pp. 45-46.

第7章
集合的不承認について
――近時の事例を中心にして――

1 はじめに

　国家承認の法的意義については古くから活発に論じられ，いわゆる創設的効果説と宣言的効果説の激しい論争をへたのちに，今日では――まだ論議の余地は残ってはいるが――宣言的効果説が通説となっているようである。ところが，近時，国家承認論に関するそのような判断枠組みとの関係で，国連指導のもとでの集合的不承認をどのように捉えるべきかが議論されている。つまり，国連機関が，ローデシア，南アフリカのホームランド国家（トランスカイ，ボプタツワナ，ベンダ，シスカイ）及び北キプロス・トルコ共和国を――それらが伝統的な国家要件（永久的住民，限定された領土，実効的政府）を満たしているようにみえるにもかかわらず――国家として承認しないようにすべての国に求めたが，この集合的不承認は何を意味するのであるのか，と。この問題については，すでにわが国でも論じられている[1]。本章は，問題を少し掘り下げて考えるために，最近のTalmonの論文を中心に外国の議論を紹介・検討することを目的とする。
　ちなみに，本章では，国家承認問題を取り扱うにもかかわらず，国家承認の法的効果に関する論争を意識的に重視しない仕方で，諸学説を紹介・分析することが試みられる。その論争はこれまで必ずしも明晰ではない仕形で展開されてきたように思われるからである[2]。そこで，以下には，国家承認又は国家不承認の法的効果への言及は必要最小限度においてなされるにとどまる。

2 具体的事例

（1） ローデシア[3]

　白人支配が強かったイギリス領の南ローデシア（国連総会によると国連憲章第 11 章の意味における非自治地域だが，イギリスによると自治地域）において，1965 年 11 月 11 日に，白人少数者政権は一方的に独立を宣言した。この南ローデシア（自称ローデシア）は国家性の伝統的な要件を満たしているようにみえたが，国連は集合的不承認の方向に向かった。まず，ローデシアの一方的独立宣言の前の 1965 年 11 月 5 日に国連総会はその決議 2022（XX）[4]において「すべての国に，人民の多数を代表していない南ローデシアにおけるいかなる政府も承認しないことを」求めた。そして 1965 年 11 月 11 日の一方的独立宣言後には，国連安全保障理事会は，1965 年 11 月 12 日の決議 216（1965）[5]において，「南ローデシアにおけるこの違法な（illegal）人種差別主義的少数者政権（régime）を承認しないよう，そしてこの違法な政権にいかなる援助も与えないよう，すべての国家に求めること」を決定した。そして同年 11 月 20 日の決議 217（1965）[6]において，安全保障理事会は独立宣言が「法的効力を有しない（having no legal validity）」とのべ，「すべての国に，この違法な当局（illegal authority）を承認しないよう，そしてそれといかなる外交又は他の関係ももたないよう」，求めた。ちなみに安全保障理事会は 1966 年 12 月 16 日の決議 232（1966）[7]と 1968 年 5 月 29 日の決議 253（1968）[8]において国連憲章第 7 章のもとでローデシアに強制的な経済的制裁を課す決議を採択した。さらに安全保障理事会は，1970 年 3 月 18 日の決議 277（1970）[9]において，「南ローデシアにおける現在の状態は国際的平和と安全に対する脅威を構成する」とみなした。そして国連憲章第 7 章に基づいて，南ローデシアの違法な政権による共和国に関する違法な宣言を非難し，「加盟国はこの違法な政権（illegal régime）を承認することも，それにいかなる援助を与えることも差し控えるべきこと」を決定した。また，1970 年 11 月 17 日の決議 288（1970）[10]におい

て安全保障理事会は，国連憲章第 25 条のもとでの義務に従って南ローデシアに関する安全保障理事会のすべての決議を完全に履行することを強く求め，さらにすべての国家に，安全保障理事会の目的を促進するために，「南ローデシアにおける違法な政権にいかなる形の承認も与えないこと」を強く求めた。ちなみに，このローデシアのケースでは，安全保障理事会による不承認の要請が明示的に国連憲章第 7 章に基づいている。

　上記の安全保障理事会決議においては南ローデシアにおける違法な「政権」又は「当局」を承認しないことが求められていたが，そのことは南ローデシアの『政府』の不承認のみが求められているという印象を与えかねない。しかし，ここでは，一方的な独立宣言による独立国家としてのローデシアの創設が非難されているので，ローデシアたる国家に対する不承認が問題なのである。実際にも，安全保障理事会の決議 277（1970）は，「加盟国に，南ローデシアの違法な政権が国連専門機関において有する加盟国又は準加盟国の地位を停止するために，適切な行為を行うよう，求める」，そして「すべての国際的又は地域的機構の加盟国に，南ローデシアの違法な政権がかかる機構において有している加盟国の地位を停止し，この政権からのいかなる加盟申請も拒否するよう，強く求める」とのべる。そこでは違法な政権という言葉が使用されているのであるが，国連の専門機関や国際機構の加盟国たりうるのは国家のみであるので，安全保障理事会はローデシアという国家を排除することを狙いとしていることがわかる[11]。このような理解はさらにつぎのことからも支持される。つまり，1966 年に，スミス政権が国連憲章第 32 条に基づいて「国連加盟国でない国」としてローデシアに関する安全保障理事会の討論に参加するための許可を求めたが，それは，国連事務総長によって，第 32 条は国連加盟国でない「国」にのみ審議参加を認めているがローデシアは国連によって「国」としては認められていないという理由で，拒否された，と。

　この不承認の理由を示唆すると思われる国連総会決議の文言を取り出してみよう[12]。まず，一方的独立宣言の後に，国連総会決議 2151（XXI），2383（XXIII），2508（XXIV），2652（XXV）は，「国連総会決議 1514（XV）の諸条

項」に従った「ジンバブウェ人民の自由と独立への不可譲の権利」を再確認し，また，2383 (XXIII) は，「南ローデシアにおける多数決原理に基づかないいかなる独立も国連総会決議1514 (XV) の諸条項に違反する」とみなしている。これらは，植民地人民の自決権の尊重に関わるものといえる。さらに，2262 (XXII) は，「南ローデシアにおいて行われている圧政，人種差別と隔離の政策」を人道に対する罪として非難し，「南ローデシアにおける違法な人種差別主義的少数者政権」の終結と国連総会決議1514 (XV) や他の関連諸決議の直接適用の確保を求めている。これは，人種差別禁止に関わるものといえる。

（2） 南アフリカのホームランド国家[13]

南アフリカでは1950年代に白人少数者政府がアパルトヘイト政策を遂行するために，南アフリカの様々な黒人部族のために10個の領土的単位たるホームランド（バントゥースタン）を設置して，それらに自治政府を認めた。その後，南アフリカはホームランドを完全に分離独立させることを決定し，1976年にはトランスカイ，1977年にはボプタツワナ，1979年にはベンダ，そして1981年にはシスカイに独立を認めた。国連はこのバントゥースタン政策を非難した。1971年11月29日の国連総会決議2775E (XXVI)[14]は，南アフリカ政府によるホームランドの創設と南アフリカとナミビアの住民のホームランドへの強制移住を，自決原則に反するもの，及び国の領土保全と住民の統一にとって有害なものとして批判した。1975年11月28日の国連総会決議3411D (XXX)[15]は，すべての政府と機構に，「バントゥースタンのいかなる機関や当局とも交流しないこと及びバントゥースタンにいかなる形式の承認も与えないこと」を求めた。トランスカイ独立の2日後の1976年10月26日の国連総会決議31/6A[16]は，「アパルトヘイトという非人間的な政策を強化し，国の領土保全を破壊し，少数者白人の支配を永続させ，そして南アフリカのアフリカ人民から不可譲の権利を奪うために設計されたものとしてのバントゥースタンの創設」を強く非難し，トランスカイの『独立』宣言を「無効 (invalid)」と宣

言し，また，すべての政府に「いわゆる独立したトランスカイにいかなる形式の承認も与えないこと」を求めた。また，安全保障理事会は1976年12月22日にコンセンサスによって決議402（1976）[17]を採択し，トランスカイと境界をともにするレソトがトランスカイの承認を断ったことを称賛するとともに，トランスカイの承認をレソトに強要する南アフリカの行動を非難し，トランスカイ不承認の求めに関する上記の1976年10月26日の国連総会決議を支持した。アフリカ統一機構は1976年7月に，すべての国家に「いかなるバントゥースタンにも，特にそのいわゆる独立が1976年10月26日に予定されているトランスカイに，承認を与えないこと」を求めた[18]。また，1977年にボプタツワナの独立について，1977年12月14日の国連総会決議32/105N[19]は再びバントゥースタンの創設を非難し，すべての政府に「いわゆる『独立』したバントゥースタンにいかなる形式の承認も与えないこと」を求めた。ベンダが1979年に独立したときに安全保障理事会の議長は，1979年9月21日に安全保障理事会を代表して声明を発表したが，そこにおいて，「安全保障理事会はベンダのいわゆる『独立』宣言を非難し，それをまったく無効（totally invalid）と宣言する」，そして「安全保障理事会はいわゆる『独立』したバントゥースタンにいかなる形式の承認も与えないことを求める」とのべている[20]。同様な声明はシスカイの独立の際にも1981年12月15日に発表された[21]。そして，トランスカイなどのホームランド国家は国家性に関する伝統的な基準を満たすとみなされたが，南アフリカを除いていかなる国によっても承認されなかった。

　この不承認の理由を示唆すると思われる国連総会決議の文言を取り出してみよう[22]。1976年10月26日の国連総会決議31/6Aは，国連総会決議32/105N（1977）と同様に，バントゥースタンの創設を「南アフリカのアフリカ人民から不可譲の権利を奪う」ためのものとし非難していた。これは自決権の尊重に関わるものといえる。また，1976年10月26日の国連総会決議31/6Aは，「アパルトヘイトという非人間的な政策を強化し」，「少数派たる白人の支配を永続させる」ためのものとして，バントゥースタンの創設を非難していた。国連総

会決議の採択の前の審議においても、ホームランド国家の不承認のための主たる理由としてその点が繰り返しのべられていた。これは人種差別禁止に関わるものといえる。

（3） 北キプロス・トルコ共和国[23]

多数派を占めるギリシア系住民と少数派のトルコ系住民が対立するキプロス共和国において、1974 年に、ギリシアの支援を伴う国家警備隊によるクーデターが試みられたことを契機として、トルコは軍隊を送り、キプロス島の北部を占領した。その結果、この北部占領地域に居住していたギリシア系住民が南部に移住し、逆にトルコ系住民が南部からこの北部に移住したので、北キプロスはトルコ系住民が圧倒的多数派を占めることになった。そこで 1975 年にトルコ系住民はトルコ系キプロス連邦構成国を宣言し、キプロス共和国を連邦国とすることを要求した。トルコ系キプロス連邦構成国の創設に対して、1975 年 3 月の安全保障理事会決議 367（1975）[24]は、北キプロスと南キプロスの交渉を危うくさせるものとして、それを遺憾とみなした。国連総会は、同様にトルコ系キプロス連邦構成国の存在を無視し、キプロスの領土保全を再確認し、外国軍隊の撤退を請求し、南北キプロスの交渉を奨励し、そして問題の解決の見込みに不利に作用するようないかなる一方的な行動も慎むようにすべての当事者に求めた[25]。1975 年以降、南北キプロスの間で継続的な交渉がもたれたが、成功しなかった。そこで 1983 年 11 月 15 日に、トルコ系キプロス連邦構成国の議会は、トルコの支持をえて、新「国家」――北キプロス・トルコ共和国――の創設を宣言した。この実体は即座にトルコによって承認されたが、他の諸国はそれに承認を与えなかった。この問題に関して、安全保障理事会は、まず 1983 年 11 月 18 日の決議 541（1983）[26]において、「キプロス共和国の一部の分離独立といわれるものに関するキプロスのトルコ系住民当局の宣言」を非難し、それを「法的に無効（legally invalid）」とみなし、そしてすべての国に対し「キプロス共和国以外のいかなるキプロス国家も承認しないこと」を求めた。さらに、1984 年 5 月 11 日の決議 550（1984）[27]において、安全保障理事

会は，「法的に無効な『北キプロス・トルコ共和国』」に言及しつつ，「分離主義的行動によって創設された『北キプロス・トルコ共和国』と称されているものを承認しないようにすべての国に求めること」を繰り返した。

この不承認の理由[28]との関連では，北キプロス・トルコ共和国はトルコのキプロスへの武力による侵入と継続的な占領の結果であり，国連憲章第2条第4項の武力の行使の禁止に違反して創設された，という点が学説によって重視される傾向にある——ちなみに国連総会は独立宣言以前に外国軍の撤退を要求していた——が，安全保障理事会決議541（1983）は，その点に言及せず，1983年11月15日のトルコ系キプロス当局の独立宣言を1960年のキプロス共和国創設に関する1960年条約と1960年保障条約——それはキプロスの領土保全を保障しキプロス島の分割を禁ずる——に違反するとみなすにとどまっている。また，安全保障理事会決議550（1984）は，すべての国にキプロス共和国の主権，独立，「領土保全，統一性」と中立を尊重するように求め，「すべての分離主義的行動」を非難している。

3 学　　　説

これまで国連指導のもとでの集合的不承認の三つの事例を簡単にながめてみた。それらにおいてはいずれも，新たに誕生した実体についてそれを国家として承認しないという態度が示されているのである。それだけでは殊更に論ずるべきこともないようにみえるのであるが，当該実体はいずれのケースにおいても伝統的な国家性の要件を満たしているように思われることが，問題を複雑化した。伝統的な国家要件論からすれば国際法主体たる国家とみなされ，国家として承認されるべきである実体であるにもかかわらず，それを国家として承認しないという態度が示されているのである。そこで，そのような実体を国家として承認しないということは何を意味するのであるのかが問題となった。

この問題に答えようとする学説は，主として三つに大別されうる。まず，伝統的な国家性の要件にさらに新たな要件が付け加わったと考えて，当該実体は

その追加的な要件を充たしていないが故に国家ではない，という趣旨の言明として不承認を理解する立場（以下には不成立説と略記する）である。つぎに，そのような追加的要件なるものを認めず，伝統的な国家要件論に立脚したうえで，一般国際法の強行規範（jus cogens）に違反する仕方で成立した国家は無効である，という趣旨の言明として，不承認を理解する立場（以下には無効説と略記する）である。最後に，伝統的な国家要件論に立脚し，しかもたとえ強行規範に違反して成立した国家であっても有効な国家であるとみなしたうえで，当該国家に対しては強行規範の重大な違反を理由に対抗措置——国家として扱わないという措置——をとる，という趣旨の言明として，不承認を理解する立場（以下には対抗措置説と略記する）である。それらはいずれも承認を国際法主体たる国家の要件として捉えていないのであり，その意味では，かつてのOppenheimのような承認理解とはまったく異なる。以下には，それらの紹介と分析を試みたい。

（1）不 成 立 説

　国際法主体たる国家の要件については，今日では伝統的な要件にさらに新たな要件が追加されつつある，と考える立場がある。そして，ローデシアのケースにおいてには，その新たな追加的要件が満たされていない，それ故にまだローデシアという国家は成立していない，とみなすのである。これを明確に表明したものとしてFawcettのつぎの論述が注目される。

　「しかしある政権を新たな国家として承認するための伝統的な基準には，今や，それがその領土における一定の市民的・政治的権利——特に直接的に又は普通，平等且つ秘密の選挙によって選ばれた代表者を通じて国の統治に参加するすべての市民の権利を含む——の組織的な否認に基づくものであってはならないという要件が，付加されなければならない。この原則は，ローデシアのケースにおいて，世界社会がほとんど一致して一方的独立宣言を批判したこと，そしてその結果新政権につき承認が普遍的に差し控えられたこ

とによって，支持された。そうであるならば，反乱の違法性は独立国家としてのローデシアの創設への障害とならないが，当該政権の政治的基礎と目標が障害となったのであり，独立宣言は国際的効果を伴わない，ということになろう」[29]。

そこにおいては，国際法主体たる国家に関する伝統的な要件に，さらに，自決権の尊重という新たな要件が追加されている。そのうえで，国際社会はローデシアのケースではその追加的要件が充足されていないとみなした，と考えられているのである。その見解のもとでは，ローデシアの承認を拒否することのなかに，ローデシア国家の不成立，したがってその不存在を確認する行為が見出されるということになろう。この見解に対しては，Devine が二つの観点から批判を展開した。第一には，彼は，Fawcett が国家性の要件について『良い政府（good government）』という追加的要件を付加すべきであると考えているとみなしたうえで，つぎのようにのべる。つまり，『良い政府』という要件が確立したとするならば，今日の諸国の多くはこの本質的属性を欠くので国家ではなくなってしまうであろう[30]，と。第二には，彼は，ローデシアの事態は唯一の孤立したケースであり，そのような一つの実例から慣習規則が発展するとはとてもありそうもない[31]，と指摘する。そして彼は，承認に関する創設的効果説を首尾一貫して適用する意思があれば，追加的要件なるものは不必要になる，と考え，つぎのようにのべる。つまり，この創設的効果説を適用するならば，ローデシアが国家であるかどうかは重要でないことになる。国際社会の大多数の国家は承認の拒絶のみによりローデシアに有効な国際人格を与えないでおくことができる[32]，と。

これに対して，Fawcett はつぎのように反論した。つまり，第一に，彼の提案する新たな追加的要件は『良い政府』ではなく，統治における直接的又は間接的な実効的代表を有するという人民の権利が否認されないことであり，それは政府が良いかどうかとは関係ない。第二に，ローデシアは国家性についての唯一の孤立したケースであって，そこからは一般慣行が引き出せないというけ

れども，ここで問題の一般慣行は，ローデシアと同じ仕方で扱われる新国家の他のケースの一般慣行ではなく，少なくとも1948年から自決が法と統治の基本原則として受け入れられつつあるということである。この原則に基づいて，国家実行は，自決権の無視に基づく新政権を国家として承認すべきではないという国際社会における共通の政策を発展させたのである[33]，と。

そのようなDevineとFawcettの論争からはつぎのことが問題点として浮かび上がる。まず，Fawcettの考えるように自決の原則が一般慣行となったのかどうかという問題である。それについては，自決権の原則が今日では一定の範囲で慣習法となりつつある，という理解が有力となっているといえよう[34]。Crawfordによると，「(1)国際法は自決の原則を認める。(2)しかし，それは，政治的独立又は自治を望む人々のいかなるグループにも直接的に適用可能な権利ではない。主権のように，それは法的原則である」。「(3)その原則が適用される単位は一般に，別個独立の政治的単位として樹立され認められている地域である。特にそれはつぎのものに適用される」。「(a)信託統治地域，委任統治地域及び国連憲章第11章のもとでの非自治的として取り扱われている地域……」[35]。つぎに，Fawcettのように伝統的な国家要件にさらに自決権の尊重という要件を追加すると，既存の国家も自決権を無視した行動をとっているときには国際法主体たる国家ではなくなるのではないのか，という問題である。

そのような問題点をふまえたうえで，Crawfordは，「自決は，現代国際法において法的権利として作用する限られた範囲で，国家性の基準である」[36]とみなしつつ，Fawcettの見解をつぎのような形で受け継ぐ。

「特定の地域が定義された自決単位である場合には，自決に違反して成立し，当該地域を国家として支配しようとする政府は，承認されない。この原則は——国際法と国際関係の発展の現在の段階においては——既存の国家に関しては法原則を構成しない。しかし，自決単位，特に非自治地域に適用されるこの原則のための証拠は，ローデシアの一つのケースに限定されるとしても，一貫した不変のものである。したがって，適用可能な自決権に違反し

て成立した実体に国家性の主張を禁ずる新たなルールが，成立しているように思われる」[37]。

　そこでは Fawcett が明確にしていなかった重要な点について一定の態度が表明されている。つまり，自決権無視という仕方で成立した実体はたとえ伝統的な国家要件を満たしていても国家として成立しないとみなすことは，必ずしも，既存の国家も自決権を無視しているときには国際法主体たる国家ではなくなるという結論に導かない，と。国際法と国際関係の発展の現状からすると，自決権の尊重という追加的要件は新たに成立する国家についてのみ適用されるのであり，既存の国家には適用されない，ということにならざるをえないと考えられているのである。
　ちなみに，Crawford はさらに国家性の新たな二つの追加的要件を認める。まず，彼によると，ある国家が母国の一部の分離独立に違法に干渉し助長する場合には，他の諸国は違法な領土併合の場合と同じ不承認義務を負う。そのような状況において武力行使に関するルールに違反して創設された実体は国家とはみなされない。そして，このような観点から彼は北キプロス・トルコ共和国に対する集合的不承認を説明する[38]。さらに，彼は，アパルトヘイトという基本的に違法な政策に従って創設された実体はまさにその理由で国家とみなされない——既存の国家において採用された特定の制度としてのアパルトヘイトそれ自体は慣習国際法上は違法ではないが——と考え，このような観点からトランスカイなどの南アフリカのホームランド国家に対する集合的不承認を説明する[39]。
　このようにみてくると，Crawford の不成立説は，承認を国際法主体たる国家の要件とはみなさないという前提に立脚したうえで[40]，ローデシアなどの諸国家に対する集合的不承認のなかに当該の諸国家の不成立，したがって不存在を確認する行為を見出している，ということになろう。
　ちなみに，Crawford は強行規範違反による無効という観念を国家の成立に導入することに反対である。彼はつぎのようにのべる。つまり，強行規範に関

する条約法条約の諸規定は国家成立という事態に直接に適用されることを意図していない。当該諸規定の重要性は，一定の基本的な規範の重要性と永続性の強調にあるといわれてきたように，むしろ間接的である。国家性のコンテクストにおいては，必要なのはウィーン条約法条約の諸規定への依存ではなく，当該コンテクストに適応したルールの検討である[41]，と。彼は条約法条約において採用された強行規範に関する諸規定の重要性を意識しつつも，それらをそのまま国家成立の場合にも押し及ぼすのではなく，その場合の事情に適した形での基準づくりに役立てようとしているように思われる。

（2）無 効 説

他方では，国際法主体たる国家の要件についてCrawfordなどのように新たな追加的要件を認めるということをしないで，その代わりに条約法条約における強行規範違反の場合の無効という処理の仕方を国家成立の場合にも押し及ぼしていこうとする立場が登場する。それによると，自決権無視や人種差別や武力行使による実体の誕生の場合には国家は成立するが，強行規範違反の理由でその成立は法的には無効という扱いを受ける。例えばDugardはつぎのように論ずる。

「このテーマに関する国家実行は主として国連の政治的機関に限定されており，それによって採択された決議からすると，ローデシア，ホームランド国家及び北キプロス・トルコ共和国のような実体は単に国家性の要件に従わないだけの理由で非難されているのではなく，国際法の一定の強行規範の違反——それは実体の『illegality』，『invalidity』及び『nullity』を結果する——だと非難されてきたのである。国連総会や安全保障理事会は明確な法律用語の使用で有名であるわけではないし，また，これらの機関によって使用される用語を重視しすぎるべきではないと提案されるかもしれない。けれども，これらの機関がこれらの実体に関して『illegality』，『invalidity』及び『nullity』という用語を明確に且つ繰り返して使用している場合には，当該

実体が国家性の要件のすべてを満たしているのではないという理由に基づいて承認を差し控える，ということが意図されていると考えることは困難である。国際法は存在しない行為と違法性のゆえに最初から無効である行為を区別している。これらの行為のいずれも法的効果を有しないにもかかわらず，その区別はたとえ法学的明晰性のためだけであるとしても維持されるべきである。存在しない行為の場合には，『一部の要件の欠如は，行為の無効ではなくその不存在をもたらすほどに重大であるとみなされている』。他方，その違法性のために無効となる行為は，特定の法的行為（legal act）の要件を充たしているが，その過程における法規違反のために，その効力を失うのである。かくして，ある条約が有効な条約の要件のすべてを満たすが無効であるときには，それは，有効な条約の本質的な要素を欠くからではなく，強行規範に属する一般ルールに反するからである」[42]。「不承認に関する現代法はつぎのように定式化されうる。強行規範の性格をもつ規範に違反する行為は違法（illegal）であり，それ故に無効（null and void）である。このことは国家の成立，領土の獲得及び Namibia ケースのような他の事態に適用される。諸国家はそのような行為を承認しない義務を負う。安全保障理事会や国連総会の決議は，そのような事態を承認しないという諸国家の既存の義務を確認するという意味で，法学的観点からすれば宣言的である」[43]。

このようにみてくると，Dugard の無効説は，承認を国際法主体たる国家の要件とはみなさないという前提に立脚した上で[44]，ローデシアなどの諸国家に対する集合的不承認のなかに，当該の諸国家の成立の無効，したがってそれらの不存在を確認する行為を見出している，ということになろう。そしてその際に，彼においては，不成立説と無効説は，法的構成の点では相違するが，当該実体につき国家成立という「法的効果」が生じないものとして扱う——当該実体を国家として扱わない——という結果になる点では同じである，ということが意識されている。

Dugard は Crawford の見解に対してつぎのような批判を展開している。つ

まり，第一に，それは，自決単位と既存の国家について要求される倫理的な行動において，不幸なダブル・スタンダードを設けることになる。第二に，それは，自決単位という用語の意味が大部分において未解決であるので，国家性の基準に関して不確実性をもたらす。第三に，それは国家実行によって支持されていない。当面の主題に関する国家実行は大部分において国連の政治的機関に限定されている。国連機関の決議からすると，ローデシア，ホームランド国家，北キプロス・トルコ共和国のような実体は単なる国家性の要件の不充足という理由で非難されてきたのではなく，国際法の一定の強行規範の違反——それは違法や無効という結果になる——という理由で非難されてきたのである[45]，と。ちなみに，Dugardによると，安全保障理事会の決議は，ローデシアのケースでは自決権に関する規範の違反と人種差別（アパルトヘイト）禁止の規範の違反，南アフリカのホームランド国家のケースでは人種差別（アパルトヘイト）禁止の規範の違反と自決権に関する規範の違反，そして北キプロス・トルコ共和国のケースでは侵略禁止の規範の違反と自決権に関する規範の違反を前提としていた[46]。

　さらに，Gowlland-Debbasが類似の考えを示している。彼女は，安全保障理事会決議217（1965）が独立宣言を法的有効性のないものとみなし，それから生ずるすべての行為を無効と決定したと理解し[47]，その独立宣言の無効の根拠を，「国際社会に基本的とみなされる一定の義務」の重要性に関する国際法の発展のなかに見出す[48]。そして彼女はつぎのようにのべる。つまり，一方的独立宣言の違法性と無効性に関する最初の国連決議は，自決権を最も重要な規範として確認し，その違反を無効という制裁に値するほど重大な違法行為であるとみなすという，国連の実行における新たな一貫した傾向の「種」（後に一貫した実行となるものの最初の建築ブロック材）を含んでいる。それ故に，南ローデシアのケースそれ自体は「国際社会に基本的とみなされる義務」の内容に解明の光を与える[49]，と。ちなみに，彼女のいう「国際社会に基本的とみなされる義務」は強行規範，対世的義務（obligations erga omnes）及び国際犯罪と本質的に異ならないものとして捉えられている[50]。

（3） 対抗措置説

　上記のような不成立説や無効説とは異なり，ローデシア国家の法的存在を前提としたうえで，その成立の際の強行規範違反に対する対抗措置の表明として不承認を理解する見解が有力に唱えられるに至っている。例えば Cassese によると，自決に関する慣習規範は対世的な義務を課し，その義務の違反は国家の国際犯罪となるので，第三国は国際法によって現在のところ認められているすべての「対抗措置（countermeasure）」に訴えることができる[51]。そして彼は，自決権のはなはだしい違反に対応するためにこれまでに最も広く訴えられた対抗措置が自決権に反する事態の「法的承認の拒絶」であるとみなす。彼はそのような具体例をいくつかあげるのであるが，そのなかに南ローデシアのケースが入っている[52]。

　そのような対抗措置説をより詳細に展開したのは Talmon である。彼は，一方では，国際法主体たる国家の要件については住民，領土及び実効的政府という伝統的な見解にとどまり[53]，強行規範の重大な違反のもとに成立した実体であっても伝統的な国家要件を満たすかぎり国家として有効に成立する，と考えるが，他方では，その場合に強行規範の重大な違反に対する対抗措置が可能であると考えて，その対抗措置の表明として不承認を理解する。彼はつぎのようにのべる。

　「最近の 30 年以上にわたる ILC の作業の示すところによると，国際社会の基本的利益を保護する一定の基本的規範の違反は，すべての国家にとって，そのような違反によってつくられた事態を合法的（lawful）なものとして承認しない義務（権利も含む）を伴う――特に権限ある国際機構によってそうすることが求められるならば――。この義務は国際違法行為が最終的にどう呼ばれるのか，国際犯罪か，対世的義務の違反か又は強行規範の違反か，とは無関係に存在する。集合的不承認は，それ故に，国際社会の基本的利益の保護又は防御のためにすべての国家によってなされる対抗措置であ

る。……不承認がしばしば政治的理由で濫用されてきたという事実を考慮に入れると，新国家に対して国家性に固有な権利を認めないことは，（随意的関係を認めないこととは異なり）つねに国連の機関による不承認の求めにより先行されるべきである」[54]。「すべての随意的関係とそれから生ずる権利や特権を新国家に認めないことができる。それらは他の諸国の自由裁量に委ねられているからである。この随意的関係を認めないことは，不法ではないが友好的でない行為を構成する。他方，国家性に固有な権利を認めないことは，国際法における特別な正当化を要求する。そのような正当化は，国連安全保障理事会の拘束的決議から生じうる。あるいはまた，不承認は一般国際法の強行規範のもとで生ずる義務の重大な違反——それは国際社会全体の利益に影響を与える——に対する対抗措置とみなされうる」[55]。「既存の国家の不承認は地位を破壊する効果を有しないので，他の諸国ができることは，成立した国家を——それが国家性の基準のすべてを満たしているにもかかわらず——国際法上の国家として扱わないという意思を表明するために，国家成立のコンテクストにおける国際法違反に対する反作用として不承認を利用することだけである。即ち，諸国は，ある国家にその法的地位又は『その存在の法的効果』を認めないための手段として，不承認を使うのである」[56]。

このようにして，Talmon は，国際社会全体の利益に影響を及ぼす「一般国際法の強行規範のもとで生ずる義務の重大な違反」の場合に，新国家に「国家性に固有な権利を認めないこと」即ち「成立した国家を……国際法上の国家として扱わないという意思を表明する」こと——それは本来は国家主権への侵害であり，国際違法行為を構成するはずであるが——を内容とする対抗措置を，不承認の意味として捉えるのである。その際には，当該新国家は母国の一部とみなされ，「local *de facto* governments（デ・ファクト地方政府）」という部分的な国際法主体性しか有しない[57]。彼によると，この対抗措置としての不承認の目的は，新国家をして自らを解消させ，以前の状態に戻らせることである[58]。そして彼は，不承認の対象となる新国家を対抗措置の名宛人として考え

る際に，当該国家の国際責任を伴う行動はその成立又は存在のなかにあるとみなし，そのような行動そのものが国際違法行為であるか，又はスポンサー国家による継続的な国際違法行為への支援又は援助を構成すると考える[59]。そのような見解のもとに，Talmon は，ローデシアのケースについては自決権の無視，南アフリカのホームランド国家のケースについては人種差別（アパルトヘイト）禁止の違反，そして北キプロス・トルコ共和国のケースについては武力行使禁止の違反（外国領土に対する違法な占領）という国際違法行為を見出したうえで，それらのケースにおいては国際社会の利益が問題になっていると考える[60]。

そのような見解を提唱するにあたり，Talmon は従来の諸説を批判する。

まず，Crawford の見解に対して Talmon はつぎのように論ずる。つまり，自決が国家性の追加的基準となったことを示す証拠はない。ローデシアの普遍的な不承認を引用するだけでは，そのような主張を支持するには不十分である。というのは，ローデシア不承認については別の理由も考えられるからである。ローデシアの国家性は ILC によっても推定されていたように思われる。2001 年 8 月の国際違法行為に対する国家責任条文の 41 条の解説において，ILC は，ローデシアの事態を 40 条の意味における重大な違反の結果としての不承認の一例とみなした。しかし，40 条は，一般国際法の強行規範に基づいて生ずる義務の重大な違反が「国によって」行われることを，要求する。いかなるスポンサー国家もローデシアのケースに関係しなかったので，ローデシア自身が国際法に違反した国家であるという結論にならざるをえない[61]。人種差別禁止については，確かに，ホームランド国家の独立が宣言されたときに，それは慣習国際法上のルールであったといえる。しかし，人種差別禁止に違反した国家に国家性を与えないという慣習国際法上のルールについては，それは，国家実行と法的確信が欠けているために，存在しなかった。例えば，1948 年に南アフリカにアパルトヘイトが導入された後でさえも，南アフリカの国家性が問題視されることは決してなかった。Crawford は，既存の国家を人種差別禁止の基準の適用から免除することにより，この批判に対処しようとする。彼

はこの戦術を自決の基準にも適用する。しかし,『国家』という法的地位が表すのは事態（a state of affairs）であり，一回限りの出来事ではない。それ故に，国家性の基準は国家の成立についてもその継続的存在についてもテストの役目を果たすことになるはずである[62]。Crawford はトルコの介入の結果として創設されたキプロスの『トルコ人国家』はまさにその理由で承認されるべきではないとする一方で，（バングラデシュのケースにおけるように）地方的『自決単位』を支持するために武力が違法に行使された場合には例外を認める。しかし，国家実行が示すように，バングラデシュの国家性の決定の際にはインドの介入も東ベンガル人民の自決権も役割を演じなかった。さらに，「自決単位」という用語は違法な武力行使の国家性への効果を決定するためにはあまりにも曖昧すぎるように思われる[63]，と。

　このようにローデシア，南アフリカのホームランド国家及び北キプロス・トルコ共和国のケースのそれぞれについて個別的に Crawford の見解を批判したうえで，Talmon は，さらに合法性を国家性の要件とすること一般についてつぎのようにのべる。つまり，第一に，国家の成立の合法性が国家性の要件であるならば，不承認の求めの目的が問われなければならないであろう。そもそも承認されうるような国家が存在しないならば，何故に不承認が求められるのであろうか。これに対して，Crawford は，不承認は国家たる法的地位の基準を満たさない実体が承認のプロセスよって国家たる法的地位を獲得することを阻止するという試みである，と反論する。しかし，彼は承認に宣言的効果しか認めないはずだったので，その反論は論理的な困難を含んでいる[64]。第二に，諸国家は依然としてもっぱら領土，住民及び公的権威という古典的な事実的基準のみに言及する。また，大部分の著者は依然として国家性に関する決定をこれらの三つの古典的な基準のみに基づいて行う[65]。第三に，合法性という追加的な基準を主張するものは，『非国家（non-State）』の国際責任を説明することができない。その論者は，何故に国際法の基本的ルールの違反が一方では国家の成立を妨げ他方では国際責任の能力のある「部分的な国際法主体」をもたらすことができるのか，という問いに答えることができない[66]，と。

他方では，Talmon は，無効説に対しても，つぎのように詳細な批判を展開する。つまり，第一に，時際法の原則によれば，強行規範違反の結果として国家の成立が無効であるためには，違反された規範が国家成立時に強行規範の性格を有していたことが必要となる。上記の諸規範は（自決権に関して若干の留保を伴うが）今日では強行規範の一部を構成する。人種差別禁止は最初のホームランドが独立に向けて解放されたとき（1976 年 10 月）に，そして武力行使禁止は北キプロス・トルコ共和国が宣言されたとき（1983 年 11 月）に，強行規範として一般に受け入れられていた。しかし，同じことは，自決権についてはいえない。VCLT（条約法に関するウィーン条約）53 条によると，「国により構成されている国際社会全体が［一般国際法の強行規範として］受け入れかつ，認める」規範のみが強行規範と分類される。そのような規範はすべての国家によって受け入れられる必要はないが大多数の国家によって受け入れられる必要がある。しかし，1965 年 11 月においては自決権はそのレベルの受け入れを獲得していなかった。1966 年において ILC は条約法の最終草案の条文の注釈において強行規範のための例をまだ示すことができなかったのである。また，たいていの著者も 1970 年代に入るまで自決権を強行規範と認めなかったという事実も，大多数の国家による受け入れがなかったということを例証する。もし 1965 年 11 月の時点で自決権がまだ強行規範ではなかったならば，ローデシア国家の成立は無効とはなりえなかったことになる。ローデシアの不承認は当該国家の無効ということでもっては説明できないのである[67]。第二に，無効の観念は法律行為，特に意思表示のために発展させられてきたのであり，物理的な行為（physical actions）又はそれによってつくられた事実状態（factual situations）には容易には適用されない。強行規範に反するジェノサイドや奴隷制の行為をみれば，そのことがわかる。いずれの場合にも当該行為の法的結果として無効を観念することは明らかに無意味であろう。国内法におけるつぎのような例もその点を明らかにする。即ち，無効の観念は目的別地域区分法又は都市計画法に違反して建設された建築物に関しては有用ではない。法律がそのような違法建築物は無効であると定めていても，それは依然としてそこにあ

るであろう。同じことは違法に創設された国家についてもあてはまる。たとえ違法に創設された国家が国際法によって無効と宣言されても，当該国家はそれでもなお法律を可決する議会，その法律を実行する行政機関，そしてその法律を適用する裁判所を有する。当該国家はそれでもなおその領土上のすべての人と物に主権的権威を行使する。国際法は，現実離れしていると思われたくないならば，事実上存在する国家を完全に無視するということはできない[68]。第三に，VCLTの71条1項a号はまた，無効の観念が二国間的又は多数国間的な法律行為，即ち条約に制限され，その結果として起こる事実状態には及ばないということを示す。この規定によると，「一般国際法の強行規範に抵触する規定に依拠して行った行為によりもたらされた結果」は無効ではなく，当事者によって「できる限り除去」されなければならない。違法な行為の結果を除去する義務は，すでに国家責任法（ILCの国家責任条文35条）から出てくるのである。無効を規定することはなんらの利益も付け加えないであろう。この議論をホームランド国家に適用してみよう。南アフリカ政府がアパルトヘイトの永続化のために，ホームランドの独立に向けての解放に関してホームランドの自治的政府と最初に条約を結んだならば，この条約は，アパルトヘイトの禁止に違反するので，無効であったということになろう。そして当該条約の履行によりつくられたであろう国家は無効だったということではなく，除去されなければならなかったということになろう。同じことは，国家の創設が条約に基づくのではなく，母国によって独立に向けて解放されること，又は独立の一方的宣言による場合にも，あてはまるべきである[69]。第四に，強行規範の観念が事実状態に適用されるならば，VCLTの64条の準用によって既存の国家も影響をうけるであろう。したがって，その存在が新たな強行規範に反する既存の国家は，国家性を失うことになろう。ホームランド国家の場合には，その成立の無効の原因はアパルトヘイト政策（人種差別禁止違反）だったと仮定するならば，このことは南アフリカそれ自身にも適用されたであろう。しかし，いかなる国家も南アフリカに国家性を認めないというところまではいかなかった。新たに国家性を求めて争うものに，既存の国家よりも厳しい条件を満たすよう要

求する特別な法は，国家性という一様な観念と調和しない[70]。第五に，武力行使禁止違反による領土取得の問題を取り扱ういくつかの国連総会決議は，国際法は強行規範違反の事実状態のケースにつき無効という結果を選択しなかった，ということを示す。例えば，1970年の友好関係原則宣言（国連憲章に従った諸国間の友好関係と協力に関する国際法の諸原則の宣言）は，「武力による威嚇又は武力の行使の結果生ずるいかなる領土取得も，合法的なものとして承認してはならない」とのべ，侵略の定義に関する1974年決議の5条3項は，「侵略の結果生ずるいかなる領土取得も，特別な利益も，合法的ではないし，また，合法的なものと認めてはならない」とのべる。そこにおける，あるものが「合法的なものとして承認してはならない」という命令は，論理的な前提条件として，その――違法なものではあるが――存在を必要とするのである。また，侵略の定義の交渉の期間中に，「侵略の結果生ずるいかなる領土取得も，特別な利益も無効とする」という提案がなされたが，それは可決されなかった。ILCも2001年8月の国家責任条文において上記の諸決議のアプローチを採用し，それを強行規範の違反のすべてに拡張した。ILC国家責任条文の41条2項によると，いかなる国も，一般国際法の強行規範のもとで生ずる義務の「重大な違反によって生じさせられた事態を合法的なものとして承認してはならない」。Gowlland-Debbassは正確にも，当該条文は不承認の義務を課すことにより「違法な行為の法的効果を認めない」とのべる。「いかなる法的効果も認められない違法ではあるが実効的な行為」と「最初から無効であり，そのためにいかなる法的効果も生ぜしめることができない行為」は「同じ結果」に導くが，両者の間には重要な理論的な相違がある。不承認に関する規定がILC国家責任条文における，「国の国際責任の内容」，即ち国際違法行為の法的効果に関する第二部のなかに見出されるという事実は，事態の違法性の結果はその不承認であり，その無効ではない，ということを示す。さらに，ILC国家責任条文の41条1項によると，国は国際法の強行規範の重大な違反を「終了させる」ために協力することになっているが，無効であるものを終了させる必要はないであろう[71]。第六に，強行規範の観念を国家成立に適用することに反対す

るさらなる論拠は,いかなる規範が強行規範の一部をなすのか,また強行規範が特定のケースにおいて違反されたのか,という問題に関して拘束的な決定に至るための手続が二つのウィーン条約法条約以外には存在しない,ということである。ILC によると,強行規範の観念は,独立した権威のある司法的判断の体系によって伴われるときにのみ,満足のいく仕方で適用されうる。どの無効のルールでもその恣意的な適用を阻止するために設計された『手続的安全装置』を必要とする。ILC と同様に,諸国家は,ウィーン条約法条約における強行規範の観念を,その適用に関する紛争の強制的解決についての諸規定と密接に関連している,とみなす。国連機関は,国家の成立に関する紛争について独立した裁決者の役割を演じることができない。国連総会は当該問題に関して拘束的な決定をなす権限を有しない。安全保障理事会についていえば,国家の成立が無効であるかどうかという法的問題が,政治的考慮,又は常任理事国の一つによる拒否権の行使によって決まることがあってはならない。さらに,諸国家は,国家の成立が強行規範に違反したかどうかに関する安全保障理事会の決議を求める法的権利を有しない[72]。第七に,強行規範の違反が国家成立の無効という結果をもたらす,即ちそれによって承認されるべき国家がないことになると仮定するならば,不承認はいかなる目的に役立つのかが問われなければならない。強行規範違反による国家の成立が承認によって有効化されえないならば,国連による不承認の求めは不必要であることになろう[73]。第八に,国家実行は,強行規範に違反した国家の成立,領土の取得又は他の事態が違法であり従って無効である即ち法的効果を有しないという主張を,支持しない。交戦法規と国際人道法規もまた侵略者に適用される。占領地域における侵略者の行動は,占領に関する国際法の範囲内にとどまる限りは,法的には有効である。例えば,北キプロス・トルコ共和国がトルコの武力行使禁止違反のために無効であるということが意図されても,欧州人権裁判所(ECHR)はトルコ-キプロス裁判所を占領権力たるトルコによって与えられた実効的な国内的救済方法として取り扱ったのである。ECHR と同様に,国内裁判所は,『無効な国家』は法律を可決することができないことになるはずなのに,北キプロス・トルコ共

和国の法律を適用してきた。ICJ のナミビア勧告的意見は，委任統治地域又は非自治地域の，自決権に違反する継続的占拠でさえも占拠権力によるすべての行為を自動的に無効とするものではない，ということを示す。例えば，若干の行政行為は法的効果を持ち続けることになっていた。さらに，南アフリカがナミビアのために又はナミビアに関して加入した二国間条約は，『積極的な政府間協力』を含む限りにおいてのみ，援用又は適用されないことになっていた。ある行為が無効であって他の行為がそうでないということは，強行規範の観念と両立しない。国連加盟国は東ティモールにおける又はそれに関するインドネシアの行動の無効を想定しなかった。オーストラリアを，インドネシアとの条約締結により東ティモールの人民の自決権を侵害した，と非難するポルトガルでさえ，当該条約を無効であるとは主張せず，オーストラリアの国際責任に訴えた。東パキスタンにおける反乱軍を支持するためのインドの軍事介入は，いくつかの国家がそれを武力行使禁止違反とみなしたにもかかわらず，バングラデシュ国家の成立を阻止しなかった。かくして，ローデシア，ホームランド国家及び北キプロス・トルコ共和国の集合的不承認だけでは，それらの無効の証明とはならない。また，強行規範に違反する事態は無効であるという主張が正しいならば，武力行使禁止に違反して政権をとった政府（そして創設された国家）はすべて国際法に関する限り不存在ということになろう。しかしこれは明らかに事実ではない[74]。第九に，ホームランド国家やローデシアや北キプロス・トルコ共和国のケースにおいて国連総会や安全保障理事会やその議長は独立宣言を「無効 (invalid)」と宣言したが，その無効宣言は，他のそのような宣言とのコンテクストで考察されなければならない。国連諸機関はつぎのような行為をも「無効」と宣言してきたのである。即ち，大使の交換といわれるものや他の分離主義的行為，領土のために又は領土に関してなされる政府の行為，一定の安全保障理事会決議に反する行為などである。これらの宣言は，『無効』という言葉が必ずしも法的な意味における無効 (void) であることを意味しない，ということ示す。それらはむしろ，安全保障理事会や国連総会は単に，すでに生じた又は将来生じる行為を有効な (valid) ものとして扱わな

い（又は扱わないであろう）旨を表明しようとしているにすぎない，ということを示唆する。また，若干のケースにおいては，無効である旨の宣言が，問題の措置を撤回する又は取り消す旨の求めによって伴われている。例えば，安全保障理事会は決議541（1983）において，the Turkish Cypriotによる独立宣言を「法的に無効とみなし，そしてその撤回を求め」た。しかし，無効の宣言の撤回はほとんど法的意味をなさない[75]，と。

4　若干の考察

　以上，ローデシア，南アフリカのホームランド国家及び北キプロス・トルコ共和国の事例に限定して，国連主導のもとでの集合的不承認がいかなる意義を有するのかという問題に関する外国の学説の主なもの（不成立説，無効説及び対抗措置説）を紹介してきた。集合的不承認のもとに，問題の実体が国家の新たな要件を満たしていないがゆえに国家として成立していない旨を確認する行為を，理解する立場，問題の実体が国家として成立しているが強行規範違反のために無効である旨を確認する行為を，理解する立場，及び国家として有効に成立している問題の実体に対してなされる，強行規範違反を理由にそれを国際法上の国家として扱わないという対抗措置の意思表明を，理解する立場である。上記の問題についてはわが国でも議論がなされつつあり，不成立説に与すると思われるような論述[76]と無効説を想起させるような論述[77]が見出される。以下には，これまでのべてきたところを要約的に検討することが試みられる。

　（i）国家承認論においては，これまで承認という言葉が，創設的効果や宣言的効果という言葉と同様に，必ずしも同じ意味で一貫して使用されてきているわけではない。したがって，国家承認論に取り組むにあたっては，それらの言葉がどのようなコンテクストにおいてどのような意味で使用されているのかに注意する必要がある。このことは，集合的不承認の場合にもあてはまる。したがって，集合的不承認の意義を論ずるにあたりまず問題となるのは，不承認決

議の際に国連機関——ひいてはそれに従ったとみなされる諸国——が実際にどのようなことを念頭においていたのかを明らかにすることが重要である[78]。この点との関連では、まず、国連機関の決議において、上記のケースにおける独立宣言につき無効という言葉が何度か使用されていることに注意すべきであろう。例えば、まず、ローデシアについては、1965年11月20日の安全保障理事会決議217（1965）はローデシアの独立宣言を「法的効力を有しない」（no legal validity）とみなした。ついで、ホームランド国家については、国連総会決議31/6A（1976）、32/105N（1977）及び34/93G（1979）は、トランスカイ、ボプタツワナ及びベンダのケースにおいて「いわゆる『独立』の宣言をまったく無効（totally invalid）」と宣言した。そして、安全保障理事会もその議長による1979年9月21日の声明と1981年12月15日の声明においてベンダとシスカイとの関連で同じ態度を示した。また、北キプロス・トルコ共和国については、1983年11月18日の安全保障理事会決議541（1983）は北キプロス・トルコ共和国の独立宣言を「法的に無効（legally invalid）」とみなし、1984年5月11日の安全保障理事会決議550（1984）は「法的に無効な（legally invalid）『北キプロス・トルコ共和国』」という言葉を使用した。

そのような事情を援用してDugardは無効説を展開するのであるが、問題は、これらの諸決議において無効という言葉がどのような意味で使用されているのかである。その点については、Talmonは、国連機関が独立宣言以外のいくつかの行為に関しても無効という言葉を使っている（例えば安全保障理事会決議550（1984）はトルコとトルコ系キプロスの指導者との間における大使の交換や他の分離主義的行為を「違法で」「無効で」あると宣言している）が、それらの場合をみてみると「無効（invalid）」という言葉のもとで必ずしも法的な意味における無効（void）が意味されているのではではない、と指摘する[79]。確かに独立宣言についてもその指摘は正しいように思われる。というのは、安全保障理事会の決議541（1983）は北キプロス・トルコ共和国の独立宣言を「法的に無効（legally invalid）」とみなし「その撤回（its withdrawal）」を求めたが、もしそこで使用されている無効という言葉が法的意味での無効を意味す

るならば，その撤回を求めるということは意味をなさないことになるからである[80]。また，Dugard 自身も，国連総会や安全保障理事会の決議は必ずしもつねに正確な法律用語を使用してきたわけではない，ということを認めている[81]。このようにみてくると，不承認決議の際の国連総会や安全保障理事会の考えを正確に捉えるという観点からすると，決議において「無効」という用語が使用されていることは必ずしも決定的な決め手にはならない，ということになろう。

国連機関の不承認決議がどのような趣旨でなされたのかを解明するという目的からすると，決議において使用されている文言のみならず，決議の際の審議の内容も考慮に入れられるべきであろう。しかし残念ながら，審議のなかに決定的な決め手を見出すことができないので，各論者はそれぞれの見解を提示するに当たり審議の内容を積極的に援用することができなかったのである[82]。

不承認決議の際に国連機関が実際にどのようなことを念頭においていたのかを解明するためには，さらに，決議の当時における実定国際法の状況も考慮に入れられるべきかもしれない。その点と関連するのは，Dugard の無効説を批判する際の論拠の一つとして Talmon によってなされていた，南ローデシアの一方的な独立宣言のなされた 1965 年 11 月の時点ではまだ自決権が強行規範（VCLT の 53 条によると国際社会全体が一般国際法の強行規範として受け入れ且つ認める規範）として認められていなかったのではないのか，という指摘である。もっとも，そのような論法からすれば，ローデシアに対する不承認決議の際には対抗措置が意識されていたと推論することにも無理があることになろう。というのは，集合的不承認が対抗措置とみなされるべきであるならば，被害国以外の国家もまた対抗措置をとる権限を有しなければならないが，Talmon 自身が認めるように，現在においても，第三国によって対抗措置がとられうるのか，とられうるとしてもどの程度においてかという問題に関する法は，まだ確固としたものとはなっていない[83]からである。また，ILC も 2001 年の時点で，「一般的又は集団的利益においてなされる対抗措置に関する国際法の現状は不確実である」，そして「国家実行はまばらである」と考えて，国

家責任条文のなかに第三国による対抗措置に関する規定を入れないことを決定した[84]，という経緯がある。不成立説や無効説や対抗措置説という法的構成がはたして不承認決議の当時の実定国際法のもとでは可能であったかどうかは，ここではあまり重要ではなく，むしろその後の国家実行や学説の進展に伴ってそのような法的構成を想定することが今日では可能となりつつある，と考えるべきであろう。この点との関連において，Gowlland-Debbas がローデシアのケースにおいて一方的な独立宣言を無効とみなす国連決議を「後に一貫する実行の最初の建築ブロック材」[85]とみなしていることが興味深い。

このようにみてくると，国連機関による不承認の決議は必ずしも不承認の法的構成——不成立説か無効説か対抗措置説か——について綿密な議論をへたうえで統一的な見解のもとになされたのではない，ということになろう。むしろ，法的構成についての細部を詰めないで，自決権の無視や人種差別（アパルトヘイト）や武力行使などへの強い反発——上記の諸説の論者はいずれも集合的不承認の際には自決，人種差別（アパルトヘイト）及び武力行使に関する規範の違反が問題となっていたことを認めている[86]——のもとに，問題の実体を国家として扱うべきではないという判断を示した——その意味においてのみ統一的な見解が確定されうる——というのが実情なのではなかろうか。そして，その後の国家実行や学説の展開などをも考慮に入れると，今日においては強行規範とみなされるに至った自決権尊重や人種差別禁止や武力行使禁止という諸規範[87]に反する仕方で成立したローデシア，南アフリカのホームランド国家及び北キプロス・トルコ共和国という実体については，それを国家として扱うべきではない，という考えが有力になってきているように思われる。問題は，そのような考えを国家の成立との関係でどのような法的構成のもとで表現するのかという点にある。ちなみに，問題の実体を法的に有効な国家であるとみなしつつも，外交政策上の平面でのみそれを国家として扱わない（通常国家間に存在する外交関係や条約関係に入らない）という，違法ではないが非友好的な態度（政治的な行為としての不承認）が国連機関などによって示された，と理解する立場もありうるであろう。しかし，上記のように国連機関が独立宣言の無

効を幾度か明言していることからすると，政治的行為としての不承認を上記の不承認のなかに見出すことは困難であるように思われる[88]。

(ii) 不成立説，無効説及び対抗措置説についてまず指摘されるべきは，それらのいずれの法的構成をとっても結果があまり異ならないのではないのか，という点である。例えば，自決権無視や人種差別や武力行使により誕生した実体は，不成立説のもとでも無効説のもとでも結局は国家として存在しないことになるので，国家として扱われないことになる。また，対抗措置説のもとでも，確かにそのような実体は不成立説や無効説の場合とは異なり国家として存在するのであるが，「不承認」——法的に国家として扱わない，国家性に固有な諸権利を認めない——という対抗措置の対象とされるので，結局において国家として扱われない，という同じ結果になるのである。実際にも論者自身がそのことを認めているように思われる。つまり，一方では，上述のようにDugardは，不成立説も無効説も問題の実体につき国家成立という法的効果が生じない点では異ならないと考えていた。また，他方では，Talmonは，「いかなる国も［一般国際法の強行規範のもとで生ずる義務の］重大な違反によって生じさせられた状態を合法なものとして承認してはならない」と定める国家責任条文の41条2項について，それが国際違法行為の無効を定めているのではなく，不承認の義務を課すことにより国際違法行為に法的効果を与えないことを意図していると解したうえで，「いかなる法的効果も与えられない違法ではあるが実効的な行為」と「最初から無効であり，そのためにいかなる法的効果も生じさせることができない行為」は「同じ結果」に導くが重要な理論的な面で相違する[89]，とのべている。したがって，彼は対抗措置説と無効説が理論的な面では異なるが「結果」の点では異ならないと考えているのである。無効説と対抗措置説が結論においてほとんど相違を示さないということは，つぎのことからも推察できる。つまり，Dugardは自己の見解を支持するものとして『アメリカ対外関係法リステートメント』1981年草案における「国家は，国際法に違反して国家性の資格に達した実体を国家として承認しない又は国家として扱わな

いよう要求される」という文章を援用するが[90]，Talmon も彼の見解を支持するものとして第三次『アメリカ対外関係法リステートメント』における「国家は，国連憲章に違反して武力による威嚇又は武力の行使の結果として国家性の資格に達した実体を承認しない又は国家として扱わない義務を有する」という類似の文章を援用しているのである[91]。要するに，両者はいずれも不承認という言葉のもとに問題の実体を「国家として扱わない」ことを考えている，ということになる。

　ちなみに，Talmon は不成立説に対して，その説のもとでは問題の実体が一定の範囲で国際責任を負うことを説明できないと批判していた。この批判が適切であれば，それはおそらく無効説にもあてはまることになろう。それでは，彼は対抗措置説のもとではその点についてどうなると考えているのであろうか。彼は，不承認の対象とされた国家の法的地位を「国際的に責任あるとされうる部分的国際法主体」[92]たる「local *de facto* governments」[93]と記述する。しかし，そのような「local *de facto* governments」という「部分的国際法主体」たる法的地位が国際法上認められるのであれば，不成立説や無効説のもとでも，問題の実体にそのような法的地位を認めることは可能であるように思われる。問題の実体を国際法主体たる国家とみなさなくても，それに部分的国際法主体たる法的地位を認めるということは，論理的には十分に可能なのではなかろうか。換言すれば，不成立説や無効説から直接に引き出すことができるのは，問題の実体が——国家性の追加的要件の不充足のためであれ強行規範違反による無効のためであれ——国際法主体たる国家としては存在しないということだけである。それが部分的国際法主体としても存在しないということまでもそれらの説から直接に引き出すことはできないように思われる。実際にも，Crawford は，国際法が実効的な法的実体に法的地位を認めない場合に好ましくない法的真空が生ずるという批判について，つぎのようにのべている。つまり，その批判は，国際法がデ・ファクトの実体に適用されない，と想定しているが，それはまったく事実ではない。関連する国際法規はここでもデ・ファクトの実体に適用されうる。例えば，台湾は，国家ではないが，国際法に違反し

て行動する自由はないのであり，またそれを要求できない。国家に適用可能な法規からの類推のプロセスは，非国家的実体（non-State entities）に適用可能な一連の規則を供給しうる。そのような規則が適用されないという論拠には，国際法は国家にのみ適用されるという時代遅れの考えが，感じられる[94]，と。

また，先にもみたように，TalmonやDugardは，Crawfordが自決権の尊重や人種差別禁止という国家性の追加的要件を新国家成立の場合にのみ作用する——既存の国家の存続については作用しない——ものとして捉えていたことに対して，論理が一貫しないという観点から批判的態度を示している。しかし，Crawfordがそのような見解を示したのは，国際法と国際関係の発展の現段階では，自決権の尊重や人種差別禁止に違反した既存の国家をもはや国家として扱うべきではないという規範意識がまだ国際社会には存在していない，という認識によるものであったように思われる。したがって，問題はそのような認識が正しいのかどうかという点にある。そのような認識が正しいとする立場に立脚するかぎり——Talmonによると，1948年に南アフリカにアパルトヘイトが導入された後でさえも，南アフリカの国家性が問題視されることは決してなかった——，対抗措置説のもとでも自決権の尊重や人種差別禁止に違反する既存の国家に対しては国家として扱わないという内容の対抗措置をなすことができないし，無効説のもとでもそのような既存の国家を無効とすることができない——その意味では論理が一貫しない——ということになるのではなかろうか。

また，Talmonは，不成立説や無効説に対してつぎのような難点を指摘していた。つまり，問題の実体が国家としては存在しないと考えるのであるならば，承認されるべきものが存在しないので，あえて国連が諸国家に不承認を求める必要がない，したがって不承認の存在理由がなくなるのではないのか，と。しかし，そのような批判は決定的なものではないように思われる。承認という言葉については，既存の国家が所与の実体につき国際法主体たる国家の要件の充足（所与のケースにおける国際法主体たる国家の要件事実の存在）を確認又は認定する行為として定義するのが，今日の学説の有力な傾向と思われ

る。宣言的効果説の論者のみならず今日の創設的効果説の代表的な論者（KelsenとLauterpacht）もそのような定義を採用している。国際社会の分権的構造を意識しつつ，そのような承認理解を突き詰めて考えるならば，承認は国内法秩序における裁判所による事実認定と同じ性格を有することになり，その結果，一種の既判力（所与の実体の国家性を承認国との関係で決定的・確定的ならしめる）という法的効果を有することになろう[95]。そのように承認を理解するならば，不承認は，既存の国家が所与の実体につき国際法主体たる国家の要件の不充足（所与のケースにおける国際法主体たる国家の要件事実の不存在）を認定する行為，として定義されることになり，それは，所与の実体が国際法主体たる国家の要件をまだ充足していないという事実を承認国との関係で決定的・確定的ならしめる，という効果を有する，ということになろう。要するに，承認又は不承認は，権限ある機関による，国家成立に関する国際法規範の具体的適用行為の一環にほかならないのである。このようにみてくると，国家の要件を満たしていないと思われる実体について，その旨を認定して明らかにすることは，国家の要件を満たしていると思われる実体について，その旨を認定して明らかにするのと同様に，法的にも意味があることなのではなかろうか。即ち，不承認は，所与の実体が国家ではない旨を不承認国との関係で決定的・確定的ならしめるという意味で，存在理由を有することになる。また，国家性の伝統的な基準がまだ影響力を有する状況のもとにおいてローデシア，南アフリカのホームランド国家や北キプロス・トルコ共和国を国際法主体たる国家であると認定する国が出てくる可能性があるが，そのことを考慮に入れると，不承認は不成立説や無効説にとって実際にも重要性を帯びることになろう。というのは，不承認は，問題の実体が国際法主体たる国家としては存在しないことにつき諸国に注意を喚起して，諸国が伝統的な国家要件論のもとに安易に承認を行ってしまう可能性を除く，という意義を有するからである。

(iii) それでは，自決権尊重や人種差別（アパルトヘイト）禁止や武力行使禁止という強行規範に反する仕方で誕生した実体を国家として扱うべきではな

い，という考えにどのような法的構成をあたえるのが適切であろうか。

まず，無効説については，Talmon が指摘しているように，強行規範違反による無効という観念は本来的には国内法において法主体が一定の法的効果の発生を意図して行う法律行為（意思表示）に関して発展させられてきたのであり，それ故に国際法においても条約に関して展開されてきた。したがって，その観念は，法主体による法律行為（意思表示）によるものではない国家の成立[96]にはなじまないように思われる。

つぎに，対抗措置説については，それは不承認をかなり不自然な仕方で解釈することになる，という問題が指摘されるように思われる。その理由はこうである。つまり，先にものべたように，近時においては国家承認という言葉のもとに『所与の実体が国家の要件を満たしている——それは国家である——旨を確認又は認定する行為』を理解するというのが学説の有力な傾向となってきているが，その観点からすると国家不承認という言葉のもとには『所与の実体が国家の要件を満たしていない——それは国家ではない——旨を確認又は認定する行為』を理解するということになろう。このような承認・不承認理解から出発すると，対抗措置説のもとでは，対抗措置の表明として解釈される場合の集合的不承認は，所与の実体につき国家要件の充足——国家の成立——を認定するという承認行為を論理必然的に含む，ということにならざるをえない。対抗措置説は，問題の実体を国家とみなしたうえで，それに対して対抗措置をとる，という考えにほかならないからである。かくして，国連機関などが所与の実体を国家として『承認しない』と言明しているにもかかわらず，対抗措置説は，当該言明のもとに——表示内容とは正反対に——問題の実体を国家として承認し，そしてそれを前提としたうえで当該国家に対して対抗措置の意思を表明するということを，理解することになろう。換言すれば，対抗措置説は，不承認という言葉にかかわらず，その言葉のもとに（黙示的）承認を前提としたうえでの対抗措置の表明を理解しようとしているのである。かくして，先にものべたように対抗措置説が他の説と結論においてはほとんど異ならないということを考慮に入れると，その説に対してはつぎのような批判が可能となろう。

つまり、国連機関などの使用する『承認しない』という言葉のもとに、その言葉の通常の意味とは正反対の（黙示的）承認を理解することは、承認概念を不必要に多義化し、承認論に新たな混乱をもたらすおそれがある[97]、と。

このように考えると、自決権尊重や人種差別（アパルトヘイト）禁止や武力行使禁止という強行規範に反する仕方で誕生した実体を国家として扱うべきではない、という考えを反映させる法的構成としては、不成立説の方が受け入れられやすいのではなかろうか。その場合には、ローデシアなどの事例における不承認という言葉のもとに、所与の実体が国家の要件を満たしていない――それは国家ではない――旨を認定する行為、が理解されることになろう[98]。

1) 例えば、芹田健太郎『普遍的国際社会の成立と国際法』（1996 年）は 218-219 頁、桜井利江「国際機構と国家承認」内田久司先生古稀記念『国際社会の組織化と法』（1996 年）144 頁以下、王志安『国際法における承認』（1999 年）78 頁以下及び小寺彰「国家の成立――国家承認の意義――」法学教室 253 号（2001 年）129 頁など。
2) 国家承認の法的効果に関する論争についての批判的な分析・検討は拙稿「外国の国際法学における国家承認論」法学新報 117 巻 1・2 号（2010 年）1 頁以下。
3) 桜井・前掲 145 頁以下、王・前掲 80 頁以下、戸田五郎「ローデシア問題」『国際関係法辞典（第 2 版）』（2005 年）897 頁を参照。
4) GA Res., 2022 (XX).
5) S. C. Res. 216 (1965), 12 Nov. 1965.
6) S. C. Res. 217 (1965), 20 Nov. 1965.
7) S. C. Res. 232 (1966), 16 Dec. 1966.
8) S. C. Res. 253 (1968), 29 May 1968.
9) S. C. Res. 277 (1970), 18 Mar. 1970.
10) S. C. Res. 288 (1970), 17 Nov. 1970.
11) J. Dugard, Recognition and the United Nations (1987), p. 94.
12) See ibid., pp. 96-97.
13) 桜井・前掲 152 頁以下を参照。
14) GA Res., 2775E (XXVI), 29 Nov. 1971.
15) GA Res., 3411D (XXX), 28 Nov. 1975.
16) GA Res., 31/6A, 27 Oct. 1976.
17) S. C. Res. 402 (1976), 22 Dec. 1976.
18) CM/RES 492 (XXVII), CM/RES 490 (XXVII).

19) GA Res., 32/105N, 14 Dec. 1977.
20) S/13549, 21 Sept. 1979. Dugard (above, n. 11), p. 101 より引用。
21) S/14794, 15 Dec. 1981. Dugard (above, n. 11)p. 101 より引用。
22) See Dugard (above, n. 11), pp. 106-107.
23) 桜井・148頁以下及び王・前掲84頁以下を参照。
24) S. C. Res. 367 (1975), 12 Mar. 1975.
25) See GA Res., 3212 (XXIX), 1 Nov. 1974 ; 3395 (XXX), 20 Nov. 1975 ; 32/15 (1977), 9 Nov. 1977 ; 33/15 (1978), 9 Nov. 1978 ; 34/30 (1979), 20 Nov. 1979 ; 37/253 (1983), 13 May. 1983.
26) S. C. Res., 541 (1983), 18 Nov. 1983.
27) S. C., Res. 550 (1984), 11 May 1984.
28) See Dugard (above, n. 11), pp. 110-111.
29) J. E. S. Fawcett, Security Council Resolutions on Rhodesia, *B. Y.* (1965-66), pp. 112-113.
30) D. J. Devine, The Requirements of Statehood Re-examined, *Modern Law Review* (1971), p. 410.
31) Ibid., p. 415.
32) Ibid., p. 416.
33) 34 Modern Law Review (1971), p. 417.
34) 本稿で取り扱う Crawford, Dugard, Talmon のいずれもが自決権の尊重を今日では一般国際法の強行規範となっている旨を認めている。
35) J. Crawford, *The Creation of States in International Law* (1979), p. 101.
36) Ibid., pp. 84-85.
37) Ibid., pp. 105-106.
38) Ibid., p. 118. ; J. Crawford, *The Creation of States in International Law*, 2ed. (2006), pp. 145-148.

ちなみに，1971年4月10日のバングラデシュの独立宣言は，多数の政府により国連憲章違反として批判されたインドの武力介入を背景としていたが，それにもかかわらず迅速に広範囲に国家として承認された。このケースと北キプロス・トルコ共和国のケースとの関係をどのように理解すべきであるのかが問題となるが，Crawford はその二つケースの間には重要な相違があると考える。彼によると，バングラデシュのケースにおけるジェノサイドは1971年における東ベンガルの領土的政治的まとまりと共に，東ベンガルに自決権単位としての資格を与えた（Ibid., (1979), p. 117 ; Ibid., (2006), p. 142）。バングラデシュは北キプロス・トルコ共和国の場合とは異なり連邦制の解決は現実的ではない（Ibid., (2006), p. 146）。地方的単位が自決権単位である場合には，外国の軍事的介入のケースにおける，独立してい

ないという推定の根拠は拭い去られうる。(Ibid., (1979), p. 118 ; Ibid., (2006), p. 148)。つまり，バングラデシュのケースでは地方的な自決権単位を支持するために武力が違法に行使された，という点が重視されているのである。

39) Ibid., (1979), pp. 226-227 ; Ibid., (2006), pp. 344-345.
40) See Ibid., (1979), p. 24.
41) Ibid., (1979), p. 84 ; Ibid., (2006), p. 107.
42) Dugard (above, n. 11), pp. 130-131.
43) Ibid., p. 135.
44) Dugard は，従来の議論における承認という言葉の多義性を意識したうえで，研究対象を「Hans Kelsen が『法的』承認として記述したところのもの」に限定する。そして彼は承認の機能を，「ある実体が……国際法人格を有していること」即ち「ある国家の存在」を認めること (acknowledgement) に見出す。Ibid., pp. 165-166. それ故に，彼は承認を国際法主体たる国家の要件とはみなしていないのである。そのような承認理解からすれば，不承認はある実体が国際法人格を有していないこと即ち国家の不存在を認めることになろう。
45) Ibid., pp. 129-130.
46) Ibid., p. 154.
47) V. Gowlland-Debbas, *Collective Responses to Illegal Acts in International Law. United Nations Action in the Question of Southern Rhodesia* (1990), p. 237.
48) Ibid., p. 241.
49) Ibid., pp. 252-253. また，Gowlland-debbas はつぎのようにのべている。つまり，ある規範があるコンテクストにおいて侵すことのできないものであるべきだが，別のコンテクストにおいてはそうではない，という考えを受け入れることは困難である。もし強行規範を条約によってそこなうことができないのであるならば，それを一方的行為又は不作為によっても同様にそこなうことができないとすべきである，と。Ibid., p. 248.
50) Ibid., p. 244 et seq.
51) A. Cassese, *Self-Determination of Peoples, A Legal Reappraisal* (1995), p. 155.
52) Ibid., p. 158.
53) S. Talmon, The Constitutive Versus The Declaratory Theory of Recognition : Tertium Non Datur?, *B. Y.* (2004) [2005], p. 109 et seq.
54) Ibid., p. 177.
55) Ibid., p. 180.
56) Ibid., p. 144.
57) Ibid., p. 147.
   彼によると，『local *de facto* governments』という言葉は，被不承認国家が事実上

は政府のすべての機能（立法，行政，司法）を果たすということを示す。Ibid., pp. 147-148.
58) Ibid., p. 181.
59) Ibid., p. 170.
　　Talmon によると，新国家はその成立前に生じた国際違法行為を行うことができなかったかもしれないが，そのような行為は新国家に帰属しうる。ILC の国家責任条文の 11 条によると，そのような帰属は，当該国家が違法行為を自分自身のものとして認め且つ採用する（acknowledge and adopt）ならば，可能である。そのような承認（acknowledgement）と採用（adoption）が明白な場合には，それには遡及効が与えられる。その成立前に生じた行動が国家に帰属しうることは ILC の国家責任条文の 10 条 2 項からも生じる。the Turkish Cypriots は 1974 年 7 月のトルコの介入を『peace operation』と呼び，トルコ軍隊を『liberating army』と呼んだ。新国家が国際違法行為を自分自身のものとして認めて採用することは，明示的に宣言される必要はなく，その行動から推定されうる。Ibid., pp. 167-168. しかし，新国家はそのスポンサー国家の行動——その行動が新国家に帰せしめられる範囲で——についてのみ責任があるとみなされるのではなく，新国家自身の国際違法行為についても責任があるとみなされうる。ILC の国家責任条文の 16 条によると，他国による国際違法行為の実行を支援又は援助する国は，国際違法行為の事情を承知して支援又は援助を行い，且つその行為がその国によってなされたならば当該行為が国際的に違法となる場合，当該支援又は援助について国際的に責任を負う。当該支援は，被集合的不承認国家の場合には，その成立又はその現実的存在のなかに見出されうる。北キプロス・トルコ共和国は国際法の違反によって占領された領土の上で創設された。領土の占領は——アパルトヘイトや武力による植民地支配の維持のように——継続的性質を有する国際違法行為である。占領された領土の上に同盟国を創設することは占領を永続させ確固たるものにし，かくして占領国を支援する。ホームランド国家はその存在そのものによって南アフリカの不法行為を支持した。彼ら自身はアパルトヘイトを遂行したのではなかったが，彼らの独立宣言は南アフリカ本体におけるアパルトヘイトの強化と永続を促進した。独自の市民権を伴う独立国家を創設することは何百万という南アフリカの黒人から南アフリカにおける彼らの政治的・経済的権利を奪うことを可能ならしめた。Ibid., pp. 169-170.
60) Ibid., pp. 167, 179.
61) Ibid., pp. 122-123.
62) Ibid., pp. 123-124.
63) Ibid., p. 124.
64) Ibid., pp. 124-125.
65) Ibid., p. 125.

第 7 章　集合的不承認について　*221*

66）　Ibid., p. 126.
67）　Ibid., pp. 130-131.
68）　Ibid., pp. 134-135.
69）　Ibid., p. 135.
70）　Ibid., pp. 135-136.
71）　Ibid., pp. 136-137.
72）　Ibid., p. 137.
73）　Ibid., p. 138.
74）　Ibid., pp. 139-141.
75）　Ibid., pp. 141-143.
76）　例えば，芹田・前掲 219 頁はつぎのようにのべる。「ローデシアの場合，英国からの一方的独立宣言は自決の要素を欠いていたため『国家独立』とみなされず，内部の少数者による『権力簒奪』とされた。従って，国家の『不承認』というより，『国家』承認の対象ではなかったと言うべきであろう。その意味で自決は国家性の要件であると言えよう」。また，桜井・前掲 158 頁は，「問題とする実体が不承認とされたのは，ユス・コーゲンス違反にもとづくものと捉えるよりは，国際法の発展を反映して修正された国家性基準または追加された国家性要件を満たさなかったためである，と捉えた方が妥当性があると考える」とのべる。さらに，杉原高嶺『国際法講義』(2011 年) 189 頁も参照。
77）　王・前掲 78 頁は「集合的不承認の機能は，もともと有効な行為を無効化させるためのものではなく，法的に無効なものの効果を防ぐところにある」とのべる。
78）　前掲拙稿 1 頁以下を参照。
79）　Talmon (above, n. 53), op. cit., p. 142.
80）　See ibid., p. 143.
81）　Dugard (above, n. 11), p. 130.
82）　桜井・前掲 158 頁も，国連審議における諸国家の発言について，「検討した事例に限って言えば，創設過程でのユス・コーゲンス違反を根拠として不承認と判断したのか，または修正された国家性基準にもとづいて不承認と判断したのか，この点について明確にする発言は見い出せない」とのべる。
83）　Talmon (above, n. 53), p. 171.
84）　Ibid., p. 174.
　　　国家責任条文の 22 条は，対抗措置の違法性を阻却している。この規定は，その個別的な権利が侵害された又は特に影響を受けた国家によってなされる対抗措置のみをカバーする。しかし，Talnon によると，このことは第三国による対抗措置が一般的に除外されている，ということを意味しない。ILC はこの問題を未解決のままにしておいたのである。Ibid., p. 174.

85) Gowlland-Debbas (above, n. 47), p. 252.
86) 桜井・前掲158頁も，不承認の要因は武力行使禁止原則，人権保障及び自決権に関連すると指摘している。
87) ILC も，侵略の禁止や人種差別（アパルトヘイト）の禁止や自決権を強行規範のなかに算入している。See Report of the International Law Commission, 53rd Session, GAOR, 56th Session, Supp. No. 10 (A/56/10) (2001), pp. 283-284.
88) その点との関連では，欧州人権委員会のギリシアのメンバーである C. L. Rozakis のつぎのような論述が引用に値するであろう。つまり，「この実体 [北キプロス・トルコ共和国] の不存在は，当該島の北部が国家性の資格を持っているとみなさないという，国際社会の決定の結果である」。国際社会のこの態度は，「別個独立の国際的実体としての北キプロスの存在を否定するよう国際社会の諸国家に求める」国連の決議によって，表明されている。安全保障理事会によってここで提案された不承認は，共和国からの北キプロスの分離という政治的目的を達成するための違法な武力行使に対して国際社会によって課せられたサンクションと，実質的には同じである。換言すれば，「不承認の観念」はここでは「違法な実体に国家性があると考えることを阻止するために」使用されているのである，と。Talmon, op. cit., p. 145. より引用。そこでは，北キプロス・トルコ共和国の「不存在」が語られており，それが「別個独立の国際的実体としての北キプロスの存在を否定するよう国際社会の諸国家に求める」国連決議によって表明されている，とみなされている。
89) Talmon (above, n. 53), pp. 136-137.
90) Dugard (above, n. 11), p. 131.
91) Talomon (above, n. 53), p. 144.
92) Ibid., p. 181.
93) Ibid., p. 147.
 Talmon はつぎのようにのべる。つまり，「local *de facto* governments」という言葉は，不承認の対象とされた国家が事実上政府のすべての機能（立法，行政及び裁判）を果たす実体である，ということを示す。さらに，それは，不承認の対象とされた国家の支配下にある領土は既存の国家の領土の一部とみなされ続け，その結果，母国の政府は依然として当該の（分離する）領土のデ・ユーレ政府とみなされる，ということを示す。したがって，母国のデ・ユーレ政府は当該領土とその住民に関して若干の（制限された）権限を行使できる，と。Ibid., pp. 147-148.
94) Crawford (above, n. 38), (2006), p. 99.
95) 前掲拙稿41頁以下を参照。
96) Talmon は国家の成立を「物理的な行為」によってつくられた「事実状態」(Talmon (above, n. 53), p. 134) であると考える。もっとも，Dugard は国家の成立を「法的行為 (legal act)」(Dugard (above, n. 11), p. 131) に基づくものと考えるよ

うである。それについては、その場合の法的行為の法主体は誰なのであろうか、という問題があろう。
97) 実際にも Talmon は国家として扱わない（国家性に固有な権利を与えない）という対抗措置を不承認の効果として主張している。前掲拙稿29頁以下を参照。
98) そのような不承認は、先に本文でものべたように、所与の実体が国際法主体たる国家の要件をまだ充足していないという事実を承認国との関係で決定的・確定的ならしめる、という法的効果を有することになろう。

第8章
国際法上の承認理論の具体的適用
――日華平和条約と日中共同声明の場合――

1 はじめに

　今日の国際法学においては，法的に意味のある国家（政府）承認は既存の国家が所与の団体（権力）につき国家（政府）の要件の充足を認定する行為である，という理解についてほぼ異論が存しないように思われる。しかし，国際政治の実際においては，承認という言葉がそのような法的行為を指すものとしてのみ用いられているわけではない。例えば，既存の国家が所与の団体（権力）につき「承認しないと声明する」際にあっても，国家（政府）の要件が充足されていないことを理由にそのような声明をする場合だけではなく，要件の充足を認定しつつも「特別の政治的な理由により」「武力紛争に至らないていどの敵対政策の表明」としてそのような声明をする場合もある[1]。いわゆる「承認概念の濫用」[2]と呼ばれる現象である。そこで，国家（政府）承認に関する具体的なケースを考察するにあたっては，上記のような要件の充足に関する法的行為が問題になっているのか，それとも単なる外交上の友好的又は敵対的態度の表明という政治的行為が問題になっているのか，を見極めること――それはときとして非常な困難を伴う――が必要となろう。その意味で，芹田健太郎教授のつぎのような論述に賛成したい。つまり，「松井とともに，私も『個々の承認行為の意味を明らかにするためには，承認国の意思を具体的状況に照らして解明する必要があるのであって，これをあれこれの先験的な『理論』だけで裁断するのは，知的怠慢のそしりをまぬがれない』と言いたい」[3]，と。そのように「承認国の意思を具体的状況に照らして解明する必要がある」と思われ

る具体的ケースの最たるものの一つは，中国との関係で日本政府が行った承認の意味があげられよう。

筆者はかつてそのような問題意識のもとに，日華平和条約及び日中共同声明の際における日本政府の承認意思の内容を明らかにしようと試みたことがある[4]。その結果，およそつぎのような結論に至った。

「判例・学説は日華平和条約から日中共同声明への推移の中に中国大陸と台湾の双方を包括する中国という国家の政府についての承認の『切替え』——中華民国政府から中華人民共和国政府へのそれ——を見出した。……しかしながら，従来の国際法上の承認理論を前提にした上で，従来の国際法上の国家及び政府の要件論を意識しつつ，日華平和条約と日中共同声明の際における日本政府の態度を分析してみると，判例・学説の見解にはなお検討の余地が残されているということが，理解された」[5]。

このように筆者は日本政府による中国承認の問題に関する圧倒的な通説に対して問題を提起したのであるが，その後，わが国で承認論に関してこれまで活発に発言してきた広瀬善男教授が，中国に対する日本政府の承認行動について本格的に論究するに至った。その内容は，従来の通説的な見解と同じくする点もあるが，独自の理解を示すところもある。そこで，本章は，その広瀬教授の見解を紹介し検討することによって，上記の問題を再考しようとする。

2 日華平和条約と承認

まず，広瀬教授は，日華平和条約に至るまでに日本が締結した国際文書を基礎にして，台湾の国際法上の地位についておよそつぎのように論じる。

日本は1945年8月にポツダム宣言を受諾したが，その8項では「カイロ宣言の条項の履行」がうたわれている。1943年11月27日のカイロ宣言は，

第 8 章　国際法上の承認理論の具体的適用　227

「満州，台湾及び澎湖島のような日本国が清国人から盗取したすべての地域を中華民国に返還すること」を定めている。そして 1945 年 9 月 2 日の降伏文書も「ポツダム宣言の条項の誠実な履行」を規定している。「この日本の戦後処理に関する国際的合意の枠組の中に，1952 年 4 月 28 日に発効した対日平和条約の 2 条 b 項があるのである。この条項で『日本は台湾と澎湖諸島のすべての権利，権原，請求権を放棄』したのである」。かくして，「領域としての台湾が『中国』に返還されたことは明白である」[6]。「台湾領域が日本の戦後処理の法的手続すなわちカイロ宣言から対日平和条約，更にはその後の日華平和条約といういくつかの国際文書の締結を経て『中国』という国家に確定的に帰属していることは否定のしようのない『法的事実』」[7]である。

このように，広瀬教授は「台湾領域が……『中国』という国家に確定的に帰属していることは否定のしようのない『法的事実』」であるという理解に基づいて，日華平和条約の際の日本政府の承認についてつぎのように論じる。

「問題は，中国に内戦が発生し，その後，中華人民共和国政府が中国大陸を実効的に支配した結果，1949 年 10 月 1 日に新政府の成立を宣言し，それまで中国のデ・ユーレ政府として外国から承認を受けていた中華民国政府が台湾地域だけを支配する政権に転落したことである。我が国はそうした地方的政権としての実体しかもっていない中華民国政府を，1972 年 9 月 29 日の日中共同声明で中国の唯一の合法政府として中華人民共和国政府を承認するまでは，『中国』の合法政府としてデ・ユーレに承認してきたのである」。「1952 年 4 月 28 日，我が国はそうした『中国』の合法政府としての地位を承認した上で，台湾の中華民国政府と日華平和条約を締結し，日本と中国（『中華民国』が条約上の国名）間の戦争状態を終了させた（1 条）」[8]。

そこからすると，広瀬教授は，日本政府は日華平和条約の際に「地方的政権としての実体しかもっていない中華民国政府」につき「『中国』の合法政府と

しての地位を承認した」，と理解していることがわかる。そうとすると，広瀬教授の見地では，日本政府は日華平和条約の際に政府の要件に関する国際法規範の適用（事実認定）にあたり恣意的な態度をとったということになろう。日本政府は「地方的政権としての実体しかもっていない中華民国政府」につき，全中国を代表すべき政府の要件を充足していると認定したからである。実際にも，広瀬教授は，「もっともそうした性格と内容をもつ『平和条約』を地方的政権となった中華民国政府が，全中国を代表する立場で有効に締結できるかどうかについては疑問があろう」[9]とのべている。

しかし，日本政府は，その承認行動を，アメリカの強い政治的圧力のもとにありながらも可及的に中華民国政府の実態に近づけるべく努力したといえるように思われる。以下に，そのことを検討してみよう。

日華平和条約の締結に至る経緯は，1951-1952 年当時の吉田茂内閣の外務省条約局長であった西村熊雄氏によると[10]，つぎのようであった。

まず，1951 年 12 月 12 日にダレス特使一行は，近くアメリカ上院に提出される平和条約の批准に関連して，「日本政府が条約発効後国民政府と友好関係にはいる——国府の勢力の及ばない本土は別として——ことを明らかにすることが条約の批准を容易にするゆえんであるとの趣旨」を吉田総理に伝えた[11]。当時の吉田総理の考えは，「平和条約第 26 条の二国間平和条約は中国代表問題が国際的に解決されるまで延ばしたい。もっともすでに貿易協定を結び在外事務所を設けて公的関係にはいっている国民政府と平和条約の発効と同時に正常関係を回復する用意はある」[12]というのであった。吉田総理は 12 月 13 日にこの方針を基礎にダレス特使の要望にそうような一案の作成を事務当局に命じた。「総理が筆をいれた協定案」は，「中国の現状は条約第 26 条によって中国関係を全面的に調整することを不可能にしているので，国民政府が現実に統治の権能を行使している範囲以内で平和条約の原則に従い両政府間の関係を正常化することを前文で明らかにし，日本と台湾・澎湖島間の正常関係の回復・特派使節の交換・平和条約第 4 条 A（日本と分離地域間の財産関係の処理）の取極の交渉・最恵国待遇の原則にたつ通商航海関係の維持・『民航空運公司』の

航空権の維持・平和条約第21条の確認などなどを内容とする」[13]ものであった。そして，12月13日にこの協定案がダレス特使に提示された。

この協定案からは，吉田総理のつぎのような考えを引き出すことができる。つまり，サンフランシスコ平和条約第26条の二国間平和条約という形で「中国関係を全面的に調整すること」は現状においては「不可能」であるので，「国民政府が現実に統治の権能を行使している範囲内で」即ち「台湾・澎湖島」について「国民政府」と「正常関係」を回復する用意がある，と。この考えは，「国民政府」は現状においては「台湾・澎湖島」のみを代表する資格を有するのであって大陸を代表しない，という判断を前提にするものであろう。そのことは，西村氏のつぎのような叙述からも理解されよう。つまり，「中国の実態の把握について，総理と特使の間には何ら見解の相違はなかった。12日総理に伝達された要望の中で，特使は……中国全体を支配する中国政府 The government of China としてでなく中国の一つの政府 a government of China としての国府と友好関係にはいる趣旨の証文がほしいといった」[14]，と。

その後，12月16日の第2回吉田・ダレス会談において，日本の平和条約・安全保障条約審議の臨時国会で中国問題について行われた論議がアメリカ合衆国の国民特に上院筋に日本の真意について疑惑をもたせるに至っているので，平和条約批准のために「日本政府が大局的見地から国民政府と平和条約を結ぶ意向であることを明らかにする書簡を往復し，適当な時に公表する」ことに話し合いができた[15]。上述のように，中国の実態の把握に関しては吉田総理とダレス特使は同じ見解であったが，「日本がこれから国府と結ぼうとする条約——限定的な条約——を平和条約の予見する『平和条約』と」するか否かという点において見解を異にした[16]。吉田総理の考えは上述のようなものであったが，12月18日書簡案を作成するにあたって，ダレス特使は「その内容は日本側の主張通りでいい。ただ名称は日本政府の気に召されないかもしれないが，サンフランシスコ条約にいう二国間条約としてほしい。これは譲れない」[17]と主張したのである。

このような経緯を経て作成された12月24日付吉田書簡は1952年1月16日

に東京とワシントンで公表されたが、その内容は上記の経緯をそのまま反映するものであった。そのなかから重要と思われる点を摘出するとつぎのようである。

　中国の「若干の領域に対して現実に施政の権能を行使し」ている「中華民国国民政府が希望するならば、これとの間にかの多数国間平和条約に示された原則に従って両政府の間に正常な関係を再開する条約を締結する用意があります。この二国間条約の条項は、中華民国に関しては、中華民国国民政府の支配下に現にあり、又は今後入るべきすべての領域に適用があるものであります」。「わたくしは、日本政府が中国の共産政権と二国間条約を締結する意図を有しないことを確言することができます」[18]。

　そこからは、「中華民国国民政府」と締結する用意のある「正常な関係を再開する条約」はサンフランシスコ平和条約の予定する「二国間条約」であるが、それは「中華民国国民政府」が「現実に施政の権能を行使し」ている中国の「若干の領域」（台湾・澎湖島）にのみ適用されるのであって、「中国の共産政権」の支配下にある大陸には適用されない、という趣旨が読み取られる。したがって、12月24日付吉田書簡においては、ダレス特使が18日書簡案の作成の際に主張していたように、「内容」の点では従来の日本側の主張——国民政府が現実に統治権を行使しているのは台湾・澎湖島にすぎないのでそれのみを代表する資格を有するがゆえに、日本政府が国民政府と協定によって正常な関係を回復できるのは台湾・澎湖島との間についてのみであるという主張——がそのまま生かされているが、「名称」の点ではその内容に必ずしも対応しないので「日本政府の気に召されないかもしれない」ものとなっているのである。

　そのような吉田書簡に示された方針に基づいて、日本政府は国民政府と平和条約の交渉に入った。この点については高野雄一教授がつぎのように説明している。

「条約適用地域の制限に対する台湾政府の反対は強かった。……平和条約としては異例の適用地域の制限は，台湾政府の強い反対により，日本の主張する条約本文からは落されて，交換公文の形をとった。しかし，アメリカの事前の了解もあって，ともかく貫徹された」[19]。

かくして，「条約適用地域の制限」は「ともかく貫徹された」のである。実際にも，日華平和条約の交換公文においては，「この条約の条項が，中華民国に関しては，中華民国政府の支配下に現にあり，又は今後入るすべての領域に適用がある旨のわれわれの間で達した了解」に言及がなされている。したがって，当時の条約局長であった西村氏もつぎのようにのべている。

「吉田書簡に基づいて結ばれた日華平和条約は，付属交換公文に明らかにされているように，国府の現実の支配下にある地域と日本との間だけに妥当し中華人民共和国政府の支配下にある地域には何ら法的効果を及ぼさないものである」[20]。

高野教授も，日本政府は「この異例の制限条項付の平和条約によって，中国大陸・北京政府の関係を飽くまでも白紙としておく（――日華条約に縛られない）意図を一貫したのである」[21]，とのべている。

このように日本政府は――「台湾政府の反対は強かった」のであるが――日華平和条約を適用地域の限定により「中華人民共和国政府の支配下にある地域には何ら法的効果を及ぼさないもの」，したがって「中国大陸・北京政府の関係を飽くまでも白紙としておく」形のものにしたのである。そのことは，日本政府が中華民国政府に中国大陸を代表すべき政府の要件を充足しているとは認めなかったということを意味するものにほかならない。換言すれば，日本政府は日華平和条約の際に，中華民国政府に対して，それが実効的支配を確立して，代表する資格を有するのは台湾・澎湖島のみである，という認識を表明していたことになろう。これを承認論との関係で言い換えれば，日本政府は日華

平和条約の際に中華民国政府を——台湾のみならず中国大陸をも含む——中国という国家の全体を代表する政府としては承認しなかった，ということになろう。そもそも吉田総理とダレス特使との間には中国の実態の把握について「何ら見解の相違はなかった」のであり，ダレス特使は国民政府を「中国全体を支配する中国政府 The government of China」としてではなく，「中国の一つの政府 a government of China」として捉えていた[22]，ということがここで想起されるべきであろう。それでは，日本政府は日華平和条約の際に中華民国政府をどのようなものとして承認したことになるのであろうか。少なくとも二つの可能性がありうる。一つは，中華民国政府を全中国の一つの地方的政府にすぎないものとして承認したと解する——この見解は前記の吉田総理の考えに近いといえよう——可能性であり[23]，他の一つは，二国間平和条約という形式を重視して，台湾を領土とする中華民国の政府として承認したと解する可能性である[24]。

　もっとも，そのようなものとしての日華平和条約であったが，後には，同条約の内容は，国内の政治的理由から，本来の趣旨とは異なる仕方で解釈されるようになっていく。つまり，「その後の日本政府は，この条約によって両国［中国大陸と台湾を包括するものとしての中国と日本］の戦争状態が終結していると強弁しつづけ」た[25]，と。しかし，そのことは，日華平和条約の交渉の際に日本政府によって中華民国政府に対して示された上記のような承認（要件事実の認定）を覆すものではないように思われる。というのは，承認は——明示的な形であれ黙示的な形であれ——条約締結に先行する一方的な行為であり，条約そのものとはまったく別個のものであるからである[26]。また，法的な意味での承認は撤回不能であり——「一般に承認は，承認後は撤回することが認められない」[27]——，その後に事情が変わって承認されたものが本来の要件を満たさなくなった場合には，その旨の新たな認定がなされるにすぎない。

　ちなみに，1957年に外務省が明らかにしたつぎのような政策はここに引用に値するであろう。

「わが国は国民政府と平和条約を結んでおり，中共不承認の立場を維持してきた。しかしながら，中共政権が中国大陸に対する事実上の支配権を有している現実はこれを無視することができないのであって，わが国の中共に対する施策は，右の原則とこの現実との調和の上に立って進められている」[28]。「中共政権はほぼその基礎を固め，国際的地位も次第に向上しつつあると認められる」[29]。

そこにおいては，「中国大陸」に対する「中共政権」の支配という「現実」が明確に意識されており，そしてそれと調和する形で「中共不承認の立場」——中華民国政府承認の立場——を維持するという考えが示されている。そうとすると，そこにおいて語られている「承認」という言葉は必ずしも厳密な意味での国際法上の承認——国際法上の国家又は政府の要件事実の存在を認定する行為——を指すものではない，したがって政治的な意味で用いられている，ということになるのではなかろうか。というのは，そこでの「承認」が法的な意味での承認であるとするならば，しかも国際法上の政府の要件が何であるのかを意識するならば，上記の外務省の立場は，つぎのような論理的に不可能なことを内容とすることになるからである。つまり，一方では，中華民国政府が中国大陸をも包括する中国全体の政府としての要件を充足している，即ち中華民国政府が中国大陸をも実効的に支配していると認定しつつ（「中共不承認の立場」），他方では同時に，中華民国政府が中国大陸についての実効的な支配者でない（「中共政権が中国大陸に対する事実上の支配権を有している」・「中共政権はほぼその基礎を固め，国際的地位も次第に向上しつつあると認められる」）と認定する[30]，と。

広瀬教授は，「事実認定機関が現行実定国際法上はなお各個別国家であるという現実」をふまえて，国家（政府）承認を，所与の団体（権力）について国家（政府）の「法定の要件を具備している」旨の「事実認定という有権的な認識操作と法的手続」を内容とするものとして捉える[31]。そして同教授は，国家（政府）承認は「客観的事実に対して既存の法規を適用する行為」であって，

「裁判所が法令を適用する行為と同じ手続的性質をもつ」[32]「一方的法律行為である」[33]，とみなす。そのような承認理解からすると，日華平和条約の際における日本政府の承認行動を明らかにするにあたり，先に指摘したような重要な事実を顧慮すべきことになろう。ところが，広瀬教授は，日本政府が日華平和条約の際に中華民国政府を全中国を代表すべき政府として承認した——中華民国政府につき全中国を代表すべき政府たる要件を充足していると認定した——と結論するにあたり，上記の重要な事実をほとんど顧慮していないように思われる[34]。そのような態度は，「承認国の意思を具体的状況に照らして解明する」[35]という観点からすると，問題のある思考方法ということになろう。

3　日中共同声明と承認

　先にみたように，広瀬教授は，日本政府は日華平和条約の際に中華民国政府を全中国を代表する政府として承認した，とみなしていた。そのような理解を前提にしつつ，広瀬教授は，20年後の日中共同声明の際に日本政府は中華人民共和国政府を全中国を代表する政府として承認した，とみなすのである。その結果，広瀬教授は「日中共同声明によるデ・ユーレ政府承認の切り換え」[36]について語るのである。そのように日中共同声明の際に全中国につき「政府承認の切り換え」をみるという立場は，これまでの圧倒的な通説であり，特に目新しくはないが，そのような結論を引き出すにあたり考慮に入れられるべき事実については，広瀬教授は，従来の見解とは異なる独自な説明を展開している。そこで，以下にはその点について検討を試みよう。

　日中共同声明の際に日本政府はいかなる承認行動を示したのかという問題との関連で重要な箇所は，日中共同声明の第2項と第3項である。その箇所に関して広瀬教授は，まず，つぎのようにのべる。

　　「日中共同声明では，第2項に日本が中華人民共和国政府を『中国』の唯一の合法政府であることを承認する規定をおき，且つ第3項で，『中華人民

共和国政府は台湾が中華人民共和国の領土の不可分の一部であることを重ねて表明する』とした上で『日本国政府は，この中華人民共和国政府の立場を十分理解し，尊重し，ポツダム宣言第8項に基づく立場を堅持する』との規定をおいた。この第3項をどう解釈するかである。中華人民共和国政府を中国の唯一の合法政府としてデ・ユーレに承認することの意思表明であれば第2項だけで十分であり，第3項は必要でない。第3項をわざわざ置いた基本趣旨は，日本が領有していた台湾地域の『中国』返還を，対日平和条約や日華平和条約でも明文化していない（いずれも単なる『放棄』にとどまる）ことから，帰属先が『中国』という国家であることを明示的に確認するためであったことは明らかである。この意味で，共同声明の第2項は政府『承認』条項であり第3項は『領土』条項であるといえる」[37]。

そこでは，共同声明の第3項の意義が問われている。そしてそれについては，「日本が領有していた台湾地域の」「帰属先が『中国』という国家であることを明示的に確認するためであったことは明らかである」とされている。しかし，そのような趣旨は，第3項のなかの「中華人民共和国政府は台湾が中華人民共和国の領土の不可分の一部であることを重ねて表明する」という，中華人民共和国政府の立場にのみあてはまる。日本政府が法的にどのような承認を行ったのかという問題との関連で重要なのは，いうまでもなく，第3項において日本政府の立場を示す「日本国政府は，この中華人民共和国政府の立場を十分理解し，尊重し，ポツダム宣言第8項に基づく立場を堅持する」という箇所であろう。その箇所では，日本政府は「台湾が中華人民共和国の領土の不可分の一部である」という中華人民共和国政府の立場にそのまま従う（同意又は承認する）のではなく，その中華人民共和国政府の立場を「十分理解し，尊重」するというニュアンスのある表現にとどめているにすぎないのである。そこで示された日本政府の態度の意味はどこにあるのであろうか。その点に関しては，「日中共同声明の意義，とくに問題点について，日本側の受けとり方」を「直接に，交渉の当事者であった大平外相，高島条約局長から聴いていた」[38]寺沢

一教授は，つぎのように説明している。

「それは，政治的立場であって，すくなくとも法的立場ではない。むしろ，法的立場を回避した上に成り立っている立場であるといえる。法的には，台湾の領土的地位について，これに対する権利・権原を放棄した日本として発言する立場にないという態度を貫いているからである」[39]。

そして，当時の外務省条約局条約課長たる栗山尚一氏も，日中共同声明第3項は「台湾が中華人民共和国の領土であるかどうかといった法律的判断は別とし」た「日本政府の政治的立場」を示したものである，と説いている[40]。

さらに，1972年9月30日の自民党の両院議員総会において大平正芳外相は日中共同声明の第3項についてつぎのような趣旨の発言をしている。

「台湾の領土問題で，中国側は『中華人民共和国の領土の不可分の一部』と主張したが，日本側はこれを『理解し尊重する』とし，承認する立場をとらなかった。つまり，従来の自民党政府の態度をそのまま書き込んだわけで，両国が永久に一致できない立場を表した」[41]。

日中共同声明当時の日本政府に関する情報に近い人々の説明は上記のようなものであったのであるが，有力な学説も基本的には同じような趣旨を説いている。例えば，広部和也教授は日中共同声明第3項についてつぎのようにのべる。

「ここに示された日本政府の立場は，政治的立場であって，法的立場を回避した上に成り立っているという。少なくとも，法的には，台湾の領土的地位について，これに対する権利・権原を対日平和条約によって放棄した日本として，発言する立場にないという態度が貫かれているといえるであろう」[42]。

また，山本草二教授もつぎのように説いている。

「わが国は，その放棄した台湾の帰属先については未定であり（『対日平和条約』2条 b。1952年『日華平和条約』2条，ただし同第3条・10条，交換公文1号は，台湾における中華民国の施政権を前提としている），したがって同地域が現在すでに中国の一部に帰属しているかどうかは，日本が判断できる立場にない，という趣旨で，台湾についての中国政府の立場を『十分理解し，尊重し』ポツダム宣言（8項）に基づく立場を堅持するとの方式により，同政府を『中国』の『唯一の合法政府』として承認したのである（1972年『日中共同声明』2項・3項）」[43]。

このようにみてくると，日中共同声明第3項においては，日本政府は台湾の領土的帰属に関する中華人民共和国政府の立場を「十分理解し，尊重」するという「政治的立場」を表明したにすぎず，「法的には，台湾の領土的地位について……発言」するのを「回避」する——「台湾が中華人民共和国の領土の不可分の一部である」かどうかについての認定を差し控える——という立場を示したということになろう。ところが広瀬教授はそれとは異なる独自の理解を示す。同教授はつぎのようにのべる。

「日中共同声明第3項が，右の『中華人民共和国政府の立場を（日本政府は）十分理解し，尊重し』と述べて，中華人民共和国政府の立場に『同意』すると述べていないとして，台湾の領土的帰属先についてまで，日本は中華人民共和国政府の主張に拘束される義務を負ったわけではなく，単に政策的に中国の立場に理解を示すことを了解しただけだという見方は不当である。第3項が単純に台湾の『中華人民共和国』への帰属を規定しなかったのは，基本的には『国名』を『中華民国』とするか『中華人民共和国』とするかで，その一方を選択するならば対日平和条約締結当時から連合国内に承認政策上の争いがある——そのために対日平和条約2条 b は台湾の『放棄』だ

けを規定し，委譲先の『国名』を入れることを避けたのである——中国のデ・ユーレ代表権者のうちいずれか一方を指定することになり，対日平和条約当事国（連合国）への配慮を欠くことになってしまう結果を避ける必要があったためである。我が国が中華人民共和国政府を中国の唯一のデ・ユーレ政府として承認した（2項）にもかかわらず，あえて第3項の領土条項では両論併記の形式をとったのはそうした背景があるからである。従って第3項でいいうることは，台湾の『中国』への帰属についてだけは日中両国間に『合意』がある——そして現在の一連の国際文書からみても国際的に全く異議がないことが明白である——ことを示したものとみてよいのである。右共同声明第3項の末尾に『ポツダム宣言第8項』の履行を日本政府の意思として確認する条項を置いたことも，台湾地域の中国帰属を日中両政府が合意したことを意味しよう」[44]。「第3項は『領土』条項である。すなわち台湾地域が『中国』に帰属したことを確認した条項である」[45]。

そこでは，「第3項が単純に台湾の『中華人民共和国』への帰属を規定しなかった」こと，したがって「両論併記の形式をとった」ことが認められている。そうとすると，第3項では日本政府は台湾が中華人民共和国の領土であるとは認定していない，ということになるように思われるが，広瀬教授はそうは考えない。同教授は，第3項は「台湾の『中国』への帰属についてだけは日中両国間に『合意』がある」ことを示したもの，即ち「台湾地域が『中国』に帰属したことを確認した条項」である，と説くのである。しかし，そのような理解は，先にみたような日中共同声明の関係者の発言とはまったく異なる。それでは，第3項においてそのような「合意」又は「確認」がなされたことについて何か新しい資料が発見されたのかといえば，そうでもないようである。そのような「合意」又は「確認」を想定するにあたり，広瀬教授が強調するのは，まず，第3項における「両論併記の形式」の「背景」として「対日平和条約当事国（連合国）への配慮」である。それはおそらくはつぎのような趣旨であるように思われる。つまり，「中国のデ・ユーレ代表権者」としていずれを選ぶ

かについて「対日平和条約締結当時から連合国内に承認政策上の争い」があったことからして，第3項において「単純に台湾の『中華人民共和国』への帰属を規定」すると，中華人民共和国という「国名」の選択を介して「中国のデ・ユーレ代表権者」として中華人民共和国政府を「指定すること」になってしまい，「対日平和条約当事国（連合国）への配慮を欠くことになってしまう」，と。

このように広瀬教授は第3項において日本政府が中華人民共和国政府と「台湾の『中国』への帰属」について「合意」した――「台湾地域が『中国』に帰属したことを確認した」――とみなすのであるが，その見解については，まず，つぎのような問題点が指摘されよう。つまり，その見解は先にもみたように日中共同声明の関係者の発言とは異なる方向を示しているの，それを正当化するような日本政府筋の具体的資料が広瀬教授によってまったく提出されていない，と。日本政府がどのような承認をしたのかを明らかにするにあたり決定的なのは，日本政府の意思を示す資料であろう。ついで，第3項において台湾の領土的帰属について「両論併記の形式」がとられた理由を上記のような「対日平和条約当事国（連合国）への配慮」から説明することは，日本政府が「中華人民共和国政府」を「中国の唯一の合法政府である」と承認する第2項や，日中両国間の関係正常化を宣言するにあたり「中華人民共和国」という国名を使用する第1項などを考慮に入れると，合理的に考えると困難なのではなかろうか。つまり，「『中華民国』か『中華人民共和国』かは合法政府の承認に関する選択に由来する国名の問題にすぎ」ず，「その合法政府がいずれかにつき，平和条約締結国間に意見の相違（承認政策上で連合国間に争い）があり，中国（のいずれの政府）も条約の締結に招請されなかった」[46]というのであれば，「対日平和条約当事国（連合国）」に「配慮」する行動とは，中国の合法政府が中華人民共和国政府と中華民国政府のいずれであるのかという点につき態度を曖昧なままにする，即ち「承認政策」について態度を明確にしないということになるのではなかろうか。ところが，日中共同声明では第2項において――広瀬教授の理解からして――日本政府は当該「承認政策」について態度を明確に

表明しているはずであり，いまさら第3項において「承認政策上で」争いがあった「対日平和条約当事国（連合国）への配慮」から「中国のデ・ユーレ代表権者」を中華人民共和国政府と指定することに帰着するような態度を示さないようにする実際の必要性があるのかどうか，疑わしいように思われる。

　また，広瀬教授は日中共同声明の第3項の末尾にある「ポツダム宣言第8項に基づく立場を堅持する」という箇所を援用している。ポツダム宣言第8項は，台湾などの「日本国が清国人から盗取したすべての地域を中華民国に返還すること」をのべるカイロ宣言の条項につき，「履行せらるべく」としている。そこから，広瀬教授は，日本政府が日中共同声明第3項において台湾の中国（中華人民共和国）への領土的帰属を認定していると解するのであろう。しかし，そのような解釈は一般的に認められているものではない。例えば，安藤仁介教授はつぎのようにのべている。

　「カイロ宣言には，日本が台湾を中国に返還すべきことが明記されていた」が，「ポツダム宣言の受諾から対日平和条約の発効までの7年のあいだに，国際情勢ことに中国情勢が……著しく変化し……旧連合国間に対中国政策の食い違いが生じていた。そして，こうした食い違いと調和するように対処する必要から，日本は平和条約のなかで，ポツダム宣言の規定の趣旨に沿って，台湾を中国へ返還する旨を明記することができず，返還先を特定しないまま台湾に対する領有権の放棄のみを約束させられたのであった。この対日平和条約の領土処分規定は，今日においても日本を拘束している。したがって，この点に関する対日平和条約と日中共同声明との矛盾・衝突を避けるためには，日本は，台湾が『現に』中華人民共和国の一部であるとする立場に同意したり，これを承認したりすることができず，せいぜい『将来の問題として』台湾を中国に返還すべきであるというポツダム宣言の立場を承認するほかなかった」[47]。

　そこでは，ポツダム宣言の受諾以後に生じた中国情勢の著しい変化のために

対日平和条約において日本は「返還先を特定しないまま台湾に対する領有権の放棄のみを約束させられた」旨が説かれている。そのような解釈からすると，日中共同声明第3項の末尾の「ポツダム宣言第8項に基づく立場を堅持する」という文言があるからといって，そこから直ちに，「台湾地域の中国帰属を日中両政府が合意した」，したがって日本政府は台湾が中華人民共和国の領土の一部であると認定したという結論にはならないことになろう。安藤教授も，第3項において「日本は，台湾が『現に』中華人民共和国の一部であるとする立場に同意したり，これを承認したりすることができ」なかった，という理解を示している。

　本章では，上記の二つの解釈のいずれをとるべきなのか，あるいはもっと別の解釈もありうるのかについて態度を表明する必要がない。なぜならば，日中共同声明の際に表明された日本政府の意思を明らかにする――本章はそれを目的としているのであるが――にあたって重要なのは，いずれの解釈が本来的に適切なものであるのかどうかではなく，日本政府が台湾の領土的帰属につき中華人民共和国政府に対してどのような態度を表明したのかであろう。この点については，特に関係当事者についての具体的な資料に基づく反証があげられないかぎり，日中共同声明第3項において日本政府は「台湾が中華人民共和国の領土の不可分の一部である」という中華人民共和国政府の主張にそのまま同意することなく，あえてニュアンスのある表現にとどめていること，及び「日中共同声明の意義，とくに問題点について，日本側の受けとり方」を「直接に，交渉の当事者であった大平外相，高島条約局長から聴いていた」[48]寺沢教授の指摘，当時の外務省条約局条約課長たる栗山氏の指摘，及び当時の外務大臣であった大平外相の発言を無視することができないのではなかろうか。

　このようにして，これまで得られた資料を前提にして判断するかぎり，日本政府は日中共同声明の際に法的には「台湾が中華人民共和国の領土の不可分の一部である」とまでは認定しなかった，より正確には台湾が中華人民共和国の領土の一部であるかどうかという問題について認定を差し控えたということになる。そうとするならば，「日本国政府は，中華人民共和国政府が中国の唯一

の合法政府であることを承認する」という日中共同声明第2項の解釈が問題とならざるをえない。なぜならば，日本政府が第3項において「台湾が中華人民共和国の領土の不可分の一部である」かどうかの認定を回避したとするならば，第2項において中華人民共和国政府が中国大陸のみならず台湾をも代表する政府の要件を充足していると認定することは論理的にはありえないことだからである。換言すれば，中華人民共和国政府が中国大陸のみならず台湾をも代表する政府の要件を充足していると認定しうるためには，台湾が中華人民共和国の領土の一部であると認定することが不可欠なのである。ある国家の政府が代表しうるのはその国家の領土に属する地域についてのみである，ということは否定できないところではなかろうか。その意味で，広瀬教授が「領土条項」と目される日中共同声明第3項は承認問題と密接不可分に結びついているのである。上記のようなことを考慮に入れると，日中共同声明第2項において日本政府が中華人民共和国政府につき台湾をも代表する政府たる要件の充足を認定した——そのような認定が本来あるべき態度であるかどうかはここでは重要ではない——と解することは困難であるということになろう。それでは第2項はどのように解されるべきであるのかという問題が生じる。少なくとも二つの可能性がありうる。その一つは，第2項の「中国」は台湾を含まないと解する可能性であり，他の一つは，当該の「中国」は台湾を含むが，その「承認」は台湾との関係では国際法上の承認を意味せず，中華人民共和国政府に対する友好的な外交政策——中華民国政府に対しては敵対的な外交政策——の表明の一種としての，政治上の承認を意味すると解する可能性である。そして，その問題との関連では，寺沢教授のつぎのような指摘が興味深い。

　　日中「復交は，政治面からとりあげることが交渉の事前に両国間で合意されていた。すなわち，復交の方式が共同声明になること，とりあげられる諸問題が法的にではなくて，政治的側面から解決されるべきことである」[49]。

　そのような解釈に立ったとしても，政治上の承認は共同声明という形の合意

の一部を構成しているので，そのようなものとして第3項と相俟って日本に一定の外交政策をとることを義務づけることになるように思われる。それでは日本政府はどのような外交政策をとる義務を負ったのかということが問題になるが[50]，それは本章のテーマである国際法上の承認理論そのものから離れるのでここでは言及されない。

4　おわりに

　以上，日華平和条約及び日中共同声明の際における日本政府の承認行動について，広瀬教授の見解を中心に検討してみた。以下にはその要約的検討を試みておこう。
　広瀬教授の見解の骨子はこうである。つまり，カイロ宣言及びポツダム宣言から対日平和条約，更には日華平和条約を経て台湾が中国という国家に確定的に帰属した。日華平和条約の際に日本政府は中華民国政府をそのような中国の全体を代表する政府たる要件を充足するものとして承認したが，日中共同声明の際に「デ・ユーレ政府承認の切り換え」を行い，中華人民共和国政府を中国の全体を代表する政府たる要件を充足するものとして承認した，と。そのような見解が正しいとするならば，中国との関係における日本政府の承認行動は，広瀬教授が採用している国際法上の承認理論の枠組みからながめると，かなり恣意的なものであったということになろう。まず，日華平和条約の際の中華民国政府の実態については，「中国においては，内戦の結果1949年10月1日に中華人民共和国政府が成立し，台湾を除く中国の全国土にその実効的支配権を確立した。それまで中国の政府であった中華民国政府は台湾に退去し，台湾と周辺の若干の島を支配するに止っている」[51]といわれている。先にもみたように，日華平和条約の際に日本政府もそれと同じような認識を有していたように思われる。それにもかかわらず，広瀬教授の見解のもとでは，日本政府は日華平和条約の際に中華民国政府につき全中国を代表すべき政府の要件を充足するものとして認定したことになる。つぎに，日中共同声明の際における中華民国

政府の実態については,「中華民国政府は,中華人民共和国政府の成立以降も現在まで,現実に,台湾及びその周辺諸島,及びそこの地域の人を,排他的,永続的に支配,統治して」おり[52],台湾には「中国の実効的支配は及んでいない」[53],「現に中国の主権が及んでいない」[54]——「台湾の支配が実効的であることは……明らかである」[55]——とされている。広瀬教授自身も「台湾地域が今日,中華人民共和国政府の政権的支配から実際上は離脱し,同政府とは別の政権(『中華民国』政府＝台湾当局)によって統治されている事実は客観的観察の結果として否定できない」[56]とする。また,広瀬教授は,米国が台湾を「中華人民共和国とは別の法人格をもつ国際法上の『事実上国家』(一般的事実上政府)」——ちなみに同教授によると「デ・ファクト―国家」は「対外主権の一部が制限されてはいるが,対内主権を完全に共有している法人(デ・ファクト―政府はその代表者)」であり,「外国はデ・ファクト―国家の右の地位を法的に尊重する義務をもち,これを棄損する行為(侵略行為)は国際法上の不法行為と云わざるをえなくなる」[57]——として扱う[58]。即ち,「台湾を米国が国家として『事実上承認』している」[59]とみなすのであり,その際には尚早の承認を問題としない[60]。そのような状況にもかかわらず,広瀬教授の見解のもとでは,日本政府は日中共同声明の際に中華人民共和国政府につき台湾をも代表すべき政府の要件を充足するものとして認定したことになる。さらに問題なのは,広瀬教授のいうように日本政府が「日中共同声明によるデ・ユーレ政府承認の切り換え」を行ったとするならば,それは本来的に国際法上許されないことを行ったことになる,という点である。つまり,「デ・ユーレ政府承認の切り換え」という見地からすると,広部和也教授が指摘するように,日中共同声明によって「一度正当な代表資格を認められた政府が,実際上は何らの変化がないにもかかわらず,これを撤回または取り消したと同じ結果を招来したことにな」[61]るのであるが,しかし,そのように「承認切替えの前後で実体的な変化は認められない」[62]という事情のもとで承認の「撤回または取消」と「同じ結果」をもたらす承認の切替えを行うことは,国際法上は許されないとみなされてきたように思われる[63]。広瀬教授も,「正式のデ・ユーレ承認の取消しな

いし撤回（de-recognition）は，既存の合法政府が実効的支配権力を喪失した場合にのみ可能とされうる」のであり，それ以外の事態が生じても「『承認の撤回（取消し）』は可能とされていない」[64]，とのべている。

けれども，日本政府が中国に対する承認行動の際にそのような恣意的な態度を示したと単純にいえるのかどうかは疑わしいように思われる。「個々の承認行為の意味を明らかにするためには，承認国の意思を具体的状況に照らして解明する必要がある」[65]が，広瀬教授の見解は，中国に対して日本政府が示した承認（要件事実の認定）──「承認国の意思」──の内容を明らかにするうえで極めて重要と思われる二つの事実を考慮に入れていないからである。第一に，日本政府は当初から中華民国政府が全中国を代表すべき政府たる要件を満たしているとは考えておらず，──アメリカの強い要請のもとに二国間平和条約という名称の条約を締結することになったが──日華平和条約の適用地域を台湾に限定するという意図を中華民国政府の強い抵抗にもかかわらず貫徹した，という事実である。ダレス特使の言葉を借りれば，同条約は「名称」の点では「日本政府の気に召されないかもしれない」ものとなっているが，「内容」の点においては従来の「日本側の主張通り」──中華民国政府が現実に施政の権能を行使しているのは台湾と澎湖島にすぎないので日本政府が中華民国政府との協定によって正常な関係を回復できるのはその地域についてのみであるという主張通り──のものになっている，という事実である。広瀬教授はこの事実を十分には考慮に入れていないように思われるが，それでは日本政府の承認意思を明らかにしたということができないのではなかろうか。第二に，「日中共同声明の意義，とくに問題点について，日本側の受け取り方」を「直接に，交渉の当事者であった大平外相，高島条約局長から聴いていた」寺沢教授の指摘や，当時の外務省条約局条約課長たる栗山氏の指摘や，当時の大平外相の発言などからすると，日本政府は日中共同声明の際にその第3項において台湾が中華人民共和国の領土の一部であるという中華人民共和国政府の見解をそのまま採用しないで，それを「十分理解し，尊重」するにとどめ，その点に関する法的立場の表明を回避するという立場を貫いた，という事実である。このよう

に日本政府が台湾の中華人民共和国への領土的帰属如何について認定を差し控えたという事実は，ある国家の政府が代表しうるのはその国家の領土に属する地域についてのみであることを考慮に入れると，日本政府は中華人民共和国政府につき台湾をも代表すべき政府たる要件の充足をまだ認定していないということを示すものであろう。そのような当時の日本政府に関する情報に近い人々の見解とは異なり，広瀬教授は，第3項においては，「中国のデ・ユーレ代表権者」に関する「承認政策上で……争い」があった「対日平和条約当事国（連合国）への配慮」——単純に台湾の「中華人民共和国」への領土的帰属を規定すると，その国名を介して，連合国内で争いのあった「中国のデ・ユーレ代表権者」如何という問題に関して二つの候補者のうちの一方たる中華人民共和国政府を指定することになってしまうという観点——から「両論併記の形式」がとられたにすぎない，と説く。そして，同教授は，第3項においては「台湾の『中国』への帰属についてだけは日中両国間に『合意』がある」，即ち第3項を「台湾地域が『中国』に帰属したことを確認した条項」とみなす。しかし，その見解は若干の問題点を含んでいるように思われる。まず，第3項において広瀬教授の考えるような「対日平和条約当事国（連合国）への配慮」をする必要が実際にあったのかどうかは疑わしいように思われる。というのは，日本政府はすでに第1項や第2項などにおいて「中華人民共和国」との関係の正常化を宣言したうえで，「中華人民共和国政府」を「中国」の唯一の合法政府として承認している，ということになっているからである。つぎに，日本政府が第3項において広瀬教授の考えるように実際には台湾の中華人民共和国への領土的帰属を確認した，ということを示すような具体的な資料が同教授によって提出されていないように思われる。そうとするならば，「日中共同声明の意義，とくに問題点について，日本側の受け取り方」を「直接に，交渉の当事者であった大平外相，高島条約局長から聴いていた」とされる寺沢教授によって紹介された，「法的には，台湾の領土的地位について，これに対する権利・権原を放棄した日本として発言する立場にないという態度」を重視せざるをえないことになるのではなかろうか。また，そのような観点からの説明の方が，日中共同

声明の第3項において日本政府の立場を示す文言に，より忠実であるように思われる。

このようにみてくると，広瀬教授の論稿にもかかわらず，つぎのような結論を再確認せざるをえないように思われる。つまり，要件事実の認定という法的な承認の平面においては，日本政府は日華平和条約の際には中華民国政府には全中国を代表する資格ではなく，その支配下にある台湾——全中国ではない——を代表する資格しか認定しなかったのであり，また，日中共同声明の際には中華人民共和国政府に——中国大陸のほかにさらに——台湾をも代表する資格を認定するというところまでには至っていない，即ちそのような認定について態度表明を回避した[66]，と。広瀬教授は国家（政府）承認を，国際社会の分権的構造のもとでの，国家（政府）の「法定の要件を具備している」旨の「事実認定という有権的な認識操作と法的手続」として捉えるのであるが[67]，そのような承認理解を前提にして，そして上記のような二つの重要な事実を考慮に入れたうえでのべれば，「日中共同声明によるデ・ユーレ政府承認の切り換え」について語ることには問題がある，ということになろう。

補　遺

これまでの圧倒的な支配的見解は日華平和条約から日中共同声明への動きのなかに『政府承認の切替え』を見出す。しかし，その場合には，日本政府は政府の要件に関する国際法規範の具体的適用にあたり恣意的な態度を示したということになる。けれども子細に検討してみると，実情は必ずしもそうではないようである。強い政治的な圧力のもとにありながらも，日本政府は法的平面では可及的に要件事実の誠実な認定に努めたのであり，その結果，その中国承認がかなり明晰さを欠くものとなっている，というのが実情ではなかろうか。筆者はこのように考えるのであるが，最近において，尾﨑重義教授も支配的見解に対して批判的立場を示すに至ったことが注目される[68]。筆者のような見解は，つぎのような理解をその前提の一つとしていた。つまり，日華平和条約の

交渉の際に，日本政府は，中華民国政府に対して，それが代表する資格を有するのは現状においては台湾・澎湖島のみである，という認識を表明していた，即ち日本政府は中華民国政府を——台湾のみならず中国大陸をも含む——中国という国家の全体を代表する政府としては承認しなかった，と。ところが，最近，その点につき，看過できない研究が現れた。日華平和条約に関する浅田正彦教授のつぎのような論述である。

「吉田書簡以来，日華間の条約の適用範囲は，国府の支配下にある地域に限定することとされてきたことから，日本としては，たとえ平和条約を締結することになっても，その対象を台湾・澎湖諸島のみに限定することができ，したがって，たとえ中華民国との間に『平和条約』を締結したとしても，それによって将来大陸中国との間に『全面的な政治的平和及び通商関係を樹立する』（吉田書簡）妨げとはならないと判断したということが考えられる。地域を限定して平和条約を締結するといういわゆる『限定講和』の考え方である」[69]。「日華条約交渉から国会審議の前半段階までは，……いわゆる『限定講和』の考え方（平和条約を地域的に限定した形で締結する）がとられていたように思われる」。しかし，その後の後半国会の審議では，「戦争状態は国家と国家の関係であり，したがって日華平和条約によって日本と国家としての中国との間の戦争状態は終了する」という見解で政府は一貫することになる[70]。「問題は，このように解釈が変遷した場合に，一体いつの時点における解釈を当該国の（あるいは正しい）解釈と考えるべきか，という点である。交渉時の解釈がそうであるという考えも成り立ちうるであろう。しかし，条約に拘束されることについての最終的な同意の意思表示が批准であるとすれば，それに最も近い時点における解釈をもってその国の解釈と考えるのが，最も自然であるともいえるのではなかろうか。それが国内における憲法上の手続に従った国会での審議に際して示されたもので，そのような解釈を前提として国会が批准を承認したというのであれば，なおさらであろう」[71]。

そこでは，日本政府は「日華条約交渉から国会審議の前半段階までは」「いわゆる『限定講和』の考え方（平和条約を地域的に限定した形で締結する）」を採用していたが，その後の後半国会の審議では，「戦争状態は国家と国家の関係であり，したがって日華平和条約によって日本と国家としての中国との間の戦争状態は終了する」という見解を一貫した，という事実が指摘されている。そのうえで，批准に最も近い時点における解釈を日本「国の（あるいは正しい）解釈」である旨が説かれている。その論述については，それは日本政府が日華平和条約の際に中華民国政府に与えた承認の内容にも関係するものとしてなされているのであろうか，という点が問題になろう。浅田教授は承認という言葉を使用していないが，上記の議論を，日本政府の承認行為の内容と結びつけて，日本政府は日華平和条約の際に中華民国政府を中国大陸をも含めた中国全体の政府として承認したという通説的見解を支持するために利用する立場も，考えられなくはない。しかし，そのような立場は適切ではないように思われる。まず，日本政府が中華民国政府の実体について一定の判断のもとに交渉に入り，その判断を中華民国政府の強い抵抗にもかかわらず貫徹して，条約の内容に盛り込ませたが，その段階で，中華民国政府に対する日本政府の承認（事実認定）が示されたと考えるのが合理的であろう。そして，そのような条約の交渉，作成，署名のプロセスにおいて示された承認の後に，ほとんど期間をおかないで——中華民国政府の実体が何も変わってもいない状況のもとで——日本国内の国会の審議中になされた上記のような条約解釈の変更は，あくまでも日華平和条約の内容の解釈に関するものであり，条約の交渉，作成，署名の過程において日本政府によって中華民国政府に対して示された要件事実の認定たる承認そのものにかかわるものではない，と解すべきであろう。ここでは，承認は国家間の合意たる条約そのものとは論理的には区別されるべき，要件事実の認定たる一方的行為である，ということに留意すべきである。

　また，たとえ批准直前の国会審議中における日本政府の条約解釈の変更のなかに承認行為を見出す立場をとるとしても，日本政府はその段階ではじめて中華民国政府に対して要件事実の認定を表明した，即ち承認を行った，と考える

べきではなかろう。すでに条約の交渉，作成などの過程において日本政府は中華民国政府に対してはっきりと要件事実の認定に関する一定の態度を表明したので，その段階で，まず一定の内容の承認をしたと考えるべきだからである。ただ，上記のような条約解釈の変更のなかに承認行為を見出す立場のもとでは，その後の日本国内の国会審議の過程で日本政府は突然と中華民国政府の実体が変わった——中国大陸に対しても実効的支配を及ぼすようなものになった——と判断して，新たな承認を行った，とみなすことになろう。もっとも，それはあくまでも，仮に上記のような条約解釈の変更のなかに承認行為を見出すならば，という条件のもとでの議論である。実際には，日本政府が中華民国政府の実体についてそのような恣意的な事実認定を行ったとは考えにくいのではなかろうか。その点との関連では，1957年に外務省によって示された政策について本章においてなされている分析[72]も，参照されるべきである。

1) 山本草二『国際法［新版］』（1994年）173頁。
2) 同173頁。
3) 芹田健太郎『普遍的国際社会の成立と国際法』（1996年）176頁。
4) 拙稿「光華寮事件と国際法上の承認（下）」法学53巻3号（1989年）27頁以下。
5) 同47頁。
6) 広瀬善男「光華寮訴訟と国際法」明治学院論叢法学研究46号（1990年）55-56頁。
7) 同58-59頁。
8) 同60頁。
9) 同60頁。
10) 西村熊雄「サンフランシスコ平和条約」『日本外交史第27巻』（1971年）312頁以下。
　　この西村氏の論文は，高野雄一「日中平和友好条約のあとさき」国際法外交雑誌78巻1・2号（1979年）135頁によると，「高度の政治的分野のものながら，冷静的確に叙述されている」と評されている。
11) 西村・前掲315頁。
12) 同315頁。
13) 同315頁。
14) 同320頁。

15) 同 316-317 頁。
16) 同 320 頁。
17) 同 320 頁。
18) 同 318-319 頁。
19) 高野・前掲 134 頁。
20) 西村・前掲 320 頁。
　　ちなみに，日華交渉において「日本側は大陸における戦争損害については，この条約の適用範囲外のこと……と主張した」（外務省百年史編纂委員会『外務省の百年』（下）（1969 年）812 頁。これは寺沢一「日中共同声明の諸問題」ジュリスト 528 号（1973 年）111 頁より引用）ようである。
21) 高野・前掲 145 頁。
22) 西村・前掲 320 頁。
23) 一又正雄「北京政府承認問題における日華平和条約の地位」法と秩序 1 巻 6 号（1971 年）39 頁はつぎのようにのべている。「国際法的に厳密にいうならば，北京政府はいまだ日本の承認しない中央政府となり，国民政府は日本の承認する地方政権となったのである」。
24) 入江通雅「日華平和条約の合法・有効性について」法と秩序 1 巻 6 号（1971 年）41 頁がそのような方向性を示すといえようか。そこではつぎのようにのべられている。「日華平和条約は，中華民国の地理的範囲に関して『中華民国政府が現に支配している地域』すなわち，台湾，澎湖諸島，金門島，馬租島という限定を付している（交換公文第 1 号）。つまり，日華平和条約の相手国である中華民国とは，これらの領域を支配する国家としての中華民国なのである」。
25) 寺沢・前掲 110 頁。
26) 例えば，H. Lauterpacht, *Reognition in International Law* (1947), pp. 56-57 を参照。
27) 小野寺彰（ほか）『講義国際法［第 2 版］』（2010 年）137 頁。
28) 外務省・わが外交の近況 1 号（1957 年）15-16 頁。
29) 同 44 頁。
30) 以上の点については前掲拙稿 30 頁以下も参照。
31) 広瀬善男「国家及び政府承認の法構造（1）」国際法外交雑誌 57 巻 4 号（1958 年）39-40 頁。
32) 同 49 頁。
33) 同 48 頁。
34) もちろん広瀬教授においては日華平和条約の適用地域が限定されているという事実は意識されている。広瀬・前掲明治学院論叢法学研究 46 号 60-61 頁は，日華平和条約の有効性に「疑問」を抱きつつ，「高野教授は，右の日華平和条約の戦争終了条項を無効としてとらえていないが，効果については限定的に理解すべきだとし

て，条約の締結権者たる中華民国政府の実際の人的，地域的支配対象に関してのみ適用が制限されると述べている」とのべているからである。しかし，本章の課題との関係で重要なのは，いうまでもなく日華平和条約の有効性の問題ではない。日本政府が条約の適用地域の限定に固執したという事実のなかに，中華民国政府の法的地位に関する日本政府の判定意思が表明されているのではないのか，という点こそが重要なのである。

35) 芹田・前掲 176 頁。
36) 広瀬・前掲明治学院論叢法学研究 46 号 72 頁。
37) 同 63 頁。
38) 寺沢・前掲 109 頁。
39) 同 114 頁。
40) 栗山尚一「日中共同声明の解説」『ドキュメント・日中復交』(1972 年) 217 頁。
41) 『ドキュメント・日中復交』203 頁。
42) 広部和也「光華寮事件の法理と課題」ジュリスト 890 号 (1987 年) 20 頁。
43) 山本・前掲 197 頁。
  なお，山本教授はその鑑定書において，日本政府は台湾の現在の法的地位について独自に決定できる権限を有しないとして「台湾の『現在の』法的地位についての法的判断は留保し」た（広瀬・前掲明治学院論叢法学研究 46 号 59 頁を参照），とみているようである。また，安藤仁介「光華寮事件をめぐる国際法上の諸問題」太寿堂還暦記念『国際法の新展開』(1989 年) 226-227 頁もほぼ同旨とみることができよう。
44) 広瀬・前掲明治学院論叢法学研究 46 号 63-64 頁。
45) 同 136 頁。
46) 同 57 頁。
47) 安藤・前掲 226-227 頁。
48) 寺沢・前掲 109 頁。
49) 同 112 頁。
50) その問題については，安藤・前掲 228 頁以下，広瀬・前掲明治学院論叢法学研究 46 号 64 頁以下などを参照。
51) 関野昭一「光華寮問題の争点と考え方」法律時報 60 巻 2 号 (1988 年) 59 頁。
52) 京都地裁昭和 61 年 2 月 4 日判決（判例タイムズ 580 号 (1986 年) 91 頁），大阪高裁昭和 62 年 2 月 26 日判決（判例タイムズ 637 号 (1987 年) 252 頁）。
53) 澤木敬郎＝田中英夫＝広部和也「光華寮訴訟の法的問題点」ジュリスト 890 号 (1987 年) 11 頁（広部教授）。
54) 寺沢・前掲 114 頁。
55) 筒井若水「光華寮事件判決再論」ジュリスト 894 号 (1987 年) 86 頁。

56) 広瀬・前掲明治学院論叢法学研究46号50頁。
57) 広瀬「国家及び政府承認の法構造（2・完）」国際法外交雑誌57巻6号（1959年）70頁。

　　同71頁によると，「デ・ファクトー承認の段階においても，国家の独立と安全に関する主権的権利は新国家（政府）に対して肯定せざるをえ」ない。「デ・ファクトー国家に国家の統一性，独立性が国際法上保証される」ということは，「デ・ファクトー国家が外国から自由に侵略をうけず，かりにそれが発生した場合には法的な保護をうけ，また自らも外国に対してその独立を侵害する行為を法の規制をうけることなく自由に行うことを許されないという消極的意味で理解しなければならない」。この広瀬教授の論述においては，「デ・ファクトー国家」は国際法上独自の領土を有するということが前提とされているのではなかろうか。

58) 広瀬・前掲明治学院論叢法学研究46号66頁。

　　台湾に対する米国の態度について広瀬教授はつぎのようにのべている。「米国は，台湾を『中国』から分離した（少なくとも現時点では分離されている）『事実上国家（de facto State）』とみなし，その政権を『台湾』の地域と人民を独占的に支配する『一般的事実上政府（general de facto Government）』とみなしている」。「台湾を単なる『交戦団体』（交戦法規上の限定的国際法主体）としてではなく，つまり「地方的事実上政府（local de facto Government）としてではなく，すでに中華人民共和国から実際上は分離独立を完了している『事実上（de facto）国家』として取り扱っている」。同48-49頁。

　　ちなみに，広瀬教授の見解によると，「権力の実効性」を備え「国際義務遵守の意思」をもつ場合にはデ・ユーレ承認の対象となり（広瀬・前掲国際法外交雑誌57巻6号36頁），「完全な国際法上の政治主体としての地位」（同73頁）となるが，「一応の権力的基礎（実効性）」（同37頁）を有するのみで「権力の実効的基礎になお不安定な要素が残ってい」る場合や「権力の実効性」を備えてはいるが「国際義務を守る意思」をもたない場合にはデ・ファクトー承認の対象となる（同36頁）。

59) 広瀬「国家・政府の承認の性質」法学教室26号（1982年）35頁。
60) そのように米国が台湾を「中華人民共和国とは別個の法人格をもつ国際法上の『事実上国家』（一般的事実上政府）」として扱うことに対して，広瀬教授は，台湾がデ・ファクト承認の要件を充足していないにもかかわらず米国がデ・ファクト承認を行った旨の批判を展開していない。同教授は米国の態度について「もとより『一般』国際法では，こうした措置を個別国家間関係上で設定することを禁止しているわけではない」（広瀬・前掲明治学院論叢法学研究46号66頁）とのべる。
61) 広部・前掲20頁。
62) 広部・判例研究・ジュリスト867号（1986年）151頁。
63) 例えばTi-Chang Chen, *The International Law of Recognition* (1951), p. 8を参照。

64) 広瀬・前掲明治学院論叢法学研究 46 号 8-9 頁。
65) 芹田・前掲 176 頁。
66) 前掲拙稿・法学 53 巻 3 号 47 頁を参照。
67) 広瀬・前掲国際法外交雑誌 57 巻 4 号 39-40 頁。
68) 尾崎重義「『台湾の国際法上の地位』再論（その 4）」国際政治経済学研究 25 号（2010 年）66 頁以下を参照。
69) 浅田正彦「日華平和条約と国際法（2）」法学論叢 151 巻 5 号（2002 年）20-21 頁。
70) 浅田「日華平和条約と国際法（3）」法学論叢 152 巻 2 号（2002 年）5-6 頁。
71) 同 17-18 頁。
72) 本書 233 頁。

多　喜　　寛
　　た　き　　　ひろし

昭和 50 年 3 月　東北大学大学院法学研究科博士課程修了
昭和 50 年 4 月　東北大学法学部助教授
昭和 63 年 4 月　東北大学法学部教授
平成 9 年 4 月　中央大学法学部教授（現在に至る）

〈主要著書・論文〉

『国際私法の基本的課題』（中央大学出版部　1999 年）
『国際仲裁と国際取引法』（中央大学出版部　1999 年）
『国家契約の法理論』（中央大学出版部　2007 年）
『国際私法・国際取引法の諸問題』（中央大学出版部　2011 年）
『慣習法と法的確信――民事法と国際法の視座から――』（中央大学出版部　2012 年）
「国際法と国内法の関係についての等位理論」法学新報第 105 巻 6・7 号（1999 年）
「国際法における法の一般原則について――横田・田岡論争を中心に――」法学新報第 109 巻 5・6 号（2003 年）
'Die Entstehung des Gewohnheitsrechts und die opinio juris : von Puchtas lehre zu Gény's Lehre,' in : Festshrift für K. Yamauchi (2006)
'Opinio Juris and the Formation of Customary International Law : A Theoretical Analysis,' German Yearbook of International Law, Vol. 51 (2008)
'State Recognition in international Law : A Theoretical Analysis,' in : Future of Comparative Study in Law : The 60th Anniversary of the Institute of Comparative Law in Japan, Chuo University (2011)
'Effectiveness', in R Wolfrum (ed), The Max Planck Encyclopedia of Public International Law (2012)
'Problem of Recognition in International Law : Cases of Collective Non-Recognition and Japan's Recognition of China,' in : Liber Amicorum G. Tsuno (2013)

国家（政府）承認と国際法

日本比較法研究所研究叢書（94）

2014 年 3 月 15 日　初版第 1 刷発行

著　者　多　喜　　寛
発行者　遠　山　　曉
発行所　中央大学出版部
　　　　〒192-0393
　　　　東京都八王子市東中野 742 番地 1
　　　　電話 042-674-2351・FAX 042-674-2354
　　　　http://www2.chuo-u.ac.jp/up/

ⓒ 2014 多喜 寛　ISBN978-4-8057-0593-3　㈱千秋社

日本比較法研究所研究叢書

1	小島武司 著	法律扶助・弁護士保険の比較法的研究	Ａ5判	2800円
2	藤本哲也 著	CRIME AND DELINQUENCY AMONG THE JAPANESE-AMERICANS	菊判	1600円
3	塚本重頼 著	アメリカ刑事法研究	Ａ5判	2800円
4	小島武司／外間寛 編	オムブズマン制度の比較研究	Ａ5判	3500円
5	田村五郎 著	非嫡出子に対する親権の研究	Ａ5判	3200円
6	小島武司 編	各国法律扶助制度の比較研究	Ａ5判	4500円
7	小島武司 著	仲裁・苦情処理の比較法的研究	Ａ5判	3800円
8	塚本重頼 著	英米民事法の研究	Ａ5判	4800円
9	桑田三郎 著	国際私法の諸相	Ａ5判	5400円
10	山内惟介 編	Beiträge zum japanischen und ausländischen Bank- und Finanzrecht	菊判	3600円
11	木内宜彦／M・ルッター 編著	日独会社法の展開	Ａ5判	(品切)
12	山内惟介 著	海事国際私法の研究	Ａ5判	2800円
13	渥美東洋 編	米国刑事判例の動向Ⅰ	Ａ5判	(品切)
14	小島武司 編著	調停と法	Ａ5判	(品切)
15	塚本重頼 著	裁判制度の国際比較	Ａ5判	(品切)
16	渥美東洋 編	米国刑事判例の動向Ⅱ	Ａ5判	4800円
17	日本比較法研究所 編	比較法の方法と今日的課題	Ａ5判	3000円
18	小島武司 編	Perspectives on Civil Justice and ADR : Japan and the U.S.A	菊判	5000円
19	小島／清水／渥美／外間 編	フランスの裁判法制	Ａ5判	(品切)
20	小杉末吉 著	ロシア革命と良心の自由	Ａ5判	4900円
21	小島／清水／渥美／外間 編	アメリカの大司法システム(上)	Ａ5判	2900円
22	小島／清水／渥美／外間 編	Système juridique français	菊判	4000円

日本比較法研究所研究叢書

23	小島・渥美 清水・外間 編	アメリカの大司法システム(下)	A5判 1800円
24	小島武司・韓相範編	韓国法の現在(上)	A5判 4400円
25	小島・渥美・川添 清水・外間 編	ヨーロッパ裁判制度の源流	A5判 2600円
26	塚本重頼著	労使関係法制の比較法的研究	A5判 2200円
27	小島武司・韓相範編	韓国法の現在(下)	A5判 5000円
28	渥美東洋編	米国刑事判例の動向Ⅲ	A5判 (品切)
29	藤本哲也著	Crime Problems in Japan	菊判 (品切)
30	小島・渥美 清水・外間 編	The Grand Design of America's Justice System	菊判 4500円
31	川村泰啓著	個人史としての民法学	A5判 4800円
32	白羽祐三著	民法起草者穂積陳重論	A5判 3300円
33	日本比較法研究所編	国際社会における法の普遍性と固有性	A5判 3200円
34	丸山秀平編著	ドイツ企業法判例の展開	A5判 2800円
35	白羽祐三著	プロパティと現代的契約自由	A5判 13000円
36	藤本哲也著	諸外国の刑事政策	A5判 4000円
37	小島武司他編	Europe's Judicial Systems	菊判 (品切)
38	伊従寛著	独占禁止政策と独占禁止法	A5判 9000円
39	白羽祐三著	「日本法理研究会」の分析	A5判 5700円
40	伊従・山内・ヘイリー編	競争法の国際的調整と貿易問題	A5判 2800円
41	渥美・小島編	日韓における立法の新展開	A5判 4300円
42	渥美東洋編	組織・企業犯罪を考える	A5判 3800円
43	丸山秀平編著	続ドイツ企業法判例の展開	A5判 2300円
44	住吉博著	学生はいかにして法律家となるか	A5判 4200円

日本比較法研究所研究叢書

45	藤本哲也 著	刑事政策の諸問題	Ａ５判 4400円
46	小島武司 編著	訴訟法における法族の再検討	Ａ５判 7100円
47	桑田三郎 著	工業所有権法における国際的消耗論	Ａ５判 5700円
48	多喜　寛 著	国際私法の基本的課題	Ａ５判 5200円
49	多喜　寛 著	国際仲裁と国際取引法	Ａ５判 6400円
50	眞田・松村 編著	イスラーム身分関係法	Ａ５判 7500円
51	川添・小島 編	ドイツ法・ヨーロッパ法の展開と判例	Ａ５判 1900円
52	西海・山野目 編	今日の家族をめぐる日仏の法的諸問題	Ａ５判 2200円
53	加美和照 著	会社取締役法制度研究	Ａ５判 7000円
54	植野妙実子 編著	21世紀の女性政策	Ａ５判 (品切)
55	山内惟介 著	国際公序法の研究	Ａ５判 4100円
56	山内惟介 著	国際私法・国際経済法論集	Ａ５判 5400円
57	大内・西海 編	国連の紛争予防・解決機能	Ａ５判 7000円
58	白羽祐三 著	日清・日露戦争と法律学	Ａ５判 4000円
59	伊従・山内・ヘイリー・ネルソン 編	APEC諸国における競争政策と経済発展	Ａ５判 4000円
60	工藤達朗 編	ドイツの憲法裁判	Ａ５判 (品切)
61	白羽祐三 著	刑法学者牧野英一の民法論	Ａ５判 2100円
62	小島武司 編	ＡＤＲの実際と理論Ｉ	Ａ５判 (品切)
63	大内・西海 編	United Nation's Contributions to the Prevention and Settlement of Conflicts	菊判 4500円
64	山内惟介 著	国際会社法研究 第一巻	Ａ５判 4800円
65	小島武司 著	CIVIL PROCEDURE and ADR in JAPAN	菊判 (品切)
66	小堀憲助 著	「知的(発達)障害者」福祉思想とその潮流	Ａ５判 2900円

日本比較法研究所研究叢書

67	藤本哲也 編著	諸外国の修復的司法	Ａ５判	6000円
68	小島武司 編	ＡＤＲの実際と理論 Ⅱ	Ａ５判	5200円
69	吉田豊 著	手付の研究	Ａ５判	7500円
70	渥美東洋 編著	日韓比較刑事法シンポジウム	Ａ５判	3600円
71	藤本哲也 著	犯罪学研究	Ａ５判	4200円
72	多喜寛 著	国家契約の法理論	Ａ５判	3400円
73	石川・エーラース・グロスフェルト・山内 編著	共演 ドイツ法と日本法	Ａ５判	6500円
74	小島武司 編著	日本法制の改革：立法と実務の最前線	Ａ５判	10000円
75	藤本哲也 著	性犯罪研究	Ａ５判	3500円
76	奥田安弘 著	国際私法と隣接法分野の研究	Ａ５判	7600円
77	只木誠 著	刑事法学における現代的課題	Ａ５判	2700円
78	藤本哲也 著	刑事政策研究	Ａ５判	4400円
79	山内惟介 著	比較法研究 第一巻	Ａ５判	4000円
80	多喜寛 編著	国際私法・国際取引法の諸問題	Ａ５判	2200円
81	日本比較法研究所 編	Future of Comparative Study in Law	菊判	11200円
82	植野妙実子 編著	フランス憲法と統治構造	Ａ５判	4000円
83	山内惟介 著	Japanisches Recht im Vergleich	菊判	6700円
84	渥美東洋 編	米国刑事判例の動向 Ⅳ	Ａ５判	9000円
85	多喜寛 著	慣習法と法的確信	Ａ５判	2800円
86	長尾一紘 著	基本権解釈と利益衡量の法理	Ａ５判	2500円
87	植野妙実子 編著	法・制度・権利の今日的変容	Ａ５判	5900円
88	畑尻剛・工藤達朗 編著	ドイツの憲法裁判 第二版	Ａ５判	8000円

日本比較法研究所研究叢書

89	大村雅彦 著	比較民事司法研究	A5判 3800円
90	中野目善則 編著	国際刑事法	A5判 6700円
91	藤本哲也 著	犯罪学・刑事政策の新しい動向	A5判 4600円
92	山内惟介 編著 ヴェルナー・F・エプケ	国際関係私法の挑戦	A5判 5500円
93	森 勇 米津孝司 編	ドイツ弁護士法と労働法の現在	A5判 3300円

＊価格は本体価格です。別途消費税が必要です。